War Crimes and The Law

전쟁범죄와 법

다야치카코(多谷千香子) 저 / **이민효 · 김유성** 역

연경문화사

SENSO HANZAI TO HO
by Chikako Taya
© 2006 by Chikako Taya
First published 2006 by Iwanami Shoten, Publishers, Tokyo.
This Korean edition published 2010 by YEONKYEONG Publishing Co., Seoul
by arrangement with the proprietor c/o Iwanami Shoten, Publishers, Tokyo

다야치카코(多谷千香子)는

1946년생으로 동경대학교 교양학부 국제관계론 졸업, 동경지검 검사, 법무성 형사국 검사,
외무성 국제연합국 검사, 총무청 참사관, 최고검찰청 검사 등을 거쳤으며 2005년 3월에 퇴임하였다.
2001년 9월~2004년 9월까지 구 유고전범재판소 판사로 활동하였으며,
현재는 법정대학 법학부 교수로 재직 중이다. 저서로는 『민족정화를 재판한다』(岩波新書, 2005),
『ODA와 인간의 안전보장』(有斐閣, 2000), 『ODA와 환경·인권』(有斐閣, 1994) 등이 있다.

김 유 성

해군사관학교를 졸업하고, 일본 도시샤(同志社) 대학교에서 박사과정을 수료하였다.
현재 해군사관학교 일본어 교수로 재직하고 있다.
주요 논저(역) : 도요토미 히데요시의 조선침략(2008, 공역) 외 다수.

이 민 효

해군사관학교를 졸업하고, 성균관대학교에서 박사과정을 수료하였다.
현재 해군사관학교 국제법 교수로 재직하고 있다.
주요 논저(역) : 무력분쟁과 국제법(2008)
해양에서의 군사활동과 국제해양법(2007) 외 다수.

| 초판 1쇄 인쇄 / 2010년 10월 15일 | 초판 1쇄 발행 / 2010년 10월 20일 |

| 저 자 / 다야 치카코 | 역 자 / 김유성·이민효 | 펴낸이 / 이정수 | 펴낸곳 / 연경문화사 |

| 등록 / 1-995호 | 주소 / 서울시 강서구 가양3동 1488-4 진농빌딩 | 대표전화 / 02-332-3923 |

| 팩시밀리 / 02-332-3928 | 이메일 / ykmedia@korea.com |

| 값 25,000원 | ISBN 978-89-8298-117-3   93360 |

이 도서의 국립중앙도서관 출판시도서목록(CIP)은 e-CIP 홈페이지
(http://www.nl.go.kr/ecip)에서 이용하실 수 있습니다.(CIP제어번호: CIP2010003788)

전쟁범죄와 법

서　문

　　본서는 저자가 舊유고 국제형사재판소 판사를 역임하던 당시, 전쟁범죄나 범죄재판에 관한 문헌을 조사한 메모를 대폭 가필한 것으로, 이를 책으로 출판하게 된 계기는 다음과 같은 의문에 답하기 위해서다.

　　첫 번째 의문은 패전당시의 「一億總懺悔」라는 말에 나타나있듯이 '전쟁이나 민족분쟁은 국가나 민족이 혼연일체가 되어 싸우는 것이므로, 구성원 모두가 책임을 지고 반성해야 하는 것이 아닌가'라는 점이다.

　　태평양전쟁 당시 적국의 민간인을 살해하거나 고문한 것은 전선에 동원된 군대이지만, 이를 고무한 것은 학교나 마을 모임 등이었기 때문에 전범으로 처벌된 군인이나 정치가와 마찬가지로 이들도 그러한 범죄를 저질렀다고 볼 수 있다.

　　그런데, 필자의 뇌리에 각인되어 잊을 수 없는 두 장의 사진이 있다. 하나는 어린 누나가 오열하며 남동생을 안고 있는 보스니아 분쟁당시의 사진이며, 또 다른 하나는 망연자실한 여성이 허공을 바라보고 있는 르완다분쟁 당시의 사진이다. 이들 사진에는 분노를 넘어 깊은 슬픔이 배어 있다. 그들이 피해자임에 의문을 갖는 이는 없을 것이다. 전선에서 적군에게 총부리를 겨눈 군대도, 후방에서 전투를 지원한 자들도 부득이하게 시대의 흐름에 따른 자가 많았으며, 민간인을 표적으로 공격한 군대나 적극적으로 전쟁수행을 후방에서 지원한 자는 소수일 것이다. 게다가 이러한 소수도 정확한 정보를 알지 못하고 오히려 거짓 정보에 휘둘린 정책을 결정하는 책임 있는 자리에 있지 않았던 자들이며,

많은 정보를 장악하고 정책을 결정하는 책임 있는 자리에 있었던 전범으로 처벌되는 자와는 자연히 책임의 성질과 정도에 차이가 있음은 당연하다. 특히, 냉전 후 세계각지로 확산된 민족분쟁에서는 전범의 권력이나 부에 대한 이기적인 동기가 분쟁을 야기하고 확대시키는 원흉으로 생각되며, 이 점에 관해서는 拙著 『'민족정화'를 재판한다』(岩波新書)에서 저술한 바와 같이, 전범과 피해자는 충분히 구별할 수 있다.

　두 번째 의문은 '전범처벌로 법의 지배를 확립한다는 것이 순진한 공상은 아닌가?'라는 점이다. 전쟁이나 분쟁의 예방은 인류의 오랜 꿈이며, 온갖 시도가 있었지만 실패가 반복되어 왔음은 주지의 사실이다. 무력에 의한 힘의 지배가 분쟁의 불꽃을 바로 진화할 수도 있지만 현 상황에서 무력개입의 공정성을 담보하기 어려울 뿐만 아니라 국가 이기주의로 인한 왜곡된 힘의 행사는 장래의 항구적 평화에 공헌할 수 없을 뿐만 아니라 새로운 분쟁을 확산시킬 수도 있다. 전범재판은 전범의 이기적 동기의 실현을 불가능하게 하고, 이것을 널리 알려 '힘의 지배'를 대체해 '법의 지배'를 확립하여 장래의 분쟁예방에 이바지하려는 것이다. 이와 같은 시도는 제1차 세계대전 이후 시작되어 오늘날에 이르러서도 아직 걸음마 단계이며 결코 완전한 것이 아니다. 그러나 '힘의 지배'를 대체해 '법의 지배'를 확립하는 일은 패러다임의 전환이며, 오랜 세월에 걸친 노력이 중첩되어야 함은 부언을 필요로 하지 않는다. 어떠한 고난이 있든 만약 '법의 지배'가 확립된다면 분쟁의 항구적인 예방수단으로서 도움이 되지 않을까?

　세 번째 의문은 '전쟁이나 분쟁은 어차피 살해와 파괴에 의해 승패를 결정짓는 것인데, 새삼스레 전쟁범죄를 왈가왈부할 필요가 있는가'하는 것이다. 전시에는 살해나 파괴가 허용되지만, 그것은 어디까지나 적군이나 군사목표물에 한해서이다. 평시의 선악 가치관이 완전히 역전되어버리는 것이 아니라 전시에는 전시의 규범이 있고, 전시라고 해도 인도적 관점에서 보호하지 않으면 안 되는 자도 존재한다. 전쟁범죄란 전쟁규범이나 국제인도법에 위반되는 중대한 행위 예를 들면, 포로의 인체실험이나 민간인의 대량학살 등이며 전투행위로서 허용되는 행위와 허용되지 않는 행위는 분명히 구분된다.

동경재판 60주년이었던 2006년은 야스쿠니(靖国) 문제와도 얽혀 전범재판이 신문지면을 떠들썩하게 장식했다. 본서는 국제형사재판을 배우는 한정된 독자 뿐 아니라 이러한 전쟁관련 기사에 흥미가 갖고 있는 일반 독자도 대상으로 한 것이다. 본서가 독자의 의문에 어느 정도 답할 수 있는가는 독자에게 물을 수밖에 없지만, 본서가 다소나마 독자의 이해에 도움이 된다면 기대 이상의 행복일 것이다.

글자 크기를 줄이고 줄 간격을 좁힌 부분은 자료 또는 법률 자체에 관한 논의로, 일반 독자는 생략해도 무관하다. 참고문헌은 주로 공개된 재판자료를 참고하였으며, 주요한 것은 舊유고 국제형사재판소의 다수 판결서 각주에 표기되어 있으므로 본서에서는 생략하였다.

본서가 완성되도록 기획부터 교정까지 지도와 편달을 아끼지 않으신 岩波書店 편집부 사토 쓰카사(佐藤司)씨 에게 사의를 표하는 바이다.

2006년 늦은 가을
前 구유고 국제형사재판소 판사
다야치카코(多谷千香子)

역자 서문

　다야치카코(多谷千香子)의 『戰爭犯罪と法』은 제2차 세계대전 이후의 독일과 일본의 전쟁범죄를 재판했던 국제군사재판소와 극동국제군사재판소외에도 주요 전쟁범죄 재판 및 처벌을 목적으로 설치되었던 국제적 또는 국내적 재판소의 설치 및 재판과 전쟁범죄의 인정에 있어 핵심적인 내용을 간략하면서도 설득력 있게 설명하고 있다. '전쟁과 범죄'에 대한 전문지식이 없는 일반 독자들도 아무런 불편 없이 이해할 수 있을 정도이다.

　전쟁범죄에 대해 언젠가는 본격적으로 연구해 보고 싶다는 생각만 갖고 있던 차에 우연한 기회에 본서를 접하고 번역에 착수하였다. 전문적이고 철학적 성격이 강한 전쟁범죄론을 누구라도 이해할 수 있도록 쉽게 설명하고 있는 점이 독특했기 때문이다.

　국제인도법을 위반한 개인에 대한 형사책임은 비록 무력분쟁법의 이상적이고도 효과적인 제재수단은 아닐지라도 분쟁종료 후 강화조약을 통해 패전국에 일방적으로 강요되는 금전적 책임보다는 더욱 실효적인 강제수단·효과적인 예방수단으로 무력분쟁에서의 비인도적·반인권적 행위에 대한 처벌에 설득력을 강화시키고 인도적 법규들에 대한 존중을 고양시키기 위한 조치들을 자극해 이에 대한 존중과 준수에 있어 상승효과를 가져올 것이다. 특히 강제력이 조화되어 있지 않은 현 국제사회에서 각국의 형사정의상 공통된 원칙을 추출하여 중요범죄에 대한 형사관할권을 행사하려는 국제형사법원의 설립은 그 성공여부에 따라 국제법의 발전뿐만 아니라 향후 국제사회 조직화의 척도가 될 수 있는 매우 중대한 문제라고 판단된다.

전쟁범죄에 대한 국제사회의 단호한 대처와 처벌은 인류사회의 기본 가치를 강화, 증진시킬 것이다. 이러한 국제사회의 노력을 지지하고 현실 무력분쟁에서의 전쟁범죄 예방에 본 역서가 조금이나마 의미를 가질 수 있다면 나름대로의 의의는 충분하다고 본다. 번역과정에서 부족한 지식으로 잘못 이해한 것도 많을 것이다. 귀중한 조언을 바란다.

끝으로 어려운 여건에서도 항상 지원을 아끼지 않으시는 연경문화사 이정수 사장님께 감사드린다.

2010년 8월 역자

목 차

제1장 20세기의 전쟁과 국제형사재판

제1절 서 론

20세기는 '학살의 시대', '약육강식의 세계'라고 일컬어지고 있다. 그러나 동시에 과거의 전쟁을 '망각'한 채 미래를 구축하는데 실패했으나, 전쟁범죄를 '청산'함으로써 장래 두 번 다시 동일한 범죄가 반복되지 않도록 '법의 지배'를 확립하고자 했던 그리고 '전쟁을 근절시키고자 했던 세기'이기도 했다.

20세기 초 러일전쟁이 시작되기 전인 1900년, 만주에 진출하기 위해 군수품을 만재한 채 아무르강을 항행하던 러시아선과 흑룡강성에 주둔하고 있던 청국 군대간의 분쟁을 계기로 발생한 아무르강 유혈사건에서 다수의 청국 민간인들이 학살되었다. 러일전쟁에 대비하여 첩보활동을 하고 있던 이시미쓰 마키요(石光眞淸)에 의하면 "남녀노소를 불문하고 참살된 사체가 뗏목처럼 흑룡강의 濁流에 휩쓸려 내려왔다"고 한다. 제1차 세계대전 중에는 터키군에 의해 자국내의 소수민족인 아르메니아인 약 150만 명이 학살되었다. 제2차 세계대전 중에 일어난 아우슈비츠 강제수용소에서의 유태인 대량학살은 특히 유명한데, 동 수용소에서만도 약 150만 명의 유태인이 학살되었다. 전후의 냉전 상태에서도 캄보디아에서는 폴·포트 정권에 의해 도시주민 및 인텔리들에 대한 대학살이 행해져 국민의 약 20%에 해당하는 170여만 명이 학살과 기아로 희생되었다. 냉전이 종결된 이후에도 1992년 봄부터 1995년 12월의 데이튼 합의로 정전이 성립하기까지 보스니아에서 자행되었던 민족정화로 보스니아 인구의 약 절반이 고향에서 추방되었고, 약 25만 명이 살육으로 희생되었다. 노벨 문학상을 수상한 이보·안드리치의 소설 '드리나강의 다리'로 그 이름이 널리 알려진 드리나강은 참살된 사체의 피로 붉게 물들었으며, 20세기 초에 일어난 아무르강의 유혈사건을 상기시켜 시간이 흘러도 아무런 진전이 없는 현실을 보여주는 것이었다.

이러한 과거에서 벗어나 '법의 지배'를 확립함으로써 장차 두 번 다시 동일한 범죄가 반복되지 않도록 방지하고자 하는 시도는 제1차 세계대전 후에 시작되었다. 오랜 세월 과거를 잊고 장래의 화해로 향하고자 하는 노력이 계속되어 왔으나, 인류는 장래의 화해와 평화건설을 위해서는 전범을 처벌하여 '법의 지배'를 확립하는 것 이외에 유효한 방법이 없다는 점을 역사적 경험을 통해 배운 것이다.

전범은 자폭테러의 범인처럼 죽음을 각오한 확신범이 아니다. 히틀러는 제1차 세계대전 중 터키군에 의한 소수민족 아르메니아인 150만 명 학살 사건에 대해 언급하며, "이것을 지금 도대체 누가 문제 삼고 있는가?"라고 자문자답하고, '법의 지배'를 확립하지 못하는 국제사회를 조롱했다고 한다. 그것이 히틀러로 하여금 유태인 학살에 발을 내딛게 한 하나의 요인이 되었을 것이라는 점은 상상하기 어렵지 않다. 또한 밀로세비치도 구유고 국제형사재판소(International Criminal Tribunal for the former Yugoslavia. 이하 ICTY라 약칭) 설립이 토론되는 국제회의에서 적극적인 찬성입장을 보였다. 그것은 그가 데이튼 합의까지 서구제국이 중개하는 평화교섭의 상대방으로서 국제무대에서 활약하고 있었기 때문이며, 그의 입장에서 ICTY는 '종이호랑이'에 지나지 않았고, "설마

ICTY가 자신을 목표로 하는 일은 없을 것이다"라고 판단했을 것이다. 이처럼 전범은 자신은 법에 의한 처벌의 틀밖에 있다고 판단하고 권력 기반의 확대를 도모하는 자가 대부분이며, 본래 모든 수단을 동원해서 라도 전쟁범죄를 방지해야 할 지위에 있으면서도 시류에 밀려 기대되는 방지행위를 충분히 하지 않고 책임을 방기한 자이다.

권력욕에 빠진 전범의 말로는 감옥으로 연결되며, 적극적으로 전쟁범 죄를 명령 및 실행하지 않았어도 기대할 수 있는 행위를 하지 않고 책 임을 방기한 자 또한 전범으로서 처벌될 수 있다는 점이 명확해지면 인 류는 전범재판의 경험에서 배우고 동일한 범죄의 반복을 자제해 장래 의 전쟁범죄를 방지할 수 있지도 않을까?

제2절 제1차 세계대전의 독일전범 재판

제1차 세계대전 후 1919년 1월 25일의 평화조약 예비교섭에서 독일 및 그 동맹국의 전쟁범죄에 대한 연합국의 대응을 협의하기 위해 '전범 의 책임 및 처벌에 관한 위원회'(Commission on the Responsibility of the Authors of the War and on Enforcement of Penalties. 통칭 15人위원회)가 설치되었다. 동 위원회는 국제법 위반의 죄를 범한 자로서 포로를 학대 한 자, 전쟁 지휘관, 전쟁 법규 및 관례 위반을 명령하거나 묵인한 자(지 휘관 책임), 기타 국제법정에서 재판이 가능한 자라는 4가지 타입을 상 정하고 전범재판을 위한 국제법정을 만들며, 문명국에 공통되는 법의 일반원칙을 적용하고, 量刑은 연합국 및 독일의 관행에 따라 결정할 것 을 내용으로 하는 보고서를 작성했다. 동 위원회는 터키군에 의한 150 만 명에 이르는 자국내 소수민족 아르메니아인의 학살을 인도에 반한 죄로 취급하려고 했으나, 미국 및 일본 대표는 인도에 반한 죄의 도입에 반대하고 지휘관 책임에 대해서도 "이를 인정하면 국가원수가 적국의 재판에 회부된다."고 하여 반대했다. 미국은 국제법정의 설치 그 자체에도 전례가 없다며 반대했다.

이로 인해 베르사이유 조약은 형벌(penalties)이라는 표제로 제227조부터 제230조를 두고 국제법정에서 독일전범을 재판할 것을 예정했으나, 미국 등의 반대를 고려하여 동 위원회의 다수의견보다 상당히 약화되었다.

베르사이유 조약 제227조부터 제230조까지의 개요는 다음과 같다.

제227조

독일 황제를 재판하기 위해 미국, 영국, 프랑스, 이탈리아 및 일본의 재판관으로 구성되는 특별법정을 창설한다. 네덜란드에 황제의 인도를 요구한다.

제228조

독일은 전쟁 법규 및 관례를 위반한 전범을 연합국이 군사법정에서 재판할 수 있는 권리를 인정하고 전범을 인도한다.

제229조

연합국 一國의 국민에 대한 전쟁범죄를 범한 전범은 당사국의 군사법정에서 재판이 행해지며, 다수국 국민에 대한 전쟁범죄를 범한 전범은 관계국으로 구성되는 군사법정에서 재판이 행해진다. 어떤 경우든 변호인을 선임할 권리를 갖는다.

제230조

독일은 수사 및 재판에 필요한 모든 증거·자료·정보를 제공한다.

베르사이유 조약에 따라 전범을 재판하기 위해 연합국은 1920년 2월 3일 901명의 전범리스트를 독일에 제시했다. 그 중에는 상병자를 포함한 포로를 살해하도록 명령한 것으로 알려진 슈텡거 장군 등이 포함되어 있었다. 그러나 독일은 전범리스트가 제시되기 전인 1920년 1월 25

일 국제법정 대신 독일의 라이프치히 최고재판소에서 전범을 재판할 것을 대안으로 제시하고 전범을 국내에서 재판하기 위한 국내법도 1919년 12월 13일에 정비하였다.

이에 따라 연합국은 1920년 5월에 독일 제안에 합의하게 되었고, 라이프치히 최고재판소에서의 전범재판은 1921년 5월 23일에 시작되었다. 연합국은 전범으로 45명을 특별히 지명하였으나, U보트로 영국의 병원선 랜드베리를 경고 없이 공격 및 방화하고 살아남은 자들이 승선한 구명보트도 침몰시킨 것으로 알려진 Patzig 사령관 등 많은 전범이 행방불명이라는 이유로 재판을 받지 않았다. 랜드베리 사건에서는 Dithmar 중위와 Boldt 중위만이 처벌받았다. 재판을 받은 자는 13명에 그쳤고, 그 중 6명이 유죄였으며 양형은 4년 구금형 2명, 2년 구금형 1명, 10개월 구금형 1명, 6개월 구금형 2명으로 대부분 가벼운 처벌을 받았다. 슈텡거장군은 재판을 받았으나 무죄였다.

이 재판결과에 대해 중립을 침해당해 많은 희생자를 낸 벨기에와 프랑스가 불만을 나타냈다. 그러나 옵저버로서 참가한 이들 국가가 라이프치히를 떠난 후, 독일은 그 밖의 약 800명의 전범 재판을 중단했다. 그래서 연합국은 베르사이유조약 제228조에 따라 독일에 전범인도를 요구했지만 독일에서는 이에 항의하는 집회가 개최되었고 그러한 요구는 거부된 채로 막을 내렸다.

유죄를 받은 자도 형무소에 이송되지 않고 자택에 연금되었으며, 자택연금도 이유를 밝히지 않은 채 곧 해제되었다.

제3절 제2차 세계대전 후의 전범재판

1. 뉴른베르그재판과 동경재판의 공적

뉴른베르그재판은 1945년 8월 8일의 영국, 미국, 프랑스 및 소련의 '유럽 추축국의 주요 전쟁범죄인의 소추와 처벌을 위한 협정'(이른바 런던협정)에 의해 설치되었고, 동경재판은 런던협정을 모방한 1946년 1월 19일의 연합군최고사령관 맥아더의 '극동국제군사재판소 설치에 관한 명령'에 기초하여 설치되었다.

국제군사법정을 설치하여 전범을 처벌하게된 것은 제1차 세계대전 후의 베르사이유조약이 국제군사법정에서의 전범재판을 예정하였으나 실현할 수 없었던 것을 실현한 점 및 일본과 독일의 전쟁지도자를 재판 없이 즉결 처형해야 한다는 주장도 있었으나 이를 물리치고 재판에 회부했다는 점에서 하나의 진보였다.

영국의 처칠수상은 '독일 전범은 즉결처형으로 총살해야 한다' 라는 입장이었고, 미국도 이에 동조했다. 이에 대해 독일 항복전부터 전범재판을 주장한 것은 소련이었다. 그러나 소련이 주장한 전범재판은 스탈린치하에서 행해진 재판이 그러했듯이 show trial이었고, 처음부터 결론이 내려진 구경거리로서의 재판에 지나지 않았다. 뉴른베르그재판에서 재판관으로 선임되었던 소련 출신의 니키첸코 판사는 뉴른베르그 재판의 피고인이 모두 유죄이며, 교수형에 처할 것을 재판개시 전부터 공공연하게 언명했었다.

소련은 특별위원회(정식명칭은 Soviet Extraordinary State Commission for Ascertaining and Investigating Crimes Perpetrated by the German- Fascist Invaders and their Accomplices)를 설치하고 특히, 나치의 소련 침공후의 독일 전범의 증거를 적극적으로 수집했다. 이것이 소련이 의도한 구경거리로서의 재판과는 정반대로 뉴른베르그 재판을 보다 공정한 재판으로 만드는데 도움이 되었다. 소련은 1939년 8월 23일에 독일과 상호불가침조약을 체결하고,

같은 해 9월 1일의 나치의 폴란드 침공을 도왔으며, 9월 17일에는 소련 자신이 러시아와 우크라이나인의 보호를 명목으로 東폴란드를 침공하여 카친 숲 事件(폴란드인 장교 1만 5,000명 학살사건)을 자행했다. 뉴른베르그재판에서는 소련 출신의 검찰관이 카친 숲 事件을 나치의 범죄로 조작하여 입건하려고 했으나 성공하지 못하였고 기소는 취하되었다.

1990년 고르바쵸프 대통령은 카친 숲 事件은 스탈린의 명령으로 소련이 저지른 사건임을 인정했다.

또한 재판이라는 형식을 취하지 않으면 수집할 수 없었을 비밀문서를 포함한 방대한 양의 증거와 증인들의 증언이 수집되어 재판은 충분하다고 할 수는 없었지만, 패전 이전의 정치상황이나 역사적 진실을 국민들에게 보여주는 역할을 했다. 예를 들면, 동경재판의 심리는 약 2년 반 동안 행해져(1946년 5월 개정, 1948년 11월 판결) 416회의 공판을 개정하여 증인 419명, 증거서류 4336건을 조사하였다.

전범은 반드시 엄밀한 의미에서 형사책임을 물을 수 있는 자만은 아니었다. 그러나 이러한 자들을 포함하여 정치적인 지도자의 지위에 있었던 자들은 자신을 던져서라도 무모한 전쟁의 발생 방지라는 직무상 기대할 수 있는 책임을 충분히 다하지 못했다. 그러한 의미에서 전범은 전쟁터에 부임해 지도자의 無爲無策을 원망하면서 억울하게 죽어간 수많은 병사는 물론, 정확한 정보를 제공받지 못하고 정치적 지도자에게 세뇌되어 전쟁을 고무한 자와도 구별되어야 할 것이다. 재판은 전쟁이전은 물론 전쟁중의 지도자의 이러한 정치적 책임을 명확히 하는데 도움이 되었다.

무죄론을 전개한 후술하는 인도의 펄 판사도 국제형사법의 관점에서 법이론적인 주장을 한 것이지 정치적 면죄를 주장한 것이 아니다. 또한 중국이 전후의 배상권을 방기한 이면에는 전범과 일반 일본국민을 구별하고 후자도 전쟁피해자라고 중국 국민을 설득시켰다는 사실도 잊어서는 안 된다.

　그러나 뭐라 해도 동경재판과 뉴른베르그재판의 가장 큰 공적은 이후의 국제법 발전에 기여하였다는데 있다. 당시 事後法이라는 비판을 받은 '人道에 反한 罪'는 뉴른베르그원칙에 포함되었을 뿐만 아니라 국제법의 일반원칙으로 인정되었다. 그리고 국제인도법 분야에서 전후 많은 조약들이 체결되었다. 즉 1948년 제노사이드금지조약, 1949년 제네바 4개 협약, 1968년 전쟁범죄 및 인도에 반한 죄에 대한 시효 부적용 조약, 1977년 제네바협약 추가의정서가 각각 채택되었다.

　'지휘관 책임'도 제네바협약 추가의정서에 규정되었으며, ICTY(구유고국제형사재판소) 설립당시에는 국제관습법으로까지 성립되었다.

　그리고 ICTY와 ICTR(르완다국제형사재판소), 나아가 ICC(국제형사재판소)도 갑자기 설립된 것이 아니라 뉴른베르그재판과 동경재판에 문제가 있긴 했지만 그 경험이 이들 재판소의 설립을 가능하게 했다는 점을 간과해서는 안 된다.

2. 뉴른베르그재판과 동경재판에 대한 비판

(1) 사후법(事後法)

　뉴른베르그재판과 동경재판이 대상으로 한 범죄는 국제군사재판소조례(이하 뉴른베르그조례라고 함) 및 극동군사재판소조례(이하 동경조례라고 함)에 규정되어 있는데, ICTY와는 달리 당시 아직 국제관습법으로 정착되지 못한 새로운 전쟁범죄를 포함하고 있었다. 새로운 전쟁범죄를 고안해낸 것에 대하여 전승국은 "세계문명에 의해 인정되어 온 사실이다. 그 자체가 국제법에 대한 공헌이다."라는 견해를 취했다. 그것은 전승국의 피점령지역에 대한 입법권의 행사라는 것이었다.

　가장 두드러진 예가 '평화에 대한 죄'의 창설이다. 평화에 대한 죄는 침략전쟁을 개시한 책임을 개인범죄로 삼은 것이다. 당시 침략전쟁이 위법하다는 것은 확립되어 있었지만, 국가책임(배상책임)의 문제로서 받아들여지고 있을 뿐이었다.

게다가 국가책임(배상책임)과 관련하여 침략의 정의도 어려워, 1974년 국제연합 총회에 이르러 겨우 국제적 합의(총회 결의 3314)를 보았다. 1998년 설립된 국제형사재판소(International Criminal Court, 이하 ICC라 함)도 개인범죄로서 평화에 대한 죄를 규정하는 데는 성공했지만, 침략(aggression)을 정의하는 데는 이르지 못한 채 그 내용은 백지상태로 향후과제로 남겨두고 있다.

특히, 동경재판에서는 제2차 세계대전에 이르는 1928년부터 1945년까지의 일련의 분쟁·사변이 전쟁의 계획·개시·수행에 해당된다고 하여 평화에 대한 죄로 문제 삼았다. 또한 개전규칙에 반하고 선전포고 없이 진주만을 공격했다는 이유로 전쟁에 의한 전투원의 살해도 평화에 대한 죄와는 별도의 범죄로 부가되었다. 예를 들면, 개전시의 진주만 공격에 의한 키드 해군 소장 및 장병 약 4,000명의 살해, 개전 직후 홍콩 및 상해에 대한 불법공격으로 인한 영국 군인의 살해 등이 그에 해당된다. 불법적인 공격의 결과는 별도의 범죄를 구성한다는 점이 그 이유였다

그런데 '인도에 반한 죄'라는 용어가 처음으로 등장한 것은 터키의 소수민족 아르메니아인 학살과 관련하여 제출된 1915년 영국, 프랑스 및 러시아의 공동선언까지 거슬러 올라간다. 그러나 제1차 세계대전 후의 평화조약 예비교섭에서 논의되었지만 합의를 이루지 못하였고, 제2차 세계대전 당시 아직 국제관습법상 인도에 반한 죄에 관한 명확한 정의는 없었다. 그럼에도 불구하고 연합국은 당시 국제관습법으로 인정되고 있던 1907년의 헤이그 육전법규나 1929년의 제네바조약에서는 무국적자나 전범과 동일한 국적을 갖는 피해자를 보호할 수 없다는 점을 고려하여, 인도에 반한 죄를 창설하고 뉴른베르그재판이나 BC급

전범재판에서 적용했다(동경재판의 적용 죄명은 ①평화에 대한 죄(동경조례 제5조 (a)), ②살인 및 살인 공동모의죄(②-(1)선전포고전의 공격에 의한 살인, ②-(2)선전포고 전후를 불문하고 포로 및 민간인의 살해. 동경조례 제5조(b)〈뉴른베르그조례 제6조(b)와 동일〉), ③전쟁법규 및 관례 위반죄(동경조례 제5조(b))이다. 인도에 반한 죄는 동경조례 제5조(c)에 규정되어 있으나, 동경재판에서는 적용되지 않았다)(BC급 전범은 동경조례 제5조(b) 전쟁범죄, 제5조(c)인도에 반한 범죄로 재판받은 전범임). 연합국은 이러한 차이를 메우는 것은 정당하며 국제법에 대한 공헌이라는 입장을 취했다.

'인도에 반한 죄'의 창설은 종래의 국제관습법에서 누락된 흠결을 보충하고, 자국군에 의한 자국의 소수민족 학살 등 실질적으로는 동일하게 보호되어야 할 자에 대한 보호를 확대했다는 점에서 '평화에 대한 죄'를 창설한 것에 비하면 그렇게 비난할 일은 아니다. 그러나 '인도에 반한 죄'도 사후법이며, 형사법의 기본적 요청인 죄형법정주의에 반한다는 비판을 받고 있다.

나아가 특히, 동경재판에서는 전장이 태평양을 둘러싼 넓은 지역에 걸쳐있었기 때문에 지휘명령을 확인하는 것이 곤란하여 부하의 전쟁범죄를 방관한 상관의 부작위 책임(지휘관 책임)이 원용되었다. 지휘관 책임도 '인도에 반한 죄'와 마찬가지로 제1차 세계대전 이후에 설치된 '전범의 책임 및 처벌에 관한 위원회'에서 논의된 적은 있으나, 당시 지휘관 책임은 국제관습법으로 성립되지 않았었고, 이는 1977년 제네바협약 추가의정서의 채택까지 기다려야 했다. 그러나 동경조례 그 자체에도 지휘관 책임은 명기되지 않아 적용할 사후법조차 없었다. 그럼에도 불구하고 부작위 책임은 각국 형법에서 공통적으로 인정되는 개념으로서 동경재판에서 적용되었다. 지휘관 책임은 訴因 55로 기소되었으나, 이것을 면제받은 것은 시라토리 토시오(白鳥敏夫)와 오카와 슈메이(大川周明) 2명뿐이었다.

(2) 승자의 재판

동경재판에서는 일반주민이 목표가 되었던 동경 대공습은 물론 22만 5,000명 이상의 희생자를 낳은 히로시마와 나가사키 원폭투하의 책임은 묻지 않았다. 뉴른베르그재판에서도 마찬가지로 연합국도 전범을 저질렀지 않았는가? 라는 항변을 제출하는 것이 인정되지 않았고, 2만 명 이상의 주민이 희생된 드레스덴 대공습의 책임은 불문에 부쳐졌다. 독일군은 담당기구를 설립하여 연합군의 전쟁범죄 증거를 수집하였으나 연합국에 제기된 것은 하나도 없었다. 동경재판도 그리고 뉴른베르그재판도 승자에 의한 재판이었음은 분명하다.

또한 재판관과 검찰관의 구성에 있어서도 전승국이 주도하는 것은 불공정하기 때문에 중립국 출신자로 구성되었어야 한다는 주장도 있었다. 그러나 이는 재판관 개인의 자세 문제라고 보아야 할 것이다. 그러한 주장은 당시 상황에 비추어 전승국의 의도가 그대로 재판관 개인의 판단에 반영될 위험이 크다는 점을 들고 있다고 볼 수 있다.

나아가 연합국 측의 사정으로 기소를 면한 자도 있다. 예를 들면, 關東軍 防疫給水部隊(731 부대)에 의한 생체해부와 세균감염실험에 대해서는 미국에 실험 결과를 넘겨주는 대신 전범책임을 묻지 않았고 또한 제2차 및 제3차 동경재판이 예정되어 신병이 구속되어 있던 기시 노부스케(岸信介), 고다마 요시오(兒玉譽士夫), 사사카와 료이치(笹川良一) 등 약 60명도 냉전구조의 심화와 함께 석방되었다.

인도의 펄 판사는 동경재판은 승자의 재판으로 사후법으로 재판할 수는 없고, '평화에 대한 죄'는 침략의 정의가 곤란하며 일본의 군부나 정치가가 집단적·계획적으로 침략전쟁을 개시했다는 '공동모의'가 입증되지 않는다며 전원 무죄라는 반대의견을 제시했다. 네덜란드의 로링 판사도 사형판결을 받은 히로타 코키(廣田弘毅)에 대하여 "군사적 침략을 제창한 일본국내의 유력한 일파에 찬성하지 않았다.”며 무죄를 주장하였고, 기타 종신 내지 장기 금고형 판결을 받은 시게미쓰 아오이(重光葵), 기도 코이치(木戸幸一), 도고 시게노리(東郷茂德)에 대해서도 무죄라는 반대의견을 제시했다. 또한 전사연구가 고지마 조(兒島襄)에 의하면, 키난검사도 시게미쓰 아오이(重光葵)에 대해서는 평화주의자로 인식해 무죄로 판단하고 있었다고 한다. 또 A급 전범 중 야스쿠니 신사에 合祀되어 있는 자는 ○표시의 전범 및 공판중에 사망한 마쓰오카 요스케(松岡洋右, 외상)와 나가노 오사미(永野修身, 해군원수) 등 합계 14명이다.

■□ 동경재판에서 재판을 받은 A급 전범 28명(평화에 대한 죄를 포함한 전범)

死刑(絞首刑) 7명

○ 東條英機	육군대장	개전시의 수상
○ 板桓征四郎	육군대장	만주사변시 지나파견군 총참모장
○ 土肥原賢二	육군대장	봉천특무기관장
○ 松井石根	육군대장	남경학살시의 中支방면 군사령관
○ 木村兵太郎	육군대장	버마방면 군사령관
○ 武藤章	육군중장	개전시의 육군성 군무국장
○ 廣田弘毅	수 상	외상 駐소련대사

終身刑 16명

○ 荒木貞夫	육군대장	陸相 육군皇道派 중심 인물
○ 橋本欣五郎	육군대좌	日本赤誠會統領
○ 畑 俊六	육군원수	지나파견군 총사령관
○ 平沼騏一郎	수 상	추밀원원장(복역중 獄死)
○ 星野直樹	만주국총무장관	개전시 東條내각書記官長
○ 賀屋興宣	개전시 藏相	
○ 木戸幸一	內大臣	昭和天皇에 東條首相案을 進言
○ 小磯國昭	육군대장	수상 조선총독(복역중 옥사)

○ 南 次郎　　　육군대장　　　만주사변시 陸相, 관동군사령관, 조선총독
○ 岡 敬純　　　해군중장　　　개전시 해군성 군무국장
○ 大島 浩　　　육군중장　　　駐독일대사
○ 佐藤賢了　　　육군중장　　　개전후 육군성 군무국장
○ 嶋田繁太朗　　해군대장　　　개전시 海相　해군군령부총장
○ 白鳥敏夫　　　駐이탈리아대사(복역중 옥사)
○ 鈴木貞一　　　육군중장　　　기획원 총재
○ 梅津美治郎　　육군중장　　　관동군사령관, 참모총장(복역중 옥사)

禁錮 20년형 1명

○ 東鄕茂德　　　駐독일대사　　駐 소련대사, 개전시 외상(복역중 옥사)

禁錮 7년형 1명

○ 重光 葵　　　駐영국대사　　개전후의 東條內閣 및 小磯內閣 외상

判決前 病死 2명

○ 松岡洋右　　　외상　　　　　日獨伊 3국동맹체결, 日蘇 중립조약체결
○ 永野修身　　　해군대장　　　軍令部總長

精神障害로 免訴 1명

○ 大川周明　　　우익사상가

　재판관은 미국, 영국, 프랑스, 소련, 네덜란드, 중국, 캐나다, 뉴질랜드, 오스트레일리아, 인도 및 필리핀 등 11개국으로부터 각 1명씩 총 11명으로 구성되었으며, 재판장은 오스트레일리아 연방고등재판소 판사였던 윌리엄 웹(William Webb)이, 수석검사는 미국의 조셉 베리 키난(Joseph Berry Keenan)이 맡았다.

　전쟁의 법규 및 관례 위반죄(B급 전쟁범죄) 및 인도에 반한 죄(C급 전쟁범죄)로 기소된 BC급 전범은 연합국 7개국이 각지에 설치한 군사법정에서 재판을 받았다. 그중에서 가장 유명한 것은 후술하는 야마시타 토모유키(山下奉文) 大將에 대한 필리핀 민간인 살해 및 강간 등의 사

건이다. 야마시타에 대한 재판은 아시아·태평양미국군사위원회(the United States Military Commission in the Asia Pacific)에서 1945년 10월 8일에 시작되었다. BC급 전범 재판은 이것이 최초이며, Manus島의 오스트레일리아 군사법정(Australian Militry Court sitting in the Manus Island)에서 1951년 4월 9일 오스트레일리아인 포로 살해사건에 대하여 행해진 재판이 최후이다. 이들 군사법정에서는 법무성 사법법제조사부의 자료 '戰爭犯罪 裁判 槪史要'에 의하면 합계 2,244건의 사건으로 5,700명의 전범이 재판을 받아 사형 984명(920명 집행), 무기 475명, 유기 2944명, 무죄 1,018명이었다. 재판을 받은 자중에는 조선출신 148명(사형 23명), 대만출신 173명(사형 21명)이 포함되어 있다.

한편 주요 독일 전범을 재판한 뉴른베르그재판은 1945년 11월에 시작되어 약 9개월간의 심리 끝에 1946년 9월 30일과 10월 1일에 판결이 있었다. 뉴른베르그재판에서는 주요 전범 24명이 기소되어 22명이 최종판결을 받았는데 교수형 12명, 무죄 3명, 기타 유기금고형이 선고되었다. 재판관은 주요 전승 4개국인 영국, 미국, 프랑스 및 소련에서 선발되었으며, 재판장은 영국의 로렌스경이 맡았다.

뉴른베르그에서는 뉴른베르그재판 이후에도 1947년 1월부터 1948년 10월까지 중·소급 12개 전범사건에 관한 재판이 미국에 의해 행해졌다. 이러한 사건들 중에는 히틀러 시대의 재판관을 피고인으로 한 Justice 사건, SS(나치 친위대)의 리더를 재판한 SS 사건, 강제수용소에서 의료실험을 행한 의사를 재판한 Concentration Camp Medical 사건, 철강왕을 재판한 Flick 사건, 인질사건으로 알려진 Hostages 사건과 육공군 14명의 장교를 재판한 High Command 사건 등이 있다.

또한 프랑스, 미국, 소련의 독일점령 3개국은 중·소급 전범을 재판하기 위해 뉴른베르그조례를 표본으로 해 만들어진 관리이사회 법률 10호에 따라 이들 전범을 재판하였다. 다만, 영국은 관리이사회법률 10

호가 뉴른베르그조례와 마찬가지로 전쟁법규 및 관례에 위반한 죄 뿐
만 아니라, 인도에 반한 죄나 평화에 대한 죄를 포함하고 있음을 문제
시하고, 전쟁법규 및 관례에 위반한 죄만을 적용하여 중·소급 전범을
재판하였다. 연합국전쟁범죄위원회의 자료에 따르면 이들 재판에서 영
국은 937명(사형 230명, 무죄 260명), 미국은 1,672명(사형 299명, 무죄 256
명)의 전범을 재판했다.

　기타 체코슬로바키아, 유고슬라비아, 폴란드, 네덜란드 및 노르웨이
등의 국내 군사법정에서도 전범재판이 있었다.

■□ 뉴른베르그재판에서 재판을 받은 주요 독일전범 24명

死刑(絞首刑) 12명

○ Martin BORMANN	나치서기장, HESS후계자
○ Hans FRANK	점령지 폴란드 총독
○ Wilhelm FRICK	내무장관
○ Joachim von RIBBENTROP	외무장관
○ Alfred ROSENBERG	인종주의이론가, 동부점령지역 총독
○ Fritz SAUCKEL	나치 노예노동계획책임자
○ Julius STREICHER	반유태주의신문 주간
○ Hermann GÖRING	공군대장(집행전 자살)
○ Alfred JODL	全軍 작전부장
○ Emst KALTENBRUNNER	보안경찰기관 장관
○ Wilhelm KEITEL	全軍 작전본부장
○ Arthur SEYSS-INQUART	오스트리아수상, 점령지 네덜란드 총독

無期 3명

○ Rudolf HESS	무기구금형,	히틀러 부관
○ Walther FUNK	무기구금형,	경제부장관
○ Erich RAEDER	무기구금형,	해군대장

有期 4명

- ○ Baldur von SCHIRACH 　구금형 20년,　히틀러 유겐트의 장
- ○ Konstantin von NEURATH 　구금형 15년,　1938년까지 외무장관, 그 후 보헤
　　　　　　　　　　　　　　　　　　　마아와 모라비아 총독, 1943년 히
　　　　　　　　　　　　　　　　　　　틀러와의 불화로 사임
- ○ Karl DOENITZ 　　　　　구금형 10년,　히틀러死後 독일총통 U보트 공격
　　　　　　　　　　　　　　　　　　　개시한 해군대장
- ○ Albert SPEER 　　　　　구금형 10년,　군수장관

無罪 3명

- ○ Franz von PAPEN 　　　1933년 이후 부수상, 터키대사
- ○ Hans FRITZSCHE 　　　나치스 宣傳省의 뉴스국장
- ○ Hjalmar SCHACHT 　　　戰前 독일은행 총재 겸 경제장관

其他 2명

- ○ Gustav KRUPP von BOHLEN und HALBACH
　　나치스에 협력한 주요 광공업 기업가(정신병으로 재판 중지)
- ○ Robert LEY
　　독일勞動戰線 서기장(재판개시전 자살)

제4절 그 이후의 국제형사재판

1. 유고 국제형사재판소(ICTY)

(1) ICTY의 설립 경위

구유고 국제형사재판소(ICTY, International Criminal Tribunal for the former Yugoslavia)는 1993년 5월 25일의 국제연합 안전보장이사회 결의 (이라 SC결의라 함) 827호에 의해 설립되었다. 설립의 이니셔티브를 쥔

것은 클린턴 정권의 미국이었다. 흉악범죄에 면죄부를 부여함으로써 그러한 범죄가 계속 반복해서 발생하는 악순환에서 벗어나기 위해 국제적인 형사재판소를 설립하고자 하는 시도는 오래전부터 있어왔지만 달성되지 못했었다.

그러나 아이러니컬하게도 보스니아에서의 분쟁예방 및 분쟁확대 방지를 통해 평화를 달성하고자 하는 외교적인 노력의 반복적인 실패가 이러한 오랜 염원을 현실로 변하게 하였다. 국제사회는 어떠한 외교를 전개하였으며, 왜 그것이 실패하여 ICTY설립에 이르렀는가?

◎ 첫 번째 실패 : 분쟁예방을 위한 교섭

구유고 붕괴에 방아쇠를 당긴 것은 내부적 요인을 별도로 하면, 1991년 12월 23일 독일에 의한 크로아티아의 독립 승인이라는 것은 잘 알려진 사실이다. 보스니아 분쟁은 그때부터 눈사태처럼 시작되었으나 분쟁을 피할 최후의 기회가 없지는 않았었다.

그것은 당시의 EC(현 EU의 전신)의 노력으로 채택된 소위 리스본합의이다. 보스니아의 독립문제가 부상했을 때, EC의 반응은 유럽에 이슬람 敎國이 생기는 데에 대한 혐오와 난민의 대량유입에 대한 걱정이라는 극히 자기중심적인 것이었다. 그러나 동시에 EC는 분쟁방지를 위한 외교노력도 아끼지 않았다. EC는 1992년 2월 23일 리스본에서 평화회의를 개최하고 평화안을 제시하였다. 보스니아는 무슬림인 44%, 세르비아인 31%, 크로아티아인 17%가 대립하여 어느 민족도 과반수에 이르지 못했고 또 어느 민족도 무시할 수 있을 정도로 소수가 아니었으며 거주지역도 모자이크 모양으로 뒤엉켜있었기 때문에 독립하게 되면 3파전 분쟁의 수렁에 빠질 우려가 있었다. 평화안은 보스니아를 독립국가로 인정하는 동시에 민족마다 3개 지역으로 나누어 분쟁예방군을 주둔시키는 것이었다. 여기에는 보스니아내의 세르비아인 세력을 대표하는

카라지치도, 무슬림세력을 대표하는 이제트 베고비치도 동의하여 예상
이상의 성과를 거두었다.

그러나 이 리스본합의는 미국의 지지를 얻은 이제트 베고비치의 번
복으로 깨져버렸다. 그는 일단 리스본합의를 양해했으나, 44%나 되는
무슬림인에게 부여되는 토지가 30%에 지나지 않는다는 사실에 내심 불
만이었다. 이제트 베고비치는 "싫지만 어쩔 수 없이 받아들였다"라고
말하고, 베오그라드 주재 미국 대사 팀머만에게 읍소했다. 팀머만은 양
해를 철회할 것을 권고했다. 그것은 당시 미국이 무슬림인 세력을 지원
하고 있었다는 사실, 이미 구유고는 융해현상을 일으켜 중핵이 사라지
고 있다는 현상 인식 등을 기본으로 한 것으로 미국은 "세르비아가 보
스니아에 손을 대려해도 일단 독립하면 타국에 대한 간섭으로서 억제
할 수 있다"고 판단하고 있었다.

그런데 이러한 미국의 태도는 크로아티아 분쟁시의 미국의 태도와는
180도 전환된 것이었다. 미국이 태도를 돌변한 것은 크로아티아 정전이
성립되고 UNPROPER(국제연합보호군)가 전개되자 크로아티아인과 세르
비아인의 긴장이 단숨에 완화되었기 때문이었다. 크로아티아 정전시
독일은 '세르비아가 크로아티아에 손을 대려해도 일단 독립하면 타국에
대한 간섭으로서 억제할 수 있다'고 주장하고, 미국 등의 반대를 물리치
고 크로아티아 독립을 단행했는데, 미국은 긴장완화 현상을 목격하고
독일의 주장이 정당했다고 판단했던 것이다.

리스본합의는 이와 같이 암초에 걸려 보스니아 분쟁 발생으로 치닫
게 되었다. 그러나 반대로 합의가 최후까지 유지되었다고 해도 보스니
아 분쟁을 예방할 수 있었을지는 의문이다. 왜냐하면 보스니아는 각 민
족의 거주지역이 모자이크 모양으로 얽혀있기 때문에 고통을 동반하지
않는 분할은 있을 수 없었다. 그 때문에 국토쟁탈전을 피하기 위해서는
중무장의 분쟁예방군을 다수 배치하지 않으면 안 되었지만 그것은 애

초 불가능하다고 생각되었기 때문이다.

처음부터 구유고군은 지하공항을 비롯해 지하兵舍, 지하보급로, 함정의 사용, 군대의 분산, 대포 및 전차를 은폐하는 기술 등 가상 적국인 소련에 대항하기 위한 장비를 갖추고 훈련을 반복해온 유럽에서도 정예 군대였다. 이러한 구유고군에 대항하여 민족이 모자이크 모양으로 얽혀 있는 보스니아에서 피해자를 지키기 위해서는 인적피해를 각오하고 강력한 지상군을 배치할 필요가 있었다. 그러나 미국을 비롯한 서구는 처음부터 군사개입에 미온적인 입장이었다.

즉, 당시의 부시정권은 냉전 후 전략적 의미를 상실한 발칸에 흥미가 없었고, 1992년 대통령 선거를 앞두고 국내정책을 우선하지 않으면 안될 만한 사정이 있었다. 사실 미국은 걸프전의 뒤처리에 정신이 없었고, 복잡한 발칸문제 때문에 발칸에 손을 대면 수렁에 발이 빠지는 형국이라고 판단하여 군사개입은 하지 않겠다고 마음먹고 있었다. 또 프랑스와 영국도 전통적으로 세르비아와 가까운 관계에 있었고 크로아티아의 배후에 있는 독일이 발칸에 영향력을 확대할 것을 우려하고 있었기 때문에, 이에 대항하는 세르비아인의 세력확대를 내심 환영하고 이것을 억제할 의욕이 부족했던 것이다.

◘ 두 번째 실패 : 평화 교섭

1992년 4월 보스니아 분쟁이 발생했으나 서구의 움직임은 진척되지 않았다. 보스니아 분쟁이 시작된 직후부터 당시의 부시정권은 위성정보의 분석과 CIA의 정보수집 등 독자적 정보망과 이제트 베고비치가 상세히 알려온 편지를 통해 무슬림인에 대한 학살이나 고문에 관한 실태를 파악하고 있었다. 그러나 아무런 조치도 취하지 않았다.

서구의 평화로의 움직임이 본격화된 것은 1992년 8월에 가트만 기자가 오마르스카 수용소의 모습을 생존자의 증언과 함께 생생하게 보도한 후 국제여론이 비등해지고 부터였다. 같은 해 8월 영국의 메이저 수상은 여론에 떠밀리듯이 평화회의를 개최하였고 반스 前 미국무장관과 오웬卿에게 보스니아 평화안 작성을 위임했다.

한편 미국의 부시 정권도 여론과 인권단체를 의식하여, 同月 긴급 국제인권위원회 개최를 요구하고 마조비에쯔키 전 폴란드 수상을 특별보고자로 선정하고, 전쟁범죄나 인권침해에 관한 실태보고를 위임했다. 나아가 同年 10월에는 국제연합 안전보장이사회를 움직여 전문가위원회를 만들고 전쟁범죄를 조사하여 국제연합 사무총장에게 보고하도록 요구했다. 이러한 부시 정권의 이니셔티브는 당초부터 ICTY의 설립을 고려하고 있었다기 보다는 조사결과를 평화안에 반영하고자 하는 의도였다.

그러나 반스 전 미국무장관과 오웬卿은 평화교섭에는 중립성이 요구되며 전범으로 지목되는 정치적 지도자와의 교섭이 불가결한 이상, 전쟁범죄나 인권침해 문제는 평화교섭과는 분리하여 평화성립 이후에 취급해야 할 문제라고 판단하고 있었다. 이러한 이유로 반스와 오웬은 평화안 작성 시 전쟁범죄나 인권문제와는 거리를 두었다. 다른 한편, 인권단체나 마조비에쯔키 특별보고자는 "세르비아인에게 시간을 벌 수 있도록 허용하였으며 戰果를 기정사실화하는 것"이라고 반스와 오웬의 평화프로세스를 비판하였다. 결국, 마조비에쯔키 특별보고자는 평화프로세스에 불만을 나타내고 사직하였다.

그러한 가운데 반스·오웬안은 1993년 처음으로 공표되었다. 반스·오웬안의 내용은 보스니아를 민족에 따라 9개의 칸톤(스위스의 州를 모방한 행정단위)과 국제도시 사라예보를 포함 합계 10개의 간톤으로 분할하고, 권한을 대폭 칸톤에 이양하여 완만한 연방을 구성한다는 것이었다. 그 방향은 좋았지만 인구의 31% 밖에 되지 않는 세르비아인이 전투에서 쟁취한 기정사실을 추인하여 보스니아의 43%나 되는 토지를 인정하고 있다는 점에서 반스·오웬안은 미국의 기대를 배신하는 것이었다.

◘ 불발에 그친 클린턴의 강경수단

클린턴은 1992년 미국 대통령 선거전에서 부시 정권의 미온적인 태도를 비판하면서, "(구유고에서 행해지고 있는) 살육을 중단시킬 강경한 수단을 취하겠다."고 공약했다. 1993년에 탄생한 클린턴 정권은 우선 반스·오웬안에 포함되지 못했던 전쟁범죄나 인권침해 조사 결과를 현실에 반영시키기 위해 ICTY를 설치할 것을 약속함과 동시에 해제와 공폭(Lift and Strike, 이하 리프트 앤 스트라이크 정책이라고 함)으로 알려진 강경수단에 호소하면서도 분쟁당사자에게 반스·오웬안을 받아들이게 하려고 노력했다. 클린턴 정권도 세르비아인 세력의 전과를 기정사실로 인정하는 반스·오웬안에 불만이었으나, 그렇다고 해서 이것을 인정하지 않는다면 분쟁이 계속되어 전쟁범죄가 반복될 뿐이라고 판단, 현실적인 선택을 한 것이다.

리프트 앤 스트라이크 정책이란 구유고에 대한 무기금수(1991년 9월 25일의 안전보장이사회 결의 713)를 무슬림인 세력에게만 해제(리프트)함과 동시에 세르비아인 세력에게 공폭(스트라이크)을 가해 무슬림인 세력의 열세를 만회하려고 한 것이다. 구유고에 대한 무기금수 조치는 크로아티아 분쟁 당시 연방을 유지하지 않으면 구유고의 붕괴는 피할 수 없다고 하여, 크로아티아의 독립 움직임을 억누르기 위해서 미국이 이니셔티브를 쥐고 도입한 것이지만, 보스니아 분쟁이 시작되자 세르비아에 유리한 군사 밸런스를 고착화하고 무슬림인 세력을 무기도 없이 방치하는 결과를 초래했다. 그래서 비동맹국들은 "군사적 개입을 하지 않으려면, 적어도 자기방어의 권리만은 인정해야 한다."고 하여 무기금수 해제에 찬성했다. 이 조치에 대해 보스니아에 지상군을 파견하고 있던 영국이나 프랑스는 "무기금수 해제는 국제사회가 전투행위를 용인하는 것과 마찬가지로 평화교섭을 엉망으로 만든다. 공폭은 세르비아군의 공격을 자국이 파견한 지상군에게 향하도록 해 많은 사상자를 내는 것은 불가피하다"고 하여, 해제(리프트)에도 공폭(스트라이크)에도 반대했다. 이 때문에 이 정책은 불발로 끝났다.

또한 국제연합도 보스니아 분쟁 당초부터 보스니아에의 국제연합보호군(United Nations Protection Force, 이하 UNPROFOR라고 함) 파견을 검토했었다. 그러나 "적대하는 당사자의 합의를 예상할 수 없는 상황에서 평화유지는 무리이다"라고 하여 보류되었다.

그 대신에 채택된 것이 1992년 5월 30일의 신유고 경제제재(SC 결의 757)이다. 그러나 상황은 점점 악화되어 갈 뿐이었으며, 인도적 원조물자조차도 세르비아인 세력에게 탈취당하거나 블랙마켓(암시장)으로 흘러가기도 하였고, 국제연합 난민고등판무관 사무소(United Nations High Commissioner for Refugees, 이하 UNHCR이라 함)에서 조차도 자유로운 통행이 불가능했다.

그래서 마침내 1992년 6월 8일 UNPROFOR의 배치(SC 결의 758)가 승인되었으나 그 권한은 인도적 원조물자의 안전한 배급을 지키는데 한정되었다.

보스니아 분쟁을 억제하기 위해서는 인적 피해를 각오하고 공폭을 포함한 무력행사가 필요했다. 그러나 UNPROFOR에 인원을 파견하고 있던 프랑스나 영국 등이 "권한의 확대는 분쟁에 말려들어 인적 피해를 보게 된다."면서 반대하여 무력행사는 보류되었다. 그리고 최후까지 UNPROFOR의 권한은 피해방지나 억제로 확대되지 못했다.

또, 1993년 6월 4일이 되자 보스니아 분쟁의 악화에 대응하기 위해 UNPROFO의 권한 확대가 시도되었지만 무력행사는 부상자 후송, 중화기 격퇴, UNPROFOR의 정당방위 목적 등으로 한정되었다. 그리고

NATO 공폭도 승인되었으나 그것도 UNPROFOR를 지원하는데 한정되었다(SC 결의 836).

결국 군사력으로 보스니아인 세력을 억제하고 분쟁을 종결시킬 길은 막히게 되었다.

리프트 앤 스트라이크 정책이 불발에 그치고 UNPROFOR 권한의 실질적 확대가 이루어지지 않았음에도 분쟁당사자가 평화안을 수용한다면 분쟁을 종결시킬 수 있었다.

그래서 국제사회는 반스 · 오웬안의 수용을 분쟁당사자에게 압박하여 세르비아인 세력을 대표하는 카라지치로부터 소극적인 찬성을 얻어낼 수 있었다. 그러나 同案의 수용은 1993년 5월 6일 보스니아의 세르비아인 공화국(스르프스카 공화국)의 국민투표에 부쳐져 96%가 반대하여 거부되었다. 이리하여 평화공작은 처음 상태로 되돌아오게 되었다.

◘ 남은 선택 : ICTY의 설치

평화가 불발로 끝난 이상 "전쟁범죄나 인권침해에 대해 단호한 수단으로 맞서겠다."고 약속하고 정권을 잡은 클린턴 정권으로서는 방관자의 태도를 취할 수는 없었다. 1993년 초 마조비에쯔키 특별보고자나 전문가위원회의 보고에 의해 다수의 중대한 전쟁범죄의 실태가 분명해졌고, 이에 대한 대응을 필요로 하고 있었다. 이렇게 현실감을 가지고 재등장한 것이 ICTY의 설치이다.

앞에서 살펴본 바와 같이 ICTY는 1993년 5월 25일의 SC 결의 827에 의해 설립되었다. 설립의 이니셔티브를 쥔 것은 클린턴 정권이었다. 클린턴 정권의 이니셔티브는 때마침 국민의 신임투표를 마치고 세리비아로 기울어진 보수세력으로부터의 압력을 걱정할 필요가 없어진 옐친정권의 러시아와 프랑스 및 영국의 찬성을 얻고 중국도 마지못해 찬성하여 그 설치가 결정된 것이다.

(2) ICTY의 활동과 실적

ICTY는 1995년 12월 데이튼합의 이후 어느 정도 시간이 흘러 현지의 상황이 안정되면서 협력을 얻을 수 있게 되자 본격적인 활동을 개시했다. 보스니아와 크로아티아는 각각 1995년과 1996년에 ICTY 협력법을 제정하고 증거수집에 협력하였고, 많은 피해자가 발생한 보스니아의 무슬림인은 데이튼 합의가 성립된 직후에 '수사 및 자료수집을 위한 기관'(Agency for Investigation and Documentation, 이하 AID라 함)을 설립하고 수집된 증거를 ICTY에 인도하였다.

"10년도 더 지난 사건을 어떻게 재판할 수 있는가, 증거가 사라진 것은 아닌가?"라는 의문도 있었지만, 이렇게 하여 제출된 증거 중에는 사회주의국가였던 당시의 보스니아 내무성 첩보부가 민족정화가 예감되기 시작한 1991년부터 1995년 12월의 데이튼 합의까지의 고위직 전범의 전화를 도청한 기록, '민족정화'를 지시한 비상사태정권(Crisis Staff)의 회의록 등 일급 자료가 많이 포함되어 있었다.

ICTY의 1심 재판은 매일 연속적으로 열렸지만 1개 사건에 대해 100명 안팎의 증인을 1명당 2~3일에 걸쳐 상세하게 직접 심문하는 것이 보통이었다. 그 때문에 준비절차에 16개월, 공판 심리에 16개월, 합계 32개월의 심리기간이 걸렸다.

ICTY는 2006년 8월 11일 현재까지, 합계 161명의 피고인을 기소하였으며 이중에 유죄 확정자는 46명, 심리중인 자는 38명, 무죄 8명, 구유고 국내재판소로 사건이 이송된 자는 9인이며, 그 외는 도주 중인 자, 사망한 자, 기소가 취하된 자 등이다. 유죄확정자의 성명, 직업 및 선고형은 다음 표와 같다.

■■□ ICTY의 유죄확정자

성 명	직 업	판 결
1. Dusko TALIC	경찰관겸 코자락크 지역자치체 멤버	구금형 20년
2. Dusko SIKIRICA	케라템 강제수용소 소장	구금형 15년
3. Damir DOSEN	케라템 강제수용소 소장대리(교대요원)	구금형 5년
4. Dragan KOLUNDZIJA	케라템 강제수용소 소장대리(교대요원)	구금형 3년
5. Miroslav TADIC	보산스키·사맛크시 '포로교환위원회' 위원장	구금형 8년
6. Simo ZARIC	'포로교환위원회' 협력자	구금형 6년
7. Stevan TODOROVIC	보산스키·사맛크시 경찰서장	구금형 10년
8. Milan SIMIC	보산스키·사맛크시 의회행정위원회 위원장	구금형 5년
9. Goran JELISIC	루카강제수용소 감수	구금형 40년
10. Ranko CESIC	루카강제수용소 감수	구금형 18년
11. Tihomir BLASKIC	크로아티아 국장위원회 대령	구금형 9년
12. Zlatko ALEKSOVSKI	크로아티아의 카오닛크 형무소장	구금형 7년
13. Drago JOSIPOVIC	크로아티아의 국방위원회 병사	구금형 12년
14. Vladimir SANTIC	크로아티아 민병 그룹 '죠카'의 장	구금형 18년
15. Zdravko MUCIC	세레빗치 강제수용소 소장	구금형 9년
16. Hazim DELIC	세레빗치 강제수용소 부소장	구금형 18년
17. Esad LANDZO	세레빗치 강제수용소 감수	구금형 15년
18. Drazen ERDEMOVIC	보스니아의 세르비아군 병사	구금형 5년
19. Dragoljub KUNARAC	보스니아의 세르비아군특별지원부대사령관	구금형 28년
20. Radomir KOVAC	포챠 민병그룹의 장	구금형 20년
21. Zoran VUKOVIC	포챠 민병그룹의 장	구금형 12년
22. Milorad KRNOJELAC	케피·돔 강제수용소 소장	구금형 15년
23. Milojica KOS	오말스카 강제수용소 소장 대리	구금형 6년
24. Mitar VASILJEVIC	민병그룹의 멤버	구금형 15년
25. Radislav KRSTIC	세르비아군 다리나 방면군 부사령관	구금형 35년
26. Biljana PLAVSIC	스르프스카 공화국 대통령	구금형 11년

27.	Darko MRDJA	프리에드르시 경찰돌격대의 멤버	구금형	17년
28.	Dragan OBRENOVIC	세르비아군 크로르니크 보병여단 부사령관	구금형	18년
29.	Predrag BANOVIC	케라템 강제수용소 취조관	구금형	8년
30.	Dragan NIKOLIC	스시챠 강제수용소 소장	구금형	20년
31.	Dario KORDIC	크로아티아인의 민족정당(HDZ) 당수	구금형	25년
32.	Mario CERKEZ	크로아티아군 뷔테스 여단장	구금형	6년
33.	Anto FURUNDZIJA	크로아티아 민병 그룹 '죠카'의 地方長	구금형	10년
34.	Miroslav KVOCKA	오마르스카 강제수용소 소장	구금형	7년
35.	Mladjo RADIC	오마르스카 강제수용소 監守長 代理(교대요원)	구금형	20년
36.	Dragoljub PRCAC	오마르스카 강제수용소 부소장	구금형	5년
37.	Zoran ZIGIC	일반시민(전 택시 운전수)	구금형	25년
38.	Miroslav DERONJIC	브라츄내크 비상사태정권 의장	구금형	10년
39.	Milan BABIC	스스로 선언한 '세르비아·크라이나 공화국' 대통령	구금형	13년
40.	Ivica RAJIC	구 유고군 대위	구금형	12년
41.	Vinko MARTINOVIC	민병 그룹 KB의 사령관	구금형	18년
42.	Mladen NALETILIC	민병 그룹 KB의 sub-unit의 장	구금형	20년
43.	Milomir STAKIC	프리에드르市 비상사태정권 의장	구금형	40년
44.	Momir NIKOLIC	브라츄내크 보병여단 사령관	구금형	20년
45.	Miodrag JOKIC	해군 제9방면군 사령관	구금형	7년
46.	Naser ORIC	스레브레니쨔 및 주변의 보스니아군사령관 (전 경찰관)	구금형	2년

　　형의 집행은 ICTY와 협력협정(Agreement on the enforcement of sentences of ICTY)을 교환하고 있는 국가의 형무소에 수용하여 행하고 있다. 2006년 현재 형의 집행에 대해 ICTY와 협력협정을 체결한 국가는 노르웨이, 스웨덴, 핀란드, 덴마크, 영국, 프랑스, 이탈리아, 스페인 및 오스트리아의 9개국이다. 독일은 일반적인 협정을 체결하고 있지 않았지만 개별합의에 따라 피고인 2명의 형집행을 인수하였다.

　　여기에서 주목할 점은 다음과 같다.

　　① ICTY 설립 당초에 기소되어 이미 판결이 내려진 것은 대부분이

강제수용소 소장이나 소장 대리 등 監守級의 세르비아인 전범에 한정되어 있었으나 점차 타민족도 기소되고 고위직도 기소되었다. 조금 오래된 통계이지만, 2004년 4월 20일 현재 기소된 피고인 103명의 민족별 분포는 세르비아인 73명, 크로아티아인 19명, 무슬림인 7명, 알바니아인 4명이다. 다만 이 수는 공개된 기소장으로 기소된 자만을 가리키며, 비공개 기소장으로 기소된 자는 포함되지 않는다.

② '법의 지배'를 확립하기 위해서는 민족정화를 획책한 고위직의 기소가 불가결하다. 다만 밀로세비치도 데이튼합의까지는 외교교섭의 주역으로 평가되어 수사·기소되지는 않았다. 밀로세비치가 기소된 것은 그 자신이 데이튼합의의 저해요인이라는 점이 확실해진 코소보분쟁 이후이다.

보스니아의 세르비아인 세력을 현장에서 이끌며, 당시 국제사회로부터 평화교섭 상대로 인정되지 않았던 카라지치와 무라지치는 1995년에 기소되었다.

다른 한편, 크로아티아의 세르비아인 지위를 격하하여 구유고 붕괴의 방아쇠를 당긴 크로아티아 대통령 트지만은 기소되지 않고 1999년 12월에 病死했다. 무슬림인 주도의 보스니아에 집착하여 보스니아 분쟁의 방아쇠를 당긴 보스니아 대통령 이제트 베고비치에 대한 수사도 개시하였으나, 수사종결을 보지 못하고 2003년 1월에 병사했다.

③ 사례 25는 제2차 대전 후 가장 혐오스런 것으로 알려진 스레브레니차 사건으로 전인구 4만 명 중 약 7,000명이 살해되었다. ICTY의 판결에서 제노사이드죄(제노사이드죄의 幇助)가 적용된 것은 同사건이 처음이자 현재까지 유일하다. 적용된 많은 죄명은 인도에 반한 죄와 전쟁법규와 관례의 위반죄이다. 1949년 제네바 4개 협

약의 중대한 위반죄가 적용된 사례는 많지 않다.

④ 刑期는 ICTY 설립규정(ICTY Statute라 통칭됨)에 따라 구유고국제형사재판소의 실무를 참고하여 量刑하게 되어 있다. 최고형은 종신구금형이고 사형은 없다.

⑤ 여성은 사례 26의 Biljana PLAVSIC뿐이고 그 밖은 모두 남성이다.

⑥ 사례 37의 Zoran ZIGIC은 前 택시 운전수로 일반시민임에도 불구하고 구금형 25년이라는 중형에 처해졌다. 그 이유는 보스니아 분쟁 중 오마르스카 강제수용소, 케라템 강제수용소, 쯔루노포리 강제수용소가 과격한 민족주의자의 침입을 적극적으로 허용하고 그들이 하는 대로 내버려두는 점을 이용하여, 이들 강제수용소에 계속적으로 침입하여 다수의 무슬림인을 고문하고 살해하는 등의 중대한 죄를 범했기 때문이었다.

(3) ICTY에 대한 비판

✪ 설립 절차

ICTY에 대한 비판의 하나는 이러한 재판소의 설립은 조약으로 합의해야 함이 마땅하며, 국제연합 안전보장이사회 결의에 의한 설립은 절차위반이라는 것이다.

이러한 재판소의 설립은 본래 조약으로 합의해야 함이 마땅하다는 것은 마찬가지이지만, 구유고에서 일어난 사태는 국제평화 및 안전에 대한 위협이었고, 이에 긴급하게 대처함에 있어 조약을 작성할 시간적 여유가 없었다. ICTY의 설립은 집단적 안전보장을 위해 군사적 또는 비군사적 강제조치를 취할 수 있는 국제연합 안전보장이사회의 권한에 의한 방법밖에 없었고, 대부분의 국가는 이러한 절차의 적법성을 인정하고 있다.

�‍◎ 죄형법정주의

ICTY에 대한 또 다른 하나의 비판은 소급적으로 1991년 이후의 범죄를 관할대상으로 하고 있다는 점 및 종신형 이하라는 대략적인 형벌의 규정방법을 취하고 있다는 점이 죄형법정주의에 반한다는 것이다. 실제로 ICTY는 1993년에 설치되었으나, ICTY 규정은 1991년부터 소급되어 적용되었다.

그러나 ICTY 규정 제2조~제5조는 무엇이 전쟁범죄에 해당하는지를 규정하고 있으나 국제인도법의 중핵이라고도 일컬어지는 중대한 범죄만을 거론하고 있고, 개인범죄로 처벌되는 것은 1991년에는 누가 보아도 의심할 바 없이 국제관습법으로서 정착된 것뿐이며, 실질적으로 소급효를 인정하고 있는 것은 아니었다. 또한 제2조는 1949년의 제네바 4개 협약의 중대한 위반죄, 제3조는 전쟁법규 및 관례 위반죄, 제4조는 제노사이드죄, 제5조는 인도에 반한 죄를 ICTY의 관할범죄로 하고 있다.

적용되는 형벌도 ICTY 규정 제21조 1항에 의하면, 구유고국제형사재판소 실무를 참고로 하여 양형하게 되어 있고, 일정한 기준도 있어 그러한 비판은 합당하지 않다.

◎ 기소의 공평성

ICTY에 대해서는 기소가 공평하지 못했다는 비판이 있었다. ICTY는 반세르비아적이어서 다른 민족에 비해 세르비아인에게 지나치게 엄격했는가?

세리비아인에게 지나치게 엄격하다는 비판은 개개의 사건을 볼 때 反세르비아적이라는 비판과 세르비아인에게 기소가 편중되어 있다는 비판으로 구분된다.

결론적으로 말하면 그러한 비판들은 옳지 않다. 개개의 사건은 심리

과정에서 편향된 관점에 좌우되지 않았고, 진실을 밝혀내고 있는 것이 아닌가 하는 점이 재판을 담당한 필자의 소감이다. 즉, 심리과정에서 자연스럽게 분명해진 것은 세르비아인은 잔악한 가해자이고 무슬림은 고결한 피해자라는 관점이 아니라, 일부의 정치가나 군인이 자기의 권력확대와 축재를 위해 일반시민의 공포를 이용하여 민족정화를 선동 및 확대했으며, 이는 민족 간 차이 없이 무슬림인도 마찬가지로 가해자이기도 했다.

실제 기소된 자의 수에서 보면 세르비아인이 압도적으로 다수이다. 그러나 세르비아인이 다수 기소되었다고 하는 것은 그들이 압도적인 군사력을 과시했었기 때문에 많은 가해자를 양산했다는 사실에 의한 바가 크다.

따라서 상기의 비판은 옳지 않다. 오히려 ICTY는 일반시민이 짊어지고 있던 이유없는 민족정화의 책임을 진정한 책임이 있는 전범에게 되돌리고 역사의 진상을 명확히 하였는바, 그것은 ICTY의 공적으로 들 수 있을 것이다.

그 외 ICTY에 대해서는 기소의 대상이 중하위직 전범에 편중되어 있어, '법의 지배'를 확립하기 위해서는 민족정화를 획책한 고위직 전범의 기소가 불가결하다는 비판도 있다. 특히, 트자만과 이제트 베고비치가 기소를 면한 점(제22항 ② 참조)에 대해서는 비판이 많다. 실제 데이튼합의 이전의 기소는 강제수용소 監守級의 세르비아인으로 한정되어 있다. 또 보스니아의 세르비아인 세력을 이끈 카라지치와 무라지치는 1995년에 기소되었으나, 그것은 그들이 당시 국제사회로부터 평화교섭 상대로 인정되지 않았기 때문일 것이다.

ICC 규정 제16조(수사 또는 기소의 연기)는 다음과 같이 규정하고 있다.
안전보장이사회가 국제연합헌장 제7장에 따라 채택하는 결의로 재판소에 수사 또는 기소의 연기를 요청하는 경우, 12개월 동안은 이 규정에 따른 어떠한 수사나 기소도 개시되거나 진행되지 아니한다. 그러한 요청은 동일한 조건 하에서 안전보장이사회에 의하여 갱신될 수 있다(No investigation or prosecution may be commenced or proceeded with under this Statute for a period of 12 months after the Security Council, in a resolution adopted under Chapter VII of the Charter of the United Nations, has requested the Court to that effect; that request may be renewed by the Council under the same conditions).

이 규정은 고위직 전범을 교섭당사자로서 하는 많은 평화교섭에 있어 ICC에 의한 수사·기소가 악영향을 초래하지 않도록 국제연합 안전보장이사회에 수사·기소의 연기(중지가 아니다. 그러나 갱신도 가능하며, 사실상 중지의 효과를 갖는 경우도 있다)를 요청할 권한을 인정한 것이다. 고위직 전범을 지체없이 기소하기 보다도 평화교섭을 우선할 수 밖에 없는 국제사회의 현실을 반영한 정치적 규정이라고도 할 수 있을 것이다.

또 현실적 문제로서 신병을 인도받지 않으면 실제로 재판할 수 없다. 카라지치와 무라지치의 신병 인도도 그들을 지원하는 국내조직에 의해 저지되어 아직 실현되지 못한 상태다.

이와 같이 국제적인 전범재판에 있어 아직 사법이 정치로부터 완전히 독립할 수 없는 것이 국제사회의 현실이다.

◈ ICTY는 승자의 재판인가?

ICTY가 NATO의 폭격에 의한 민간피해를 불문에 부치기로 한 것은 히로시마와 나가사키를 불문에 부치기로 한 동경재판과 동일한 것이 아닌가, 어차피 승자의 재판(Victor's Justice)이 아닌가 하는 비판이 있다.

NATO의 폭격은 코소보 분쟁중인 1999년 3월 24일부터 6월 9일 사이에 행해졌다. 이 기간 중 비행 3만 8천회, 폭격 1만 484회, 투하된 폭탄은 2만 3,614개에 이른다. 공폭의 결과 약 500명의 민간인이 사망하고 중국대사관을 비롯 여객열차나 방송국 등 많은 민간시설이 파괴되었다.

　　NATO의 폭격방법은 전선에서 공격을 막거나 피해자를 구출하는 것이 아니라, 오로지 구유고군의 공격이 불가능한 1만 5천 피트(약 5㎞) 이상의 상공에서의 공폭으로 zero casualty 정책(사상자 제로 정책)으로 알려져 있다. 그것은 인간의 육안으로는 지상의 사물을 판별할 수 없는 높이였기 때문에 오폭할 위험이 있었다. 이와 같이 자신의 안전을 최우선시 하는 방법은 국제연합군에게 조소를 보내고 있는 2002년 개봉된 아카데미賞 수상 영화 '노 맨즈 랜드'처럼 공폭도 마찬가지로 인식되었다. NATO의 폭격에는 열화우라늄탄이나 크라스터탄도 사용되었다.

　　크라스터彈이란 다수의 작은 폭탄이나 지뢰로 충전된 폭탄으로 다양한 타입이 있으나, 전형적인 것은 공중에서 1차 폭발을 하여 수많은 작은 폭탄으로 나누어지고, 이들 작은 폭탄이 지상목표물에 닿으면 2차 폭발을 한다. 핀 포인트 폭격이 아니라 일정한 광범위 폭격에 사용된다. ICTY도 1996년 3월 8일의 결정에서 "크라스터탄을 장착한 本件 로켓은 근처에 군사시설이 없는 지역에 착탄했다. 크라스터탄은 본래 공격목표로부터 일탈할 가능성이 높아 이러한 크라스터탄을 장착한 로켓의 발사행위는 자그레브市의 민간인에 대한 공격의 고의를 증명하는 것이다" 라고 기술하고 있다.

　　문제는 이들 무력행사가 전쟁범죄에 해당하는지 여부이다. 그것은 NATO의 폭격이 가령 인도적 개입이라고 해도 그것으로 모든 것이 정리되는 것은 아니다. 전체로서 무력행사가 용인되는 경우에도 개별적인 위반은 문제가 된다.

　　의문의 하나는 이들 오폭 사건의 비례원칙 위반 여부이다. 제네바협약 제1추가의정서 제57조 및 제58조에 규정되어 있는 비례원칙은 직접적인 군사이익에 비하여 민간인이나 민간시설의 피해가 지나치게 클 때는 그와 같은 전투행위는 행해져서는 안 된다는 것으로 이미 국제관습법으로 확립되었다. 이에 위반하면 ICTY 규정 제3조가 규정하는 전쟁범죄가 된다.

의문의 또 다른 하나는 犯意이다. 즉, 민간인과 민간시설의 피해가 지나치게 크다는 점을 알고 있으면서도(확정 고의) 폭격했는지는 차치하고서라도 조종사의 현장 확인 부족이나 지령을 내린 자의 정보수집 부족을 의심하는 일은 충분히 가능하며, 민간인 피해를 경시하고 폭격의 결과를 되돌아보지 않을 의도, 즉 '未必的 故意'가 인정될 지 여부이다.

이것들은 zero casualty 정책을 인정하고 크라스터탄의 사용을 문제로 삼지 않아도 생기는 의문이며, 폭격을 실시한 자 및 명령한 자에 대하여 ICTY 규정 제3조의 전쟁범죄나 제5조의 인도에 반한 죄 등으로 수사 및 기소할 수 있는지 여부가 문제되었다. 검토를 위임받은 ICTY 검찰국(실제로는 검찰국내에 설치된 위원회가 검토)의 검토 결과 기소뿐만 아니라 수사도 행해지지 않았다. 검토결과는 다음과 같다.

위원회는 1999년 5월에 ICTY의 검찰국(Office of the Prosecutor, 이하 OTP 라고 함) 내부에 설치되었다. 위원회는 5, 6명의 OTP멤버로 구성된 점 이외에는 명확히 밝혀지지 않았다.

위원회의 검토결과 보고서는 "Final Report to the Prosecutor by the Committee Established to Review the NATO Bombing campaign against the Federal Republic of Yugoslavia"로 2000년 6월 8일에 공표되었다.

의원회가 검토에 사용한 자료는 Human Right Watch의 보고서 "Civilian Deaths in the NATO Air Campaign"이나 Amnesty International의 보고서 "Collateral Damage" 등의 NGO 자료, 독일人 Ekkehard Wenz의 연구서, 신문, 미국 및 영국의 국방성 자료, NATO의 언론 발표 외에도 신유고가 국제사법재판소(ICJ)에 제출한 자료 및 신유고 외무성 백서(NATO Crimes in Yugoslavia) 및 러시아國會內 委員會(Russian Parliamentary Commission)가 제출한 자료 등이다. 또한 NATO에 대해서는 OTP로부터 질문장이 송부되었었는데, 위원회는 그 회답도 자료로 사용하였다.

◎ 위원회의 결론

민간시설을 표적으로 한 것이 아니었는가? 라는 의문에 대해 표적선정에는 문제가 없다고 했다. 그 이유는 군사표적인지 아닌지는 성질 및 사용목적이라는 양 측면을 고려하여 정해지고, 군사용 및 민간용 양쪽으로 사용될 수 있는 경우 군사표적이 되므로 군사표적의 범위는 넓게 인정되기 때문이다.

또한 비례원칙 위반에 대해서는 이것을 실제로 적용하려면 군사이익과 사람의 생명과 재산이라는 전혀 가치가 다른 것을 비교해야 하는 경우 어디까지를 비교대상으로 포함할 것인가, 시간 및 공간적 범위를 어디까지 확대할 것인가 등 많은 어려운 점을 포함한다. 따라서 비례원칙을 충족하고 있는가의 판단은 실제로는 곤란하기 때문에 범죄라고는 단정할 수 없다.

나아가 犯意도 미필적 고의를 포함하여 부정된다. 그 이유는 일반론으로는 공격목표가 군사표적이라는 점을 가능한 모든 수단을 사용해 확인하지 않았을 때 및 민간인이나 민간시설의 피해가 지나치게 크지 않도록 전투행위의 선택에 가능한 모든 배려를 태만했을 때는 미필적 고의가 성립한다. 그러나 확인이나 배려의 의무는 높은 정도이긴 하지만 절대적인 것이 아니고, 의무의 이행은 사전의 정보수집에서부터 실제의 전투행위까지 통틀어 판단해야 하며 전체적으로 보면 의무는 다했다고 보인다.

■□ 위원회에 의한 개별사건에 관한 결론

NATO의 오폭에 의해 10명 이상의 사망자가 발생한 사건은 12건이며, 위원회는 그중에서 다음의 5건에 대해 개별검토를 했다.

1. 객차폭파사건(사건발생일 : 1999년 4월 12일)

이 사건은 베오그라드와 리스트백을 연결하는 철도의 마케도니아 국경 부근에 가설되어 있는 길이 50m의 다리를 NATO機가 레이저로 유도된 폭탄 2발로 폭격한 사건이다.

첫 번째 폭탄은 다리를 통과중인 객차의 2번째 차량에 명중해 이 객차를 두동강 냈다. 두 번째 폭탄은 그대로 남아있던 다리의 다른 한쪽 끝을 노리고 투하되었는데 첫 번째 폭탄의 파괴로 후진한 객차의 일부에 명중했다. 그 결과 적어도 10명이 사망하고 15명이 부상당했다.

이 사건은 처음부터 객차를 표적으로 한 것이라는 주장도 있었으나 본건 폭격목표물은 코소보의 세르비아군 보급루트인 다리였음은 거의 틀림없다. 따라서 문제는 객차에 명중할 것을 예상할 수 있었지 않았는가 하는 점인데 위원회는 객차의 영상이 시계에 들어왔을 때는 이미 첫 번째 폭탄을 투하한 후라 어떻게 해볼 도리가 없었고, 두 번째 폭탄에 대해서는 첫 번째 폭탄이 객차에 명중한 것은 확인할 수 있었으나 다리 폭파 임무를 완수하기 위해 그대로 남아있던 다리의 다른 한 쪽 끝을 노려 투하한 것으로 투하시에는 연기와 구름으로 시계가 나빠 첫 번째 폭탄의 파괴로 인해 후진한 객차를 확인할 수 없었고 이를 확인할 수 있었을 때는 이미 폭탄을 투하한 후여서 어찌 해볼 수 없었다고 했다. 다만, 두 번째 폭탄에 대해 위원회의 의견은 나뉘어져 객차가 첫 번째 폭탄의 파괴로 어떻게 되었는가를 확인하지 않고 둘째 폭탄을 투하한 것은 미필적 고의라는 의견도 있었다. 그러나 위원회의 결론은 ①사건에 적용해야 할 국제법이 확립되어 있는가, ②구체적 사건에 이것을 적용했을 때 의심 없이 위반이 있었다고 말할 수 있는가, ③증거가 충분한가 등을 검토하여 결국 상기 결론으로 일치되었다.

2. 쟈코비차 난민 폭격사건(사건발생일 : 1999년 4월 14일)

이 사건은 NATO機가 1,000명을 넘는 알비니아 난민에게 폭격을 가해 여성이나 아동 등 70~75명이 사망하고, 약 100명이 부상당한 사건이다. 그러나 상세한 해명은 이루어지지 않아 과연 '몇 개의 폭탄이 투하 되었는가' 등은 불명확하다. 알바니아 난민은 분명히 민간인이며 군사표적이 아니다.

NATO는 당초 폭격행위 자체를 부정했다. 그러나 나중에는 이를 인정하고, 유고군이 민간가옥에 방화한다는 정보가 사전에 있었고, 현장은 유고군의 보급루트이기도 하며, 불길이 점차 남쪽으로 번져가는 와중에 어두운 황록색 車體가 목격되어 이를 유고군으로 오인했다고 설명했다.

NATO는 나아가 콕크 핏트 비디오상으로는 확실히 트랙터였지만 裸眼으로 보면 군용차로 보인다는 점, 빛깔·규모·이동방법이 군사호송단처럼 보였다는 점, 유고군은 통상 그러한 규모로는 행동하지 않는다는 정보에 비추어 수차례 폭격 이후 의문이 생겨 곧바로 폭격중지 명령이 내려졌다는 점 등을 들어 책임을 부정하였다.

그런데, 이 사건에 대해서는 폭격기와 관제관과의 통화를 녹음한 유고 TV의 증거가 OTP에 제출되어 있었고, 민간인인줄 알면서도 공격명령을 내렸다고 볼 수 있는 정황이 녹음되어 있었다.

위원회는 NATO의 주장 및 모든 증거를 검토한 후 녹음테이프와 같은 증거는 단 하나밖에 없다는 점, F-전투기의 속도와 비행고도로 판단하면 민간인지 여부의 확인은 곤란하다는 점, 사전에 낮은 비행고도에서 표적을 확인할 수 있었다고 생각되는 사례이기는 하지만 미필적 고의를 인정할 정도에는 이르지 못한다고 판단했다.

3. TV·라디오국 폭격사건(사건발생일 : 1999년 4월 23일)

이 사건은 NATO가 사전에 계획해 베오그라드에 있는 국영 TV·라디오국을 미사일로 공격하여 10~17명이 사망한 사건이다.

NATO에 따르면, 同 TV·라디오국은 군의 지령·통신에도 사용되고 있어 군사표적이라는 점에는 문제가 없었다. 동 TV·라디오국은 코소보에서의 잔학행위를 용인하는 환경 조성(밀로세비치의 정책선전)에도 이용되고 있어, NATO는 폭격전인 4월 8일 "만약 밀로세비치가 검열 없이 밀로세비치의 정책선전과 동일한 시간만큼 서구제국의 뉴스보도를 방송하면 민간용으로 인정할 수 있다"는 성명을 발표했기 때문에 밀로세비치의 정책선전기구를 파괴하는 행위의 정당성이 문제되었다.

위원회는 미사일공격의 일차적인 목적은 군의 지령·통신망으로서의

TV · 라디오국의 파괴이며, 밀로세비치의 정책선전기구를 파괴하는 목적은 2차적인 것에 지나지 않으므로 이 점은 문제되지 않는다고 하였다.

이 사건의 또 다른 문제는 사망자가 많고 비례원칙에 반하지 않았는가 하는 점이었다. 제네바협약 제1추가의정서 제57조 2항에 의하면, 민간피해를 피하기 위한 모든 가능한 노력을 다하여야 한다. 외국 미디어 특파원만이 공격전에 경고를 받았고, 지방 직원에게는 통보되지 않은 점에 대하여 과연 NATO는 민간피해를 피하기 위한 모든 가능한 노력을 하였는지가 의문시 된 것이다.

이 점에 있어 위원회는 NATO의 주장을 받아들여 개별 경고를 하는 것은 조종사를 위험에 빠뜨리므로 불가능하고, 당시 상황에서는 NATO가 발령한 일반적 경고로 의무를 충분히 다했으며, 구유고 당국은 폭격이 가까운 시일내로 다가왔음을 인식하고 있었기 때문에 민간인 사망자의 다수 발생에 대한 책임의 일단은 구유고 당국에 있다고 보았다.

그런데 TV · 라디오국은 미사일 폭격에도 불구하고, 수 시간 후에 방송을 재개했기 때문에 민간피해에 비해 군사이익이 적고, 비례원칙에 반하는 것이 아닌가 하는 점이 문제되었던 것이다.

이에 대해서도 위원회는 NATO의 주장을 받아들여, 우선 군사 · 민간의 양 목적에 사용되고 있는 TV · 라디오국을 1회의 공격으로 사용불능 상태로 만드는 것은 불가능하다고 판단, 비례원칙은 개별사건별로 판단하는 것이 아니라 전체로서의 유고군의 지령 · 통신망의 파괴와 민간피해를 비교하여 판단을 내려야 한다는 입장이었다.

4. 중국대사관 폭격사건(사건발생일 : 1999년 5월 7일)

이 사건은 NATO군 비행기가 베오그라드의 중국대사관을 세르비아군의 조달보급사령부(Yugoslavia Federal Directorate for Supply and Procurement)로 오인하고 수 개의 미사일로 공격하여, 중국대사관내에 있던 약 50명중 중국인 3명이 사망하고, 15명이 부상당했으며 중국대사관 및 인근 건물들이 아주 큰 피해를 입은 사건이다.

세르비아군의 조달보급사령부는 군사표적이지만 중국대사관은 민간시설이다. 왜 오폭이 발생했는가에 대해 NATO는 ①동 사령부의 위치확정에 사용된 'intersection and resection technique'로 알려진 네비게이션 기술이 원거리에 있는 물체의 대략적인 위치확인에만 적합한 것이었다는 점, ②동 사령부의 위치확인에 사용된 미국 정부의 지도 및 시판 지도의 어느 것에도 동 사령부는 표시되어 있지 않고, 중국대사관의 정확한 위치도 표시되어 있지 않았던 점, ③첫 위치확인의 정확도를 확인하기 위한 방법이, 미국 정부의 기술자가 종래의 지도에 새로운 정보를 부가하는 방법을 취한 것뿐이었다는 점, ④중국대사관의 정확한 위치를 알고 있는 자가 아무도 상담에 응하지 않았다는 점 등을 이유로 들었다.

그런데 당시 중국은 밀로세비치를 지원하고 있었고, 중국대사관의 통신실은 유고군의 지령 및 통신에 이용되고 있었다는 취지의 정보가 있었다. 또한 폭격으로 피해를 입은 것은 바로 중국대사관 통신실이었고 기타 부분은 아무런 피해를 입지 않았기 때문에 중국대사관 통신실을 고의로 노린 것이 아니었나라는 문제가 제기되었다.

위원회는 오폭은 주로 CIA 정보에 근거를 두고 있었기 때문에 발생한 것으로, 오폭을 행한 자 및 명령한 자에게는 책임이 없다고 결론지었다.

5. 코리사村 폭격사건(사건발생일 : 1999년 5월 13일)

이 사건은 NATO가 코리사村에 10여개의 폭탄을 투하하여 민간인 87명이 사망하고 60여명이 부상당한 사건으로 그 피해자의 다수가 난민이었다.

NATO는 이 사건에 대하여 코리사村에는 유고군의 야영지와 사령부가 있음을 사전의 정보수집으로 알고 있었으며, 조종사는 폭탄투하 전에 군용방어물과 군용차를 확인하고 있었으므로 군사표적에 대한 공격으로서 정당화된다고 결론지었다.

문제는 민간인이 부근에 있다는 사실을 몰랐는가 여부인데, NATO는 폭탄 투하는 23시 30분(밤 11시 30분)으로 폭탄투하 전에 확인할 수는 없었고, 민간인이 퇴거했다는 정보를 사전에 알고 있었으므로 민간인의 존재에 대해서는 몰랐다고 주장했다.

위원회는 코소보 주민이 유고군의 캠프에 수용되어 인간방패(human shield)로 사용되고 있었다는 정보도 없지는 않으나, 정보부족으로 전쟁범죄가 성립되기에는 불충분하다고 결론 내렸다.

2. 르완다 국제형사재판소(ICTR)

(1) ICTR의 설립 경위

르완다국제형사재판소(International Criminal Court for Rwanda: ICTR)는 1994년에 발생한 르완다 민족분쟁에 대처하기 위해 前年에 설립된 ICTY 를 모방하여, 안전보장이사회(SC) 결의 955에 의해 설립되었다.

후투족인 하바리마나 대통령은 1973년의 군사쿠데타로 정권을 잡은 후 극단적인 민족주의의 기치를 내걸고 식민지시대의 유산은 모두 투치족에게 책임이 있다면서 이권을 일부에게만 집중시키고 과격한 일당독재 정치를 실시하였는바, 이로 인해 민족 간 긴장이 고조되었다. 이 긴장의 정도를 더욱 높인 것은 부룬디로부터의 피난민 유입과 과거의 민족분쟁에서 국외에 피난했던 투치족의 우간다로부터의 귀환이었다. 즉, 르완다는 1988년 인접국 부룬디에서 일어난 투치족에 의한 후투족 학살을 피해왔던 약 2만 명의 피난민으로 난민이 증가하였고, 또한 벨기에로부터 독립 전후에 있었던 민족분쟁으로 국외로 도망쳤던 투치족이 르완다애국전선(the Rwanda Patriotic Front. 이하 RPF라고 함)을 결성해, 민주화 요구와 귀환이라는 기치를 걸고 하바리마나 정권에 반대하였으며 1990년이 되자 우간다에서 르완다로 밀려들어왔다.

이러한 가운데 1992년 하바리마나 정권과 RPF와의 사이에 평화합의가 성립하고, 정전감시를 위한 국제연합의 평화유지부대도 파견되었다. 그런데 1994년 4월 6일 키갈리공항에서 하바리마나가 비행기 사고로 사망하자, 하바리마나 정권의 민병 및 르완다군은 즉각 온건파 후투족 고관과 RPF를 지원하는 투치족을 살해했다. 이는 고조되어 있던 민족적 긴장에 선제공격을 가한거나 마찬가지였다. 이리하여 르완다 민족분쟁이 개시되어 약 4개월 사이에 100만 명이 살해되고, 200만 명의 난민이 발생했다.

이 분쟁에서 하바리마나 대통령 一派에 의한 중대한 범죄가 예상되었음에도 국제연합은 예방조치를 취하지 않았을 뿐만 아니라 파견되었던 평화유지군마저 철수시켰고, 선진국들도 분쟁 확대를 방지할 정치적 의욕이 결여되어 있었다는 비판을 받고 있다.

(2) ICTR의 활동

르완다 국제형사재판소는 2005년 4월까지 19개 사건, 25명의 피고인에 대해 판결을 내렸다. 前수상 캄반다를 제노사이드죄와 인도에 반한 죄로 유죄에 처하고, 2002년 4월에는 제노사이드의 중심인물로 취급되는 바고스라 前대령의 재판을 개시하는 등 획기적인 성과도 있었다. 또한 미디어나 세미나를 통해서 재판의 의미나 경과를 아프리카 농촌지역의 일반시민들에게까지 알리는 활동(outreach programme)에도 힘을 쏟았다.

그러나 재판의 진행은 ICTY에 비해 훨씬 지연되고 있다는 비판을 받고 있다.

제5절 국제화된 국내형사재판소

1. 시에라 레온 특별법정

시에라 레온 특별법정(the Special Court for Sierra Leone)은 시에라 레온 내전의 전범을 재판하기 위해 설치되었다.

시에라 레온에서는 1991년 일당독재의 군사정권과 RUF(Revolutionary United Front, 리더는 훠데이 상코)와의 사이에서 시에라 레온 내전이 시작되었다.

시에라 레온 내전은 인접국인 리베리아에서 찰즈 테일러가 다이아몬드 이권과 교환으로 광산을 컨트롤하는 RUF를 지원하고, RUF 병사를 훈련시키거나 이들에게 무기를 공여했기 때문에 확대되었다. 시에라 레온 내전에서는 유괴 또는 강제로 징병하여 마약으로 중독시킨 약 7,000명의 소년병을 이용하여 약탈·방화·강간·살인·신체절단 등이 행해졌다. 10년 이상의 내전에서

살해된 자는 약 5만 명, 국외난민이 된 자는 41만 6천명을 넘는 것으로 추정
된다. 시에라 레온 내전은 1999년에 국제연합의 중개로 평화협정이 체결되었
으며, 2002년 1월에 공식적으로 종결되었다.

시에라 레온 특별법정 설치의 단초는 2000년 6월에 카바 대통령이 국
제연합 사무총장에게 전범재판에 관한 협력을 요청하는 편지를 쓴 것
이 발단이다. 이 편지를 받고 同年 8월에 SC결의 1315가 채택되어, 국
제연합 사무총장과 시에라 레온 정부가 시에라 레온 특별법정의 설치
에 합의하였으며, 동 법정은 2003년부터 활동을 개시하였다.

1심은 3명의 재판관, 2심은 5명의 재판관으로 심리되었으나 캄보디
아 특별법정과는 달리 외국인 판사가 다수를 차지하였다. 관할범죄는
1991년에 RUF가 수도를 점령했을 때에 많은 중대한 잔학행위가 발생한
것을 고려하여, 1996년 11월 이후에 발생한 전쟁범죄 및 국내법 위반죄
를 관할하기로 하였고 국내재판소에 우선하여 관할권을 갖는다.

시에라 레온 특별법정은 15세 미만의 소년병의 모집과 사용이 전쟁
범죄가 된다는 점을 분명히 하는 등 공적도 인정할 수 있으나, 문제는
1년간의 비용이 2,500만 달러(약 28억 엔)나 소요되었으며 국제연합의
직접 지원기간은 2005년 12월로 종료되어 2006년 1월부터 임의 거출금
에 의존하지 않을 수 없었다.

한편, 시에라 레온에서도 남아프리카 공화국의 '진실과 화해위원회'
를 모방하여 '진실과 화해위원회'(Truth and Reconciliation Committee. 이
하 TRC라고 함)가 설치되어 평화촉진이 시도되고 있다. 남아프리카 공화
국의 '진실과 화해위원회'는 유색인종 차별정책(apartheid)시대의 인권침
해에 관하여 진실을 밝히고 사죄하면 가해자에게 면죄를 부여하여 장
래의 화해를 도모하는 것인데, TRC에는 진실 고백을 원인으로 하는 면
책권한이 부여되지 않았다. 다만, 로마평화협정에 기초하여 一般恩赦法

이 입법되어, 고위급 전범의 국제법위반은 면책되지 않지만 국내범죄에 대해서는 면책할 수 있게 되었다.

테일러는 2003년 6월에 시에라 레온 특별법정에 기소되었다. 2006년 4월에 테일러가 시에라 레온 특별법정에 출두했을 때에 검찰관은 "잔학행위를 한 자, 국제법을 짓밟은 자는 아무리 높은 권력이나 돈을 갖고 있든 또 민중이 두려워하든 법위에 존재할 수 없고 책임을 져야 한다. 이것이 정의이다"라고 하였다.

그러나 테일러를 시에라 레온에서 재판하는 것은 미약했던 평화프로세스에 악영향을 끼치고 치안유지에 문제가 생길 우려가 있어, 그에 대한 심판은 헤이그의 ICC에 장소를 빌려 진행되었다. 또 영국은 테일러에 대한 형집행을 인수하겠다는 취지의 약속을 했다.

2. 캄보디아 특별법정

캄보디아 특별법정(the Extraordinary Chambers in the Court for Cambodia)의 설치는 1997년 6월 연립을 구성하고 있던 라나리트와 훈센이 1975~1979년의 크메르 루즈 시대의 대량학살에 대한 책임자를 처벌하기 위해 국제연합 사무총장에게 지원을 요청하는 편지를 발송한 것이 시초다. 그 후 오랫동안 국제법정을 요구하는 국제연합과 국내법정에 고집하는 캄보디아 정부 간에 논의가 이루어지지 않았다. 그러나 2004년 10월 가까스로 캄보디아 정부는 캄보디아 특별법정에 대한 국제연합 지원의 법적 근거, 원칙 및 방법에 관하여 국제연합과 캄보디아 정부 간의 합의 문서를 비준하기에 이르렀다. 그리고 2006년 5월 캄보디아 정부는 국제연합이 제시한 짧은 리스트에서 국제재판관 13명과 캄보디아 검찰관 등 17명을 선임하였다. 재판은 2007년 봄부터 시작되는 것으로 예정되어 있었다.

재판은 2심제로 총비용은 5,630만 달러(약 64억 엔)로 예상되고 있다. 그중 약 4,300만 달러를 지원국의 거출로 충당하게 되어 있으며, 일본은 거출금의 절반(약 2,150만 달러)을 부담한다. 캄보디아는 자기부담분 1,330만 달러도 부담할 수 없다며 더 많은 지원을 요구하고 있다.

관할범죄는 국내법의 살인·고문과 국제법의 전쟁범죄로, 판결은 외국인 판사의 찬성을 포함한 다수결로 행한다. 기소될 가능성이 높은 자로는 누옹·치아 前인민대표의회 의장, 키우·삼판 前간부회 의장, 이엥·사리 前부수상 등 최고 간부들이다. 그러나 크메르·루즈를 이끈 폴·포트는 1998년에 이미 사망했고, 살인청부업자라는 별명의 타·모크 前군사령관도 2006년 7월에 사망했다. 기타 기소예정인 최고 간부나 중요증인들은 고령이었기 때문에, 재판의 공평성과 독립성 유지 여부 외에도 시간과의 싸움이라는 문제점이 지적되었다.

크메르·루즈는 애초 캄보디아의 좌익정당으로 탄생했으나, 1955년의 선거에서는 1석도 획득하지 못하고 정글에서 게릴라 전략을 계속하고 있었다. 그러나 베트남 전쟁을 수행하는 미국의 지원을 얻어 정권을 차지한 론·놀에 대한 국민의 불만이 높아진 것을 호기로 북동부 농촌지역에서 지지를 확산시켜 사이공이 함락되기 직전인 1975년에 프놈펜을 점령하여 정권을 타도하고 다음 해 국명을 민주 캄푸치아로 고쳤다.

크메르·루즈는 1975년 론·놀 정권을 타도하고 나서 1979년에 베트남군이 프놈펜에 침공하여 폴·포트를 몰아내기까지 프놈펜에서 모든 주민을 농촌으로 내려 보내 강제노동을 시키고, 도시의 인텔리 등을 학살했다. 이리하여 국민의 2할에 해당하는 약 170만 명이 학살이나 기아·질병으로 희생되었다.

3. 코소보 특별법정

코소보 특별법정(mixed Panels by the UN administration in Kosovo)은 ICTY에서 취급되지 않은 비교적 중요하지 않은 전쟁범죄 및 汚職사건

등의 통상범죄를 관할한다. 동 법정의 설립경위는 다음과 같다.

국제연합 코소보·미션(UN Mission in Kosovo)은 1999년의 SC 결의 1244에서 잠정적인 행정을 담당하는 임무 외에 사법기능을 폭넓게 회복하는 임무도 부여받아, 同年 6월부터 활동에 들어갔다.

코소보의 사법기관은 훈련된 사법관이 없고 알바니아人 과격파의 위협에 굴복하여 알바니아人은 구속되어도 곧 석방되는 경우가 많은 등 편향재판의 문제를 안고 있었다. 그래서 단계적으로 개선이 시도되어 2000년에 처음으로 국제판사와 국제검사 각 1명이 민족적으로 분단되어 있는 미트로비차에 도입되었고, 이것을 모델케이스로 하여 코소보 전역으로 확대되었다. 그러나 다수를 점하고 있는 로컬 판사들의 편향 재판은 시정할 수 없다는 난점이 있었다. 그 때문에 2000년 5월 세르비아인 죄수가 부당한 장기구류에 반대하면서 국제판사와 국제검사에 의한 공평한 재판을 요구한 것이 받아들여져 2001년부터 국제판사가 다수를 점한 재판, 불기소 처분된 사건을 다시 제기할 수 있는 권한을 지닌 국제검사의 도입으로 발전했다.

코소보 특별법정에 관해서는 사법기능의 회복이 치안에 기여하고 있는 점은 높이 평가되었으나 국제기준으로 공평한 재판을 할 수 있게 당초부터 국제판사와 국제검사를 도입하고 서서히 국내화해가는 것이 당연했다는 비판이 있다.

4. 동티모르 특별법정

동티모르에서는 1999년에 독립에 대해 찬반을 묻는 국민투표가 행해져 독립이 압도적 다수로 지지를 얻었다(2002년 5월 20일에 완전 독립 달성).

이를 계기로 독립을 저지하려는 인도네시아군 및 티모르 인민군은 살육 캠페인을 자행해 약 2,000명이 살해되고, 수십만 명이 거주하던

집에서 추방되었으며, 대부분의 인프라가 파괴되는 사태로 발전했다. 그것이 동티모르 분쟁이다.

인도네시아군이 동티모르에서 철수한 뒤 동티모르 분쟁으로 인한 혼란을 수습하고 질서를 회복하고자 국제연합 동티모르 잠정통치기구 (United Nations Transitional Administration of East Timor. 이하 UNTAET라고 함)가 SC 결의 1272로 설립되었다. UNTAET는 국민투표 전후에 중대한 폭력행위를 행한 자를 재판하는 일도 그 임무로 하고 있었고, 2000년에는 동티모르 특별법정(Special mixed international/East-Timorese Panels)이 설립되었다. 현재 동티모르에서는 통상범죄는 지방재판소에서, 전쟁범죄 및 중대범죄는 디리 지방재판소내의 동티모르 특별법정에서 재판이 이루어지고 있다.

동티모르 특별법정에 대해서는 UNTAET의 매니지먼트가 나쁘다는 이유로 재판관이 임명되지 않는 등 1년 이상이나 법정기일이 포함되지 않는 등 강한 비판이 있었다. 다른 한편, 인도네시아는 자국민인 전범을 동티모르 특별법정에의 인도를 거부하였고, 자카르타에 있는 전범재판소에 기소되는 자들은 하위직 전범에 한정되었으며, 군의 적극적·조직적인 관여를 부정하였지만 높은 무죄판결율과 불합리할 정도로 가벼운 양형때문에 격렬한 비판을 받고 있다.

또한 동티모르에서는 2006년 3월 서부출신의 군 병사들이 면직처분을 받은 것을 계기로 반란을 일으켜, 同年 4월말부터 대규모 폭동으로 발전했다.

5. ICC와 국제화된 국내재판소의 관계

ICC 규정의 채택 이후 2000년에 코소보 특별법정과 동티모르 특별법정이, 2002년에 시에라 레온 특별법정이 설립되었다. 또한 ICC 규정이 발효되고 나서도 2003년에 캄보디아 특별법정이 설립되어 아프가니스탄 등에 관해서도 이러한 특별법정을 설립하는 것은 어떤가 하는 움직임이 있다.

ICC 규정이 채택되어 발효한 후에도 국제화된 국내재판소가 설립되는 것은 증인을 현지에서 조달할 수 있고, 번역 등에 많은 시간이 걸리지 않기 때문에 비용을 절약할 수 있을 뿐만 아니라 신속하게 재판이 진행되고 국제적으로 임명된 재판관이나 검찰관을 포함함으로써 국제기준에 가까운 수준으로 재판할 수 있다는 점이 큰 이유이다.

또한 재판은 범죄가 행해진 지역에서 받는 것이 민족의 화해와 평화건설에 도움이 되는 바, 그러한 재판의 효과는 멀리 떨어진 지역에서 재판하기 보다도 범죄가 행해진 현지에서 행하는 편이 높다고 예상된다. 이러한 점에서도 현지에 설립되는 특별법정이 더욱 효과적이라고 기대된다.

ICTY와 ICTR과 같은 완전한 국제재판소는 국제법을 국제적 수준에서 해석·적용하고, 국제법의 발전에 기여한 점 및 증인의 보호에 만전을 기한 점은 뛰어나지만, 비용과 시간이 지나치게 많이 든다는 흠이 있다.

ICTY와 ICTR을 합친 1년간의 예산은 약 2억 5천만 달러로 국제연합의 통상예산(regular budget)의 약 10% 정도에 이른다.

ICTY를 예로 들면, 재판에 걸리는 시간은 신병 구속에서부터 1심 재판개시까지의 pre-trial stage(준비기간)가 약 16개월, 1심 재판개시부터 공소심판결까지가 약 16개월로, 합계 약 32개월 즉, 2년 8개월이다.

ICTY나 ICTR에 대한 비판은 국제연합 통상예산의 10%나 사용하면서도 재판이 장기화되어 피고인의 신속한 재판을 받을 권리가 사실상 부정되고, 사건이 흐지부지하게 되기 쉽다는 점에 있다.

그럼 ICC와 국제화된 국내재판소의 어떠한 관계에 있는가? ICC는 국내재판소를 보충하는 관계에 있다. 만약 이들 특별법정의 성격을 국내재판소로 인정한다면 이론적으로는 보충관계가 그대로 성립된다. 예를 들면, 시에라 레온 특별법정에서의 재판이 공정한 재판으로서의 가치가 없다면, ICC가 최종적으로 결론을 내리게 된다. 그러나 이러한 시나리오는 생각하기 어렵다. 이들 특별법정은 그 설립에 국제기관이 관여하고, 국제기준에 가까운 수준으로 재판하기 위해서 궁리에 궁리를 거듭하며, 정치적으로는 최종심이라는 점을 양해하고 있기 때문이다.

그래서 장래에 시에라 레온 특별법정과 같은 국제화된 국내재판소가 설립된다면, 사실상 ICC가 관할하는 사건은 없어지지 않을까 하는 우려도 있을 것이다. 그 점에 대해서는 특별법정을 설치할 수 없는 사태도 발생할 수도 있으며, 특별법정이 설치되어도 거물 전범 등의 경우 현지에서 재판하는 것은 너무 정치적이어서 사실상 불가능 또는 곤란한 경우가 있을 수 있다. 그러한 경우에는 시에라 레온 특별법정이 테일러 재판을 치안유지의 이유에서 헤이그의 ICC에 장소를 빌어 행하는 것처럼, 국제화된 국내재판소가 재판 개최장소를 통상의 장소에서 다른 곳으로 옮기거나 ICC가 사건을 직접관할하게 되는 케이스가 있을 것으로 생각된다.

또한 ICTY와 ICC의 관계에 대해서는 어느 쪽이나 완전한 국제재판소이므로, 관할이 경합하는 경우에는 어떻게 되는가가 문제이다. 그와 같은 사태는 세르비아는 ICC를 비준하였으며, ICTY는 잠정적인 재판소이고, 2010년에 예정되는 종결 전에 코소보분쟁이 재차 일어난 경우가 해당된다. 이러한 사태에 대해서는 '국제연합 헌장에 의한 의무와 다른 국제적 합의에 의한 의무가 경합할 경우에는 국제연합 헌장상의 의무가 우선한다'는 국제연합 헌장 제103조로 해결가능하며, ICTY가 우선하여 관할하게 된다.

제6절 국내특별형사재판소(이라크 특별법정)

이라크 특별법정(the Iraqi Special Tribunal)은 사담 후세인 체포 직후 2003년 12월에 당시 이라크의 행정·입법 등의 권한을 장악하고 있던 미국으로부터 잠정적으로 권한을 이양 받은 이라크통치평의회(Iraqi Governing Council)가 미국의 후원을 받아 그 설립규정을 채택함으로써 설립되었다. 설립규정은 그 후 2005년 10월에 이라크잠정정부(Iraqi Transitional National Assembly)에서 채택되었으며, 특별법정의 명칭은 이라크최고형사법정(Supreme Iraqi Criminal Tribunal)으로 개칭되었다.

재판은 2005년 10월부터 개시되었으며 현재 사담 후세인, 혁명재판소장, 부대통령, 이복동생 등 후세인의 측근 7명이 재판 중에 있다. 관할범죄는 전쟁범죄(제노사이드죄, 인도에 반한 죄, 전쟁의 법규 및 관례를 위반한 죄 등)외에, 쿠웨이트 침공(지위남용에 의해 타국에 무력을 행사한 죄), 국가의 자원을 낭비한 죄 등 사담 후세인이 이끌던 바스당이 쿠데타로 정권을 장악한 1968년 7월 17일부터 부시대통령이 '이라크에서의 주요 전투는 종식되었다'고 선언한 2003년 5월 1일까지 일어난 사건이다.

사담 후세인에 대해서는 1982년 두자일에서 일어난 사담 후세인 암살계획에 대한 보복으로 148명을 즉결 처형했던 사건 외에 쿠르드인의 반란에 대해 1988년에 화학무기로 쿠르드인의 거주지역인 하라부자를 공격하여 5천명을 한꺼번에 살해한 사건, 1990년의 쿠웨이트 침공과 점령에 관한 사건, 1991년의 걸프전후 남부沼地에 거주하는 시아파 봉기를 폭력적으로 제압한 사건, 이란·이라크 전쟁 중의 사건 등 합계 11개 사건으로 기소될 예정이다. 사담 후세인은 2006년 11월 5일 처음으로 심리된 두자일 사건으로 사형을 선고받았다. 그래서 後述하는 대로 판결확정 후 30일 이내에 형이 집행되면, 기타 사건은 심리되지 않은 채 어둠에 묻혀 역사적 진실이 햇빛을 보지 못하고 종료되게 된다(후세인은 2006년 12월 30일 사형이 집행되었다).

전범재판의 목적은 2가지이다. 하나는 전범이 자기의 야망을 실현하려고 민족분쟁을 선동해도 결코 권력의 유지나 탈취욕은 실현되지 못하고 기다리고 있는 것은 형벌이라는 사실을 일반에게 알려 장래 동일한 전쟁범죄가 발생하는 것을 방지하겠다는 '법의 지배'를 확립하는 것이다. 또 다른 하나는 진실을 모르던 일반시민에게 과거의 역사의 진상을 철저히 조사하여 진정한 책임자를 명확히 함으로써 반목하고 있던 민족끼리 상대방에게 전가시켰던 부당한 책임을 해제하고 장래의 민족화해로 나아가도록 하는 것이다.

특히, 이라크 특별법정의 역할로 기대되는 것은 후자일 것이다. 왜냐하면 재판이라는 형식을 취함으로써 즉결 처형되는 일은 없다고 해도 사담 후세인을 기다리고 있었던 것은 처벌이었음은 분명하며, 이라크는 이라크전쟁 이후 사담 후세인의 바스당에서 우대되었던 소수파인 수니파, 다수파인 시아파, 소수민족인 쿠르드인간의 3파전이 계속되어 내전의 위기에서 벗어나지 못하고 있는 현 상황에서 필요한 것은 장래의 민족화해와 평화건설의 기초가 될 역사적 진실의 발견이기 때문이다.

이와 같은 전범재판의 효과는 적어도 불공정한 재판이라고 비판받는다면 기대할 수 없다. 이러한 관점에서 이라크 특별법정을 보면, 재판관은 바스당의 당원이 아니었던 이라크 국적을 가진 자중에서 이라크 통치평의회가 선임하는 '정치적 임명직 공무원'(political appointee)이라는 점이나 자격·훈련이 불충분한 점은 문제이다. 또한 사담 후세인의 변호인단은 이라크인 할리 알 두라이미(Khalil Dulaimi), 어드바이저는 Ramsey Clark 前미국 연방검찰총장이지만, 재판개시 이후 변호인 3명이 살해당한 외에 변호인의 증거열람이나 변호권이 충분하게 보장받지 못하는 점도 문제이다. 또한 유죄로 삼기 위해서 '합리적으로 의심을 품지 않을 정도의 입증(99.9%의 입증)은 필요 없이 합리적 납득(reasonably satisfied of guilt)의 정도(75%의 입증)'면 충족된다는 점, 확정 후 30일 이내에 판결이 집행된다는 점도 문제이며, 나아가 사형을 폐지하고 있는 유럽 각국은 사형이 적용된다는 점도 문제로 삼고 있어 국제기준을 충족하지 못하고 있다는 비판을 받고 있다.

제2장 국제형사재판소(ICC)란 무엇인가?

제1절 설립 경위

뉴른베르그재판과 동경재판은 뉴른베르그원칙의 채택 등 재판 이후의 국제법 발전에 도움이 되기도 했으나 승자에 의한 재판이라는 한계로 전후세계에 '법의 지배'를 확립하지도, 극악무도한 범죄가 반복해서 일어나는 것을 근절하지도 못했다.

그래서 국제적인 형사재판소를 설치하여 '법의 지배'를 확립하고자 하는 시도가 제2차 세계대전 후 재차 시도되었다. 그것은 1947년에 국제법위원회(International Law Commission. 이하 ILC라고 함)에 제노사이드죄 등을 범한 개인을 재판할 수 있는 국제기구의 설치에 대한 검토가 위임되었을 때로 거슬러 올라갈 수 있다. ILC는 1951년 국제적인 형사재판소 설치에 관한 구체적인 제안을 하였고, 1953년에는 개정안을 제안했다. 그러나 당시는 냉전시대로 국제적인 사법기관을 설치하는 일은 국가주권의 침해라는 인식이 강하여 이 제안을 실현시키는 데에는 이르지 못했다. 그리고 냉전 종결로 국가주권에 대한 의견 대립이 약해졌다고는 해도 여전히 존재하고 있었기 때문에 오랫동안 국제적인 형사재판소 설치에 대한 생각이 실제 움직임으로 결부되지는 않았다.

그런데 앞에서 설명한 바와 마찬가지로 1993년에 국제연합 안전보장이사회(SC) 결의 827로 ICTY가, 1994년에 SC 결의 955로 ICTR이 각각 설치되었다. 이들 재판소는 예방외교나 평화조성의 실패로 발생된 민족정화라고 하는 긴급사태에 대응하는 최후의 수단으로서 설치되었는데, 이로써 국제적인 형사재판소의 설치에 현실적인 탄력을 받게 되었다. 이리하여 국제형사재판소(ICC)가 1998년 7월 17일 로마에서 설립되었다. 이는 국제사회의 오랜 꿈을 실현하는 첫걸음을 내딛는 것이었다. 그 때문에 ICC 설립규정(Statute of the ICC, Rome Statute 또는 ICC Statute 라 칭함)을 채택한 회의장은 여느 국제회의와는 달리 흥분으로 열광했다고 한다.

ICC 규정은 2002년 7월 1일에 발효되었고, 2006년 9월 현재 체약국은 102개국으로 유럽 및 라틴 아메리카의 대부분, 아프리카의 다수가 체약국으로 되어 있으나, 아시아 국가들 중 체약국은 몽골, 캄보디아, 아프가니스탄 등 소수이다.

제2절 수사와 관할범죄 및 ICTY와의 차이

1. 수사는 어떻게 개시되는가?

ICC가 사건의 수사를 개시할 수 있는 경우는 ①체약국(관할수입국도 포함)이 사건을 의뢰했을 때, ②평화에 대한 위협, 평화의 파괴 및 침략 행위로서 국제연합 헌장 제7장에 기초하여 국제연합 안전보장이사회가 사건을 의뢰했을 때, ③검찰관이 확보한 정보에 의해 검찰관이 수사의 단서라고 인정했을 때이다. 검찰관은 ①~③에 따라 수사의 단서를 포착해도 반드시 수사하지 않으면 안되는 것이 아니라 사건의 중대성이나 증거관계 등을 조사하고, 경우에 따라서는 예비적인 수사를 하여 전면적으로 수사를 개시할 경우도 있고 수사 불개시 결정을 하는 경우도 있다. 수사 불개시 결정을 한 경우 수사의 단서를 제공한 자에게 통지하여야 한다.

ICC는 2심제로 되어 있다. ICC 재판부의 구성은 1심재판전의 준비를 담당하는 Pre-Trial Chamber, 1심 재판을 담당하는 Trial Chamber, 공소심 재판을 담당하는 Appeal Chamber로 되어 있다. 각각의 Chamber는 재판관 3명으로 구성되는 2개부로 구성된다. 검찰관의 수사·기소는 3명으로 구성되는 Pre-Trial Chamber의 1개부의 다수(2명)의 동의가 필요하다.

검찰관은 수사 결과 증거가 불충분하거나, 보충의 원칙에 위반인 경우에는 물론 불기소 결정이 가능하지만, 그 이외에도 '진실과 화해위원회'의 활동을 우선하고 또는 정전프로세스를 선행시키는 것이 타당하다고 보아 불기소 결정을 하는 것도 가능하다. 불기소 결정을 한 경우에는 Pre-Trial Chamber 및 사건을 의뢰한 체약국 또는 국제연합 안전보장이사회에 반드시 통지하여야 한다.

체약국 또는 국제연합 안전보장이사회가 사건을 의뢰했음에도 불구하고, 검찰관이 수사 불개시 또는 불기소 결정을 한 경우 Pre-Trial Chamber는 체약국 또는 국제연합 안전보장이사회의 요구에 의해 검찰관에게 재고를 촉구할 수 있다. 특히 증거가 충분하고 사건이 중대하더라도, '진실과 화해위원회'의 활동을 우선하고 또는 정전프로세스를 선행시키는 것이 타당하다며 검찰관이 수사 불개시 또는 불기소 결정을 했을 때에는, Pre-Trial Chamber는 검찰관의 결정을 직권으로 조사할 수 있으며, 그 경우에는 Pre-Trial Chamber가 검찰관의 결정을 인정(confirm

확인, 확인하여 옳다고 하는 것)했을 때에만 검찰관의 수사 불개시나 불기소 결정은 유효하다.

2. 어떠한 범죄를 관할하는가?

ICC가 관할하는 범죄는 현재 국제관습법으로 확립되어 있는 전쟁범죄에 한정된다. ICC의 관할범죄를 마약거래나 국제테러 등으로도 확대하자는 의견도 있었으나, 전쟁범죄와는 죄질도 다르고 정의가 어렵다는 이유로 보류되었다. 또한 평화에 대한 죄도 관할하게 되어 있으나, 아직 그 내용에 관한 합의는 이루어지지 않았다. ICC는 다수국간의 조약이므로 체약국이 합의하면 관할범죄를 확대하는 것도 가능하며, 평화에 대한 죄에 관한 관할도 개인의 형사책임을 발생시킨다는 의미로서의 침략의 정의가 가능하다면 실질적 의미를 갖게 된다.

이 점에 대해 ICTY나 ICTR의 관할범죄는 1991년 당시 이미 국제관습법으로 확립되어 있던 전쟁범죄뿐이었으며, 제3장에서 후술하는 바와 같이 ICC와 ICTY나 ICTR이 관할하는 전쟁범죄의 구성요건은 상호 대부분이 중복되어 있다.

3. ICC와 ICTY의 차이

ICC와 ICTY의 차이는 다음과 같다. 첫째, 국내재판소와의 관계이다. ICTY는 경합·우선의 관계인데 대해, ICC는 보충의 관계에 있다. 즉, 어떤 사건에 있어서 ICTY는 국내재판소와 병행해 재판권을 갖고 ICTY가 스스로 재판하는 편이 낫다고 생각하면 언제든지 국내재판소에 사건의 이송을 요구할 수 있지만, ICC는 국내재판소를 보충하는 관계에 있어 국내재판소가 정상적으로 작동하지 않을 경우 최후의 보루에 지나지 않는다.

이 점은 언뜻 보면 ICTY가 국제재판소로서 한발 앞선 느낌이 있지만, 이는 ICTY의 설립 당시 구유고가 분쟁상태여서 국내재판소의 민주적인 작동을 기대할 수 없었기 때문이다. ICTY에서도 구유고를 구성하고 있던 보스니아, 크로아티아 및 세르비아의 민주적인 사법기능이 회복되면 특히, 거물급 전범 관련사건 이외는 순차적으로 국내재판으로 이관될 방침이 정해졌으며, 2006년 8월 11일 현재 9명의 피고인이 관련된 사건이 ICTY에서 국내재판소로 이관되었다.

보충관계란 재판이 국내에서 행해짐으로써 비로소 민족의 화해나 범죄예방을 기대할 수 있다는 점 외에 국제사회가 아직 세계연방을 형성하는데 이르지 못하고 있으며, 국가주권은 가능한 한 존중하지 않으면 안 된다는 세계적 현상을 근거로 한 것이다.

둘째, 수사를 개시하는 이니셔티브이다. ICTY에서는 검찰관이 갖가지 정보에 기초하여 직권으로 수사·기소할 수 있을 뿐이지만, ICC에서는 이 외에 체약국과 국제연합 안전보장이사회에 검찰관에게 수사 개시를 촉구하는 고발권과 같은 것이 인정되고 있다.

그러나 체약국 또는 국제연합 안전보장이사회로부터 수사 요구가 있어도, 수사를 개시할 지의 여부는 공판전의 준비절차를 담당하는 Pre-Trial Chamber의 다수(2인)의 동의를 조건으로 검찰관의 판단에 위임되어 있다는 점은 전술한 바와 같다.

셋째, 관할하는 사건의 시간과 장소이다. ICTY는 1991년까지 소급하여 그 이후 구유고에서 발생한 사건만을 관할한다. 이에 반하여 ICC는 ICC 규정 발효 이전의 체약국에 관해서는 ICC 규정이 발효된 2002년 7월 1일 이후, ICC 규정 발효 이후의 체약국에 관해서는 ICC 규정의 발효일 이후에 발생한 사건이며, 범인의 국적이나 범죄지가 체약국(체약국은 아니지만, ICC의 관할을 받아들인다는 선언을 한 국가 포함)인 사건을 관할한다. 다만, 국제연합 안전보장이사회가 국제평화와 안전에 대한

위협이라고 의뢰한 사건에 관해서는 범인의 국적이나 범죄지가 체약국
일 필요는 없다.

제3절 현 활동상황

ICC가 현재 수사중인 사건은 체약국이 의뢰한 콩고민주공화국 사건
및 우간다 사건과 국제연합 안전보장이사회가 의뢰한 비체약국인 수단
의 다르푸르 사건이 있다. 중앙아프리카공화국도 직접 사건을 의뢰했
는데 수사개시 결정에는 이르지 못한 상태다.

1. 콩고민주공화국 사건

콩고(1971부터 1997년까지의 국명은 자이르)는 1960년 독립 이후 부패한
독재정권, 풍부한 광물자원에 대한 이권투쟁 및 민족대립으로 혼란에
빠져있었다. 1994년 르완다분쟁이 발생하자 르완다 난민이 자이르 동
부에 몰려들어, 후투족 민병이 난민캠프를 장악하고 국경을 넘어 반복
적으로 르완다를 침입했다. 다른 한편, 새로 정권을 장악한 투치족 주
류인 신정부는 후투족 민병의 침입에 대항하여 자이르 동부의 투치족
에 무기를 제공했다. 이리하여 Great Lakes 지방 전체는 단숨에 불안정
해졌으며, 우간다 등 주변 국가들도 개입하여 1996년부터 제1차 콩고분
쟁이 시작되었다.

1997년 5월 카빌라(L. D. Kabila)는 모부투 정권을 타도하고 국명을 콩
고민주공화국으로 고쳤다. 카빌라는 정권에 대한 외국의 특히, 르완다의
지원을 불식시키기 위해 르완다군을 콩고에서 철수시켰으나, 이 조치에
불만을 품은 콩고 동부의 투치족이 1998년 8월에 봉기하자 주변국가들

특히, 르완다 및 우간다가 개입하여 제2차 콩고분쟁이 시작되었다.

콩고 북동부의 이툴리(Ituli) 분쟁은 제2차 콩고분쟁 중에 발생한 격렬한 전투로 목축을 주업으로 하는 민족인 헤마족과 농경을 주로 하는 민족인 렌듀족의 대립은 1998년에는 지역전체로 확산되었고, 1999년 우간다가 헤마족을 주지사에 임명하여 이툴리州를 창설한 것을 계기로 분쟁은 더욱 격화되었다.

콩고 정부는 2004년 4월에 이툴리 분쟁에 관련된 사건을 ICC에 부탁하였으며, ICC의 수사는 그 해 6월에 개시되어 2006년 2월 10일에 토마·루반가에 대한 체포장이 발부되었다. 그는 같은 해 3월 17일 콩고에서 헤이그로 이송되어 현재 헤이그에 구금중이며, ICC에서 재판되는 전범 제1호가 될 전망이다.

루반가는 우간다의 후원을 받아 2000년에 이툴리 지방에 헤마족 민병조직 UCP(Union of Congolese Patriots)를 창설하고, 그때부터 수년간 주로 렌듀족 민간인에 대하여 대량살해, 고문, 강간, 수족 절단 등을 행한 것으로 알려져 있다. 특히 루반가는 2002년 9월 UCP의 군사부문인 FPLC(Forces Patriotique pour la Liberation du Congo)를 조직하고 스스로 사령관이 되었으나, FPLC가 지배하에 두고 있는 지역의 모든 세대에 돈이나 소 또는 어린이를 공출할 것을 강제하고, 15세 미만의 소년병을 강제 징용하여 전투에 적극적으로 사용한 것으로 알려져 있는데 이 점이 특히 문제였다.

이툴리 분쟁에서는 8,000명 이상의 민간인이 사망하고 60만 명 이상이 추방된 것으로 추정된다.

또한 콩고분쟁에서는 약 3만 명의 소년병이 징용된 것으로 추정되며, 400만 명이 사망하고(그 중 80~90%는 기아나 질병으로 사망), 340만 이상이 추방되어 난민이 된 것으로 추정되며, 특히 강간이 전투의 수단으로서 사용되어 보고된 것만도 4만 건이 넘었다.

제2차 콩고분쟁은 르완다 및 우간다와 콩고와의 정전이 성립된 후, 잔존해 있던 콩고내의 세력 간 2002년 12월 17일 정전 합의가 성립하여 정식으로 종결되었다. 동 합의는 임시정부(Transitional Government)의 수립과 민주적 선거를 예정했었다. 2003년 7월 임시정부가 수립되고 대통령 선거가 2006년 8월에 행해졌다. 2001년에 암살된 카빌라의 아들이 우세했으나 과반수 획득 실패로 2006년 10월에 결선투표가 행해졌다. 이를 계기로 민주화와 평화의 영속이 기대되고 있으나 아직 앞길은 불투명하다.

2. 우간다 사건

우간다 사건은 1987년 우간다 북부의 아쵸리 지방을 거점으로 형성된 반정부 게릴라조직 LRA(The Lord's Resistance Army, 무세베니 대통령의 정책에 반대하여 조직된 반정부군 Uganda People's Democratic Army에서 분리되어 성립)에 의해 야기되었다.

아쵸리 지방의 20~30% 세대는 그 가족 중 1명이 군 복무로 현금수입을 얻고 있을 만큼 전통적으로 병사의 출신지로 명성이 높았다. 그러나 1986년 1월 남부출신의 무세베니가 이끄는 NRA(National Resistance Army. 우간다 국민저항군)가 아쵸리 출신의 오켈로 대통령 정권을 타도하고 아쵸리 지방을 점령하여 약 1만 개의 군직을 빼앗았다. NRA는 아쵸리 지방 사람들이 볼 때 훈련을 받지 않은 아마츄어 외인부대로 인식되었기 때문에, 이들이 군의 요직을 차지하는 것은 아쵸리 지방 사람들 입장에서 폭정으로 간주되었다.

LRA는 이와 같은 상황을 배경으로 형성되었기 때문에 NRA에 대한 굴욕감과 반감으로 격화되어 있던 아쵸리 지방 사람들의 지지를 어느 정도 받고 있었으나, '성서의 10계에 의한 통치'를 주장하는 등 목적이 분명하지 않았고 주민들에게 잔악행위를 자행하고 있었기 때문에 범죄집단으로 인식되어 지지를 상실하고 말았다.

우간다정부는 1991년 전투부대를 형성하여 LRA 소탕작전(Operation North)을 실시했다. 그러자 LRA는 반격을 강화하여 정부군 지지자로 의심되는 민간인을 공격목표로 하고 많은 사람들의 수족을 절단하는 등 포악행위를 자행했다. 우간다정부는 2002년 3월 재차 대규모 LRA 소탕작전(Operation Iron First)을 전개했으나, 전선은 북부뿐만 아니라 동부로도 확대되어 LRA와 우간다정부군에 유괴되는 어린이나 거주지에서 쫓겨난 자가 비약적으로 증가하고 살인·방화·강간·고문이 횡행하였다.

LRA 병사의 85%는 유괴로 강제 입대할 수밖에 없었던 소년병으로 유괴된 소년은 2, 3만 명으로 추정된다. 이 전투에서 살해된 자는 1만 2천 명, 거주지에서 쫓겨난 자는 160만 명으로 추정된다.

또한 이 사건은 2004년 1월 우간다정부가 ICC에 부탁하여 동년 7월에 ICC에 의해 수사가 개시되었다. 17년간에 걸친 내전 중 ICC가 관할 대상으로 하고 있는 것은 2002년 7월 이후에 발생한 범죄이다. ICC는 정부군에 의한 소년병의 사용도 수사에 포함하고 있으나, 중대함에 있어 LRA의 행위가 정부군의 범죄를 훨씬 능가하고 있다고 판단하여 2005년 7월 8일 LRA의 리더인 조세프·코니 등 5명에 대한 ICC의 체포장을 공표하였다. 무세베니 정권은 평화교섭을 우선적으로 진척시키고자 ICC에의 의뢰를 취하하고 싶다는 의향을 나타내기도 했다.

3. 수단 사건(다르푸르 분쟁)

'푸르族의 토지'를 의미하는 다르푸르는 일찍이 푸르왕국이 존재하였으며, 이집트의 지배를 거쳐 제1차 세계대전에서 오스만·터키를 아군으로 삼았다가 패배하고, 그 때문에 영국령 수단으로 편입되었다가

1956년 영국으로부터 독립할 때 수단의 일부가 된 지역이다.

다르푸르 분쟁은 2003년 2월 아랍에 편향된 자세를 강화하는 정부에 대해 "정부는 아랍인을 위해서 非아랍인을 억압하고 있다"고 하여 반란군이 다르푸르의 자치를 요구한 것에서 비롯되었다. 허를 찔린 정부는 급거 아랍인을 모집하여 민병조직 잔자위드(Janjaweed)를 만들어 이 조직에 무기를 제공하였으며, 잔자위드를 지원하기 위해서 대규모 공폭을 행하기도 했다.

다르푸르 분쟁에서는 내륙으로부터의 원조물자는 거의 단절되었기 때문에 30만 명이 전투 외 기아·질병 등으로 사망하고, 180만 명 이상이 난민이 되었으며, 20만 명이 인접국인 챠드로 피난한 것으로 추정되는 등 지옥 그 자체였다. 이 때문에 국제적인 주목을 받아 평화에 대한 압력이 가해졌으나, 정부는 非아랍대표인 야당의원 핫산·알(투라비)을 2004년 3월에 투옥(동년 12월에 석방)하고 또 잔자위드를 도적 또는 갱 이라고 표현하면서 이 조직과의 관련을 부정하는 등 사건은 오랫동안 방치되어 있었다.

그러나 평화교섭 결과 2006년 5월 5일 ①잔자위드를 무장해제할 것, ②반란군을 수단 정부군에 편입할 것, ③다르푸르 지방에의 교부금, 가족을 잃은 자에 대한 보상금 지불 등을 내용으로 하는 정전협정이 수단해방군(Sudan Liberation Army: SLA)과의 사이에 성립되었다. 다만, SLA의 分派나 '정의평등운동'(Justice and Equality Movement: JEM)은 정전협정에 서명하지 않아 향후 평화에 우려가 드리워져 있다.

다르푸르 사건은 2005년 3월 31일의 국제연합 안전보장이사회 결의 1593으로 ICC에 부탁되어, 동년 6월 ICC의 수사가 개시되었다. 국제연합 안전보장이사회는 다르푸르 사건을 의뢰하기에 앞서 다르푸르 국제조사위원회(International Commission of Inquiry on Darfur)를 설치했었다. 동 위원회는 '수단 정부직원 및 민병 외에 반란군 병사나 외국인에 의해

인도에 반한 죄나 전쟁범죄가 행해졌으며, 수단의 국내사법기관은 기능을 하지 못하고 있다'는 취지의 보고서를 작성하고, ICC에 사건을 부탁하는 것이 타당하다면서 공표는 하지 않은 채 51명의 용의자를 열거하였다.

또한 정전을 시행하고 평화를 실현시키기 위해서는 정전파기를 허용치 않겠다는 위임통치기능(mandate)을 가진 국제평화유지활동(PKO)의 전개가 필요했지만 수단 정부가 거부하여 정부군과 반정부세력간의 충돌이 재차 격화되었다.

제4절 ICC에 대한 각국의 대응

1. 각국의 대응

ICC 채택 당시 반대한 국가는 미국, 이스라엘, 이라크, 캐나다, 리비아, 중국 및 예멘의 7개국이었다. 일본은 ICC 채택 당시 찬성했으나 서명기간에 서명하지 않았으며 아직 가입하지 않은 것은 국내법과의 整合性 등 ICC 규정의 검토에 시간이 필요했고, ICC에 가입하면 ICTY에 대한 비용부담도 큰 가운데 미국의 가입을 예상할 수 없는 상황에서는 가장 많은 분담금을 내야 한다는 비용부담의 관점에서 가입 시기를 신중히 결정할 필요가 있었기 때문이었다.

이스라엘은 점령지에의 자국민 이주가 전쟁범죄(the war crime of the transfer of parts of the civilian of an occupying power into occupied territory)가 될 가능성이 있다는 이유로 반대하였으며 서명 이후 철회하였다.

중국은 ICC 규정은 타국에 대한 내정간섭의 도구라는 이유로 반대하였으며 타국이 ICC에 가입하는 것도 반대하고 있다.

　미국도 ICC 규정이 채택될 당시 반대표를 던졌으나, 클린턴정권은 2000년 12월 31일 ICC 규정에 서명했다.

　그러나 이 서명은 ICC 규정을 미국의 의향에 따르도록 하기 위한 수단일 뿐, 비준을 예정한 것이 아니었다. 그것은 서명시 클린턴이 "미국은 국제사회에 법의 지배가 확립되는 것을 환영한다 ……. 그러나 ICC 규정에는 많은 결점이 있다 ……. 서명은 미국이 영향력을 행사하고 그 결점을 바로 잡기 위한 것이다 ……. 후임자에게 그러한 결점이 없어질 때까지 체약국이 되는 일을 권고하지 않을 것이다"라고 한 점에 명확히 나타나 있다. 부시정권은 2002년 5월 6일에 서명을 철회했다.

2. 미국의 반대이유

　미국은 ICC가 관할하는 범죄의 구성요건을 축소하면서, 수사·기소의 최종결정권을 미국이 거부권을 행사할 수 있는 국제연합 안정보장이사회에 위임하려는 의도를 가진 채 ICC 규정을 심리했다. 그러나 미국의 주장은 일부밖에 인정되지 않았다. 그 때문에 미국은 ICC 규정에 반대하였는데, 반대이유의 요점은 다음과 같다.

　① ICC 규정은 수사·기소의 권한을 Pre-Trial Chamber의 2인의 재판관의 동의를 조건으로 검찰관에게 부여하고 있다. 국제연합 안전보장이사회는 다르푸르 사건이 그러하듯이 국제평화와 안전을 위협하는 사건을 ICC에 부탁하고 수사를 촉구할 수 있을 뿐이고, 검찰관의 이니셔티브에 의한 수사·기소를 통제할 수 없다. 아무런 통제를 받지 않는 막강한 권한은 정치적인 수사·기소를 발생시킬 우려가 있어, 국제연합 헌장에 의해 인정된 국제평화를 유지할 국제연합 안전보장이사회의 권한을 훼손한다. ICC는 무엇을 수

사·기소할 것인가. ICC는 세계를 멀리 내다보고 그 안전을 위해 책임 있는 결정을 하는 기구가 아니며 국제연합 안전보장이사회의 통제를 받아야 마땅하지만 국제연합 안전보장이사회의 통제가 인정되지 않았다.

② ICC 규정에 의하면, 미국이 체약국이 되지 않아도 미국인이 체약국의 국내에서 범죄를 범하면 그를 구속하여 ICC에 인도하고 재판할 수 있도록 되어있다. 그것은 미국의 주권을 침해한다. 또 미국은 국제평화의 유지에 특별한 임무를 부담하고 있는 바, 해외에서 활약하는 미국의 부대가 수사·기소될 가능성이 있다는 것은 탈레반과 같은 정체를 무너뜨리고 민주주의를 확립하기 위한 군사력의 행사에 찬물을 끼얹는 것일 뿐만 아니라 미국의 부대가 ICC의 정치적인 수사·기소의 대상이 될 우려가 있다는 점이다. 또한 미국은 ICC 규정의 심의과정에서 범인 국적국의 동의가 없으면 ICC의 관할이 발생하지 않도록 하려고 했으나 받아들여지지 않았다.

그래서 미국은 "미국의 국제평화유지부대가 ICC의 수사·기소로부터 면책되지 않는다면, 보스니아로부터 미국 부대를 철수 하겠다"고 주장하였다. 이에 대해 유럽 국가들은 "국내재판우선원칙이 있어 걱정할 필요는 없다"고 반론했으나, 미국은 "탈레반과 알카에다 잔당 토벌에 협력한 영국, 프랑스 및 독일을 포함한 국제안전협력군(International Security and Assistance Force)이 아프가니스탄 정부와의 사이에 교환한 합의에서는, '아프가니스탄은 파병 각국 정부의 동의 없이 국제재판소나 기타의 기관 또는 외국에 파병 각국의 병사를 인도하지 않겠다.'는 취지의 면책이 합의되어 있고, 다른 한편 미국을 비판하는 것은 더블·스탠다드가 아닌가?" 하고 분리하여 양보하지 않았다.

2001년 12월 영국은 국제안전협력군(International Security and Assistance Force, 이하 ISAF라 함)을 대표하여 해미드 · 카르자이가 이끄는 아프가니스탄 정부와 'military technical agreement'를 체결했다. 이에 따르면, 아프가니스탄 정부는 ISAF에서 활동하는 각 국민을 체포하지 않고 또 어떠한 국제재판소에도 인도하지 않겠다는 면책을 부여하고 있다.

그래서 결국 2002년 7월 12일에 "비체약국의 평화유지부대에 대해서는 국제연합 안전보장이사회의 동의가 없으면, 1년간 수사 · 기소할 수 없다. 이 1년의 기간은 갱신할 수 있다."는 취지의 안전보장이사회 결의 1422가 채택되었다. 이것은 미국이 1년 내에 범인을 귀국시켜 범인의 인도 등 ICC에 협력하지 않으면 사실상 수사 · 기소할 수 없다는 것을 노린 것이다.

그러나 미국은 그래도 국제연합 안전보장이사회의 통제가 불충분하다고 우려하고 있다. 즉, 국제연합 안전보장이사회는 1년간은 수사 · 기소를 유예할 수밖에 없게 되었지만, 이것도 미국 이외의 상임이사국이 거부권을 행사하면 사용할 수 없기 때문이다.

그런데 안보리 결의 1422에 대해서는 외교회의에서 채택된 ICC 규정을 안보리 결의로 실질적으로 변경할 수 있는가에 대해 의문이 있을 수밖에 없다.

나아가 안보리 결의 1422는 ICC 규정 제16조의 해석 형태를 취하고 있으나, 동조는 애초부터 ICC에 의한 수사 · 기소가 미묘한 평화교섭에 악영향을 초래하지 않도록 국제연합 안전보장이사회에 수사 · 기소의 연기를 요청할 수 있는 권한을 인정한 것에 지나지 않는다. 즉, ICC 규정 제16조는 "안전보장이사회가 국제연합헌장 제7장에 따라 채택하는 결의로 재판소에 수사 또는 기소의 연기를 요청하는 경우 12개월의 기간 동안은 이 규정에 따른 어떠한 수사나 기소도 개시되거나 진행되지 아니한다. 그러한 요청은 동일한 조건 하에서 안전보장이사회에 의하여 갱신될 수 있다(No investigation or prosecution may be commended or proceeded with under this Statute for a period of 12 months after the Security Council, in a resolution adopted under Chapter Ⅶ of the Charter of the United Nations, has requested the Court to that effect; that request may be renewed by the Council under the same conditions)"라고 규정하고 있는데, 이 규정은 미묘한 평화 교섭에 ICC에 의한 수사·기소가 악영향을 초래하지 않도록, 국제연합 안전보장이사회에 수사·기소의 연기(필자주 : 중지가 아니다. 그러나 갱신도 가능하며, 사실상 중지 효과를 갖는 경우도 있다.)를 요청할 권한을 인정한 것이며, 특정한 자에게 실질적인 면책부여를 노린 것은 아니다.

2003년 미국은 이 유예기간을 1년 더 연장하는 제안을 하였고, 이에 따라 안보리 결의 1487이 채택되었다. 그러나 2004년 6월 아난 사무총장이 "안보리 및 국제연합의 신뢰를 훼손할 것을 우려 한다" 면서 연장결의에 반대의사를 표명하였고, 이라크 알그레이브 형무소의 죄수학대가 표면화되어 미국은 추가적 유예기간 연장 결의안을 철회했다.

③ ICC는 평화에 대한 죄도 관할하도록 되어 있다. 향후 평화에 대한 죄의 정의가 합의되면, 평화에 대한 죄에 대해서도 ICC 검찰관이 수사·기소하고 재판관이 판단하게 된다. 이것은 침략전쟁의 판단을 국제연합 안전보장이사회에게만 맡기고 있는 국제연합 헌장에 반하는 것이다.

④ 법의 지배를 확립하는 데는 ICC보다도 국내재판소에 의존해야 마땅하다. 미국 국내에서는 충분하게 공평하고 공정한 검찰권·재판권이 행사되고 있고, 형사사법에 있어서의 미국의 주권을 약화

시키는 어떠한 시도에도 반대한다. 국내재판소가 불완전한 국가에 대해서는 제도지원(assistance for institution building)을 그리고 ICTY와 같은 잠정재판소를 상황에 따라 설치하는 것도 생각할 수 있다.

⑤ ICC 규정 제121조에 의하면, 평화에 대한 죄를 포함하여 새로운 범죄가 신설되었을 때, ICC 체약국은 새로운 범죄를 비준하지 않고 여기에 구속되지 않을 선택을 할 수 있다. 또한 제124조에 의하면, (필자주: 제노사이드죄나 인도에 반한 죄와 비교하면 가볍다.) 전쟁범죄에 관해서는 체약국이 된 이후 7년간은 ICC의 관할을 배제할 수 있다.

그러나 (필자 주: 미국 등의) 비체약국에게는 이들 권리가 인정되지 않는다. 이는 불공평하며, 체약국이 새로운 범죄를 신설해 비체약국을 구속하는 것은 합당치 못하다. 또한 전쟁범죄도 구체적 적용예가 적고, ICC라는 재판기관이 해석에 의거 실질적인 입법권을 행사하게 되는 것도 문제이다.

3. 미국의 ICC 대응법

(1) 헤이그 습격법

미국은 ICC 규정 발효에 대비하여 2002년 1월 23일 American Service members Protection Act of 2002를 제정하였다. 이는 '헤이그 습격법'이라고도 불리는데, "미국은 헤이그의 구치소로부터 미국인을 탈환하기 위해, 직접적인 무력행사에 호소할 셈인가"라고 네덜란드인들을 놀라게 했다.

미국은 그렇지 않음을 설명하였는바, 이 법의 내용은 다음과 같다.

① 미국이 ICC와 협력하는 것을 금지한다. 협력이란 예를 들면, 연방

재판소를 비롯한 합중국 및 州정부기관이 ICC의 협력 요청에 따라 수사·인도·비밀정보의 제공·조사회답 등을 하는 것이다. 다만, 후에 ICC가 미국의 적국에 관한 사건을 취급하고 있을 때에는 협력이 가능하도록 개정되었다.

② 미국 군인 등이 ICC에 신병이 구속되어 있을 경우 그의 신병을 자유로 하기 위해 모든 필요한 또는 적절한 수단을 행사할 권한 (필자 주: '헤이그 습격법'이라는 별명을 받는 이유이지만, 명문에서는 '모든 필요 또한 적절한 수단 all means necessary and appropriate'이라고 되어 있으며, 군사적 수단이라고는 표기되어 있지 않다)을 대통령에게 부여한다.

③ NATO 국가들, 기타 동맹국 및 미국 국민을 ICC에 인도하지 않는다는 취지의 제98조 합의(後述)를 체결한 국가를 제외한 ICC 체약국에게는 군사원조를 하지 않는다.

(2) 제98조 합의(미국인 불인도 합의)

미국은 안보리 결의 1422 및 '헤이그 습격법'에서 표현하였듯이 ICC 각 체약국에 대사를 파견하여 적어도 미국인을 ICC에 인도하지 않는다는 합의를 성립시키려 하고 있다.

또한 ICC 규정 제98조는 면책특권을 갖는 외교사절의 인도를 금지하는 국제법상의 의무를 위반하는 행위 또는 기타 조약상의 의무를 위반하는 행위를 피요청국에게 강요할 경우 ICC는 인도요청을 하지 않겠다는 취지를 규정하였다.

동 조항은 군인의 지위협정, 외교사절에 관한 합의 및 범죄인 인도조약에 언급된 것으로, 이들 목적에만 사용할 수 있을 뿐 일반적으로 어떤 국가의 국민(예를 들면, 미국인)을 ICC에 인도하는 것을 금지하기 위해서는 사용할 수 없다. 따라서 제98조 합의는 ICC 규정 제98조에 따르는 것은 아니지만, 형식적 문언을 빌려왔기 때문에 그와 같이 불린다.

제98조 합의는 미국도 제98조 합의의 상대국에 대해 동일한 의무를 부담하는 쌍무적 경우도 있으나 편무적 합의도 있다. 제98조 합의의 체결방법은 제98조 합의를 체결하지 않으면 군사원조 및 경제 원조를 중단하겠다는 강제적인 것이다. 제98조 합의의 요점은 다음과 같다.

① 미국의 현역 또는 前군인·근무자, 미국에 고용된 자(외국인 포함) 및 미국인을 ICC에 인도하는 것을 금지한다.

② 인도하지 않은 경우 미국 국내에서의 수사·소추는 반드시 의무가 아니다.

2004년 외국원조법(Foreign Appropriations Bill)에 'ICC 체약국이면서 제98조 합의 비체약국에 대해서는 원조를 동결한다'는 취지의 개정이 있었다. 동결되는 원조는 예를 들면, HIV/AIDS 교육, '진실과 화해위원회' 활동, 휠체어 배포, 국제적 테러억지활동, 마약거래 방지 이니셔티브 등 광범위한 범위의 정책 프로그램 원조가 포함된다.

이에 따라 미국은 2003년 유럽 9개국을 포함한 35개국(브라질, 코스타리카, 페루, 베네수엘라, 에콰도르, 남아프리카 등)에 대한 군사원조를 중단했다.

제98조 합의 체결국은 2005년 6월까지 루마니아, 이스라엘 및 인도 등 주로 ICC 비체약국을 중심으로 100개국 정도이다. 이 중 제98조 합의에 대해 국회의 승인을 얻은 국가는 30% 이하에 지나지 않는다. 58개국은 미국의 압력에도 불구하고 체결을 거부하였고, 캐나다, 에스토니아, 브라질, 페루, 남아프리카, 트리니다드·토바고 등 54개국은 공개적으로 미국을 비난했다.

EU 평의회는 공통 입장(common position)을 표명하기까지, 제98조 합의를 체결하지 않도록 구성국 및 구성 후보국에 요청하였으나, 2002년 10월 일반적으로 미국인을 인도하지 않겠다는 것이 아니라 미국 군인이나 미국 외교사절 등에 관해서는 미국에서의 소추가 보증된다면 제98조 합의를 체결해도 좋다는 공통 입장을 표명하였다.

제3장 전쟁범죄란 무엇인가?

제1절 국제적 형사재판소의 관할 범죄

ICTY는 구유고에서의 민족정화라는 긴급사태에 조속하게 대응하기 위하여 1993년 국제연합 안전보장이사회(SC) 결의 827에 의해 설립되었으며, 분쟁이 발발했던 1991년 이후 행해진 전쟁범죄를 재판하였다. 따라서 죄형법정주의의 요청으로 ICTY가 관할하는 것은 1991년 당시 이미 누가 보아도 의심할 바 없이 국제관습법으로 확립되어 있던 전쟁범죄이다.

한편, ICC는 장차 지향해야 할 법의 지배를 확립하기 위해 로마 외교회의에서 설립되었다. 따라서 평화에 대한 죄 등 새로운 입법을 위한 작업도 이론적으로는 가능했으나 그러한 작업은 행해지지 않았다. 또한 마약의 불법거래나 테러 등도 ICC의 관할대상 범죄로 포함하려 했으나, 이러한 범죄는 전쟁범죄와는 성질도 다르고 정치적이 될 수 있다는 등의 이유로 포함되지 않았다. 그러므로 현재 ICC가 관할하는 범죄도 확립된 국제관습법으로서의 전쟁범죄에 한정되어 있다.

다만 ICC는 베트남전쟁 이후의 국제법의 발전, 특히 1977년 제네바협약 제1, 2추가의정서를 포함하고 있다는 점에서 ICTY와는 다르다. 그러나 대략적으로 양자 모두 전쟁범죄를 관할하고 있다고 표현해도 무리는 아니다.

따라서 이하에서는 이해를 용이하게 하기 위해 보다 간명한 ICTY의 전쟁범죄를 중심으로 설명하고 ICC의 전쟁범죄에 대해서는 그 후의 발전 및 ICTY와 다른 것만을 설명하고자 한다.

제2절 전쟁범죄의 의의

전쟁범죄란 무엇인가? 전쟁범죄는 最廣義로는 ①1949년 제네바 4개 협약의 중대한 위반죄, ②전쟁의 법규 및 관례 위반죄, ③제노사이드죄 및 ④인도에 반한 죄 모두를 지칭하며, 廣義로는 ①과 ②를 지칭하는 것이고, 협의로는 ②만을 지칭하는 것이다.

이러한 설명은 혼동되기 쉽다. 그러나 전쟁범죄라는 용어의 유래로 거슬러 올라가면 이해가 쉽다.

즉, 전쟁에는 수단 및 방법에 있어서의 룰(rule)이 있고, 그 법적 체계는 주로 1907년의 '육전의 법규 및 관례에 관한 헤이그 협약 및 부속규칙'(이하 헤이그 육전법규라 함)에 규정되어 있다. 그래서 전쟁에서의 rule은 그 후의 발전을 포함하여 Hague Rule(Hague Rule of Warfare)이라 총칭되고 있다. 헤이그 육전법규 위반죄로 열거되는 것은 예를 들면, 독가스 사용이나 문화시설 파괴 등 협의의 전쟁범죄이고, 上記 ②전쟁의 법규 및 관례 위반죄가 여기에 해당된다.

이에 대하여 전시에 있어서의 상병자, 민간인, 포로 등의 보호대상에 대한 인도적 대우에 대한 법적 체계(국제인도법)는 주로 1929년의 제네바협약 및 이를 발전적으로 계승한 1949년 제네바 4개 협약에 규정되어 있다. 그래서 전쟁시의 국제인도법의 rule은 그 후의 발전을 포함하여 제네바 룰(Geneva Rule(Geneva Rule of Warfare)이라고 총칭된다. 국제인도법 rule의 핵심을 이루고 있는 것은 1949년 제네바 4개 협약에 규정되어 있는 중대한 위반을 범죄로서 금하고 있는 규정이며, 이것을 위반하는 죄가 ①1949년 제네바 4개 협약의 중대한 위반죄이다.

이상과 같이 ①과 ②는 역사적으로 오래전부터 존재해 왔으며 전쟁시 범죄의 쌍벽을 이루어왔기 때문에, 두 가지를 합해 전쟁범죄라고 부르는 경우가 있는데, 그것이 광의의 전쟁범죄이다.

제네바 4개 협약이란 '육전에 있어서의 군부상자 및 병자의 상태개선에 관한 협약' (이하 제네바 제1협약), '해전에 있어서의 군부상자, 병자 및 조난자의 상태개선에 관한 협약' (이하 제네바 제2협약), '포로의 대우에 관한 협약' (이하 제네바 제3협약) 및 '전시에 있어서의 민간인의 보호에 관한 협약' (이하 제네바 제4협약)을 지칭한다. 이러한 협약들은 1949년 8월 12일의 제네바 외교회의에서 일괄 채택되었다.

제네바 제1협약은 전쟁의 형태가 당초 육전 위주로 이루어졌다는 점에서 제네바 제협약 중에서도 최초인 1894년에 채택되어 1906년에 개정되고 1929년에 재개정(1929년의 제네바협약 I) 되었으며, 1949년에 또다시 발전적으로(재재) 개정되었다.

제네바 제2협약은 후의 해전의 발달과 참극을 교훈으로 삼아 1899년에 '제네바협약의 원칙을 해전에 적용하는 조약' 이 생기고, 1907년의 해전에 관한 헤이그조약X(the 1907 Hague Convention No.X)을 근거로 하여 1949년에 발전적으로 개정된 것이다.

제네바 제3협약은 1907년 헤이그조약IV의 포로의 보호에 관한 규정을 보완하여 작성된 1929년의 제네바협약II를 1949년에 발전적으로 개정한 것이다.

제네바 제4협약은 1899년의 헤이그조약II 및 1907년의 헤이그조약IV의 점령지 주민보호에 관한 규정을 민간인 사망자가 절반을 차지한 제2차 세계대전의 교훈을 반영한 것으로 1949년에 체결되었다.

제네바협약 제1, 2추가의정서는 제2차 세계대전후에도 식민지 독립투쟁 등의 지역분쟁이 다수 발생했다는 점, 특히 민족통일을 위해 벌어진 베트남전쟁의 교훈을 살리고 그때까지의 제네바협약을 보완하기 위해 1977년에 체결되었다.

애초 제네바협약이 채택된 것은 1859년 이탈리아 통일전쟁에 있어 솔페리노전투에서 부상당한 병사들의 비극을 목도한 후 앙리 뒤낭이 '솔페리노의 회고' 를 출판하고, 상병자를 적아 구별하지 않고 구호할 단체를 조직할 것 및 그러한 조직이 전장에서 안전하게 활동이 가능하도록 국제적 약속을 맺을 것을 제안한 것이 계기였다. 구호단체를 조직화하자는 제안은 국제적십자위원회 및 각국 적십자사로 결실을 맺었으며, 국제적 약속은 제네바협약으로 결실을 맺었다.

한편 일본은 1949년의 제네바 4개협약에는 1953년에 가입하였으며, 제1, 2추가의정서에는 2004년 가입하였다. 2006년 3월 현재 체약국 수는 1949년 제네바 4개 협약은 192개국이며, 제1추가의정서는 163개국 그리고 제2추가의정서는 159개국이다.

Hague Rule의 기원으로서 통상 거론되는 것은 1907년의 헤이그 육전법규이지만, 그 근본이 된 것은 1868년 세인트 피터스버그선언(炸裂彈 禁止) 1899년 헤이그 육전조약 및 육전규칙이다. 1907년의 헤이그 육전법규는 이것들을 개정하여 새로운 조약으로 채택된 것이다.

위의 ③과 ④는 역사적으로 보면 비교적 새로운 것이다. 즉, 인도에 반한 죄는 종래의 국제인도법 체계내에서는 보호되지 않는 자를 보호하기 위해서 입법되었고, 제노사이드죄는 인도에 반한 죄의 一種이지만 범죄중의 범죄, 특히 극악한 죄이기 때문에 독립하여 별개로 규정되기에 이른 것이다. 제노사이드죄 및 인도에 반한 죄는 평화시에 범하는 경우도 있지만 전쟁시에 범해지는 경우가 많기 때문에, 이들 죄도 포함하여 전쟁범죄라고 부르는 경우가 있고, 그것이 최광의의 전쟁범죄이다.

실제로 제노사이드죄나 인도에 반한 죄는 전쟁 및 분쟁시에 범하는 경우가 많다. 그러나 국제관습법으로서의 제노사이드죄나 인도에 반한 죄는 ①과 ②와 같은 전통적 전쟁범죄와 달리 평화시에도 성립한다. 다만, ICTY 규정의 경우 인도에 반 죄에 관해서는 국제적 또는 비국제적 무력분쟁의 존재를 전제로 하고 있으며, 국제관습법보다도 한정적으로밖에 적용되지 않는다.

제3절 전통적 전쟁범죄

1. '1949년 제네바협약의 중대한 위반죄'와 '전쟁법규 및 관례 위반죄'의 내용 및 기원

ICTY 규정은 제2조에서 1949년 제네바 4개 협약의 중대한 위반을 규정하고 있다. 즉, 동 조가 열거하고 있는 범죄는 살인, 고문 또는 비인도적 대우(생물학적 실험 포함), 신체 또는 정신에 대한 고의적인 중대한 고통 또는 상해, 군사상의 필요에 의해 정당화되지 않는 불법적이고 자의적인 재산의 광범한 파괴 및 몰수, 포로 또는 민간인의 적군대에의 강제복무, 포로 또는 민간인에 대한 공정한 정식재판 부인, 민간인의 불법추방·이주 및 억류, 민간인의 인질 등이다.

ICTY 규정 제2조는 1949년 제네바 4개 협약 각각의 핵심적 규정인 중대한 위반죄와 동일한 내용이며, 각각의 죄는 이들 협약이 보호의 대상으로 하는 人 또는 物에 대해 행하지 않으면 안 된다.

> 제네바 4개 협약의 중대한 위반죄는 제네바 제1협약의 제50조, 제네바 제2협약의 제51조, 제네바 제3협약의 제130조 및 제네바 제4협약의 제147조에 규정되어 있다.

중대한 위반죄는 제네바 4개 협약이 보호대상으로 하는 人 또는 物에 대한 범죄여야 하는 바 이하와 같이 규정되어 있다. 제네바 제1협약이 보호대상으로 하는 人은 제13, 24, 25 및 26조에, 보호대상으로 하는 物은 제19, 33, 34 및 35조에 각각 규정되어 있다. 제네바 제2협약이 보호대상으로 하는 人은 제13, 36 및 37조에, 보호대상으로 하는 物은 제22, 24, 25 및 27조에 각각 규정되어 있다. 제네바 제3협약이 보호대상으로 하는 人은 제4조에 규정되어 있다. 제네바 제4협약이 보호대상으로 하는 人은 제4 및 20조에, 보호대상으로 하는 物은 제18, 19, 21, 22, 33, 53 및 57조에 각각 규정되어 있다.

ICTY 규정 제3조는 헤이그 육전법규에서 기원한 것으로 동 조가 열거하고 있는 것은 헤이그 육전법규에 규정되어 있는 주요한 범죄이다.

즉, 독성무기 및 불필요한 고통을 야기하는 기타 무기의 사용, 도시나 촌락의 고의적 파괴 또는 군사상의 필요에 의해 정당화되지 않는 황폐화, 수단여하를 불문한 무방수도시·촌락 및 주거지역에 대한 공격 및 폭격, 종교·자선·교육·예술 및 학술시설·역사적 기념물 및 예술·학술작품의 압수나 파괴 및 고의적 훼손, 공공 또는 사유재산 약탈 등의 행위 등이다.

2. 언제부터 국제관습법이 되었는가?

전통적인 전쟁범죄는 어느 경우든 조약에 기원을 두고 있고, 당초는 체약국을 속박하는 것이었다. 그러나 ICTY의 시간적 적용의 한계인 1991년 당시에는 이미 국제관습법으로 확립되어 있었다. 즉, '1949년 제네바 4개 협약의 중대한 위반죄'나 '전쟁법규 및 관례 위반죄'가 국제적인 형사재판소에서 재판받은 것은 주지하는 바와 같이 제2차 세계대전 후의 뉴른베르그재판과 동경재판이 처음이다.

뉴른베르그재판에서 적용된 뉴른베르그조례는 주로 헤이그 육전법규를 그리고 보충적으로는 '1929년 포로의 대우에 관한 제네바협약'(the Geneva Convention relative to the Treatment of Prisoners of War of 1929)에 기초하여 작성된 것으로 전쟁범죄를 다음과 같이 규정하고 있다.

전쟁범죄란 특히, 전쟁법규 및 관례를 위반한 행위이다. 이러한 위반에는 예를 들면, 점령지내의 민간인의 살해, 비인도적 대우 및 노예노동 또는 기타 목적으로 행해진 추방, 포로 또는 해상에 있는 자에 대한 살해 및 비인도적 대우, 인질의 살해, 공적 및 사적 재산의 약탈, 도시 및 농촌의 무차별 파괴, 군사적 필요에 의해 정당화되지 않는 파괴 등이 있다.

이러한 내용은 ICTY 규정 제2조 및 제3조의 내용과 매우 유사하다.

뉴른베르그조례 제6조(b)에 규정되어 있는 전쟁범죄는 헤이그 육전법규(조약 부분과 부속규칙으로 이루어짐)와 1929년의 포로대우에 관한 제네바협약(헤이그육전법규 및 부속규칙 중, 포로의 대우에 관한 Section I chapter II를 보충하는 것)에서 다루어진 것이다.

즉, 헤이그 육전법규의 부속규칙 제23조(有毒 또는 불필요한 고통을 주는 무기의 사용, 항복한 적을 살상하는 행위, 적의 재산을 전쟁수행의 필요상 부득이한 경우를 제외한 적 재산의 파괴 금지), 제25조(무방수도시의 공격 금지), 제27조(종교, 과학, 예술, 자선 등의 시설에 되도록 피해를 면하게 하기 위하여 필요한 모든 조치를 취할 것), 제28조(약탈금지), 제46조(점령군은 적국의 개인의 생명, 권리, 재산을 존중하여야 함), 제50조(점령군은 연대책임이 있다고 인정할 수 없는 개인의 행위로 인하여 금전상 또는 기타의 연대벌을 부과할 수 없음), 제52조(징발 및 課役은 점령군의 필요를 위한 것이 아니면 시, 구, 읍, 면 또는 주민에 대하여 요구할 수 없음), 제56조(종교, 자선, 교육, 예술 및 학술 용도에 제공되는 건설물은 적국의 소유에 속하는 것일지라도 사유재산과 마찬가지로 취급되며, 압수 또는 파괴하는 것이 일체 금지됨) 및 1929년 제네바협약 제2조(폭력과 보복의 금지를 위한 포로의 인도적 대우), 제3조(포로의 명예 및 인격 존중), 제4조(포로의 평등 대우. 단, 군인으로서의 지위

(계급), 포로의 건강상태에 따른 차별 대우는 허용), 제46조(포로는 적국 군대
의 동일한 행위로 인하여 받는 형벌과 동일한 형벌을 받음. 포로에 대한 잔학
한 형벌 금지), 제51조(포로의 도주미수죄는 도주 중에 행한 다른 죄의 정도를
참작함. 도주방조죄는 징계처분).

그러나 헤이그 육전법규도, 1929년 제네바협약도 금지되는 행위를
열거는 하고 있으면서도 위반에 대해서는 前者는 체약국의 손해배상의
무를 규정할 뿐이고 後者는 대화해결을 예정하고 있을 뿐이며, 개인의
범죄로서 처벌해야 한다는 취지의 규정은 없다.

손해배상의무에 대해서는 헤이그 육전법규 제3조가 '헤이그 육전법
규의 규정을 위반한 교전국은 손해가 있을 때에는 이의 배상책임을 부
담하여야 한다. 교전국은 그의 군대를 구성하는 인원의 일체의 행위에
관하여 책임을 진다'고 규정하고 있다.

그렇다면, 어떻게 하여 이들 위반이 개인범죄로서 처벌될 수 있게 된
것일까? 그것은 다음과 같다.

헤이그 육전법규에서 금지되고 있는 행위는 1907년에 동 조약이 생
기고 최초로 국제적인 금지행위로서 인지된 것이 아니라, 그 이전부터
국제관행으로서 준수되어 온 전쟁의 rule 및 국제인도법을 위반한 행위
였다. 즉, 조약은 rule의 신설이 아니라 관행의 확인에 지나지 않았으나,
조약이 체결된 이후에는 체약국은 조약을 준수하기 위해서 국내적으로
동 조약의 위반을 범죄로서 처벌하게 되었다. 이 당시에는 타국 재판소
나 국제적인 형사재판소가 세계관할하에 전범을 처벌하는 일은 없었으
나, 뉘른베르그재판에서는 "문명국에서 헤이그 육전법규는(필자주: 개인
범죄로서 처벌하는 일이) 1939년부터(필자주: 제2차 세계대전 개전 당시부터)
국제관습법으로 확립되어 있다. 뉘른베르그조례는 이러한 국제관습법
을 확인한 것에 지나지 않는다."고 하여, 국제적인 형사재판소인 뉘른

베르그 재판소에서 전범을 처벌하기 위하여 적용되었다.

뉴른베르그재판에서의 "헤이그 육전법규는 1939년부터 국제관습법으로 확립되었다"라는 해석에 異論도 없지는 않다. 그러나 전통적인 전쟁범죄를 국제적으로 처벌하려는 움직임은 제1차 세계대전 후의 베르사이유조약 당시부터 존재했었고, 뉴른베르그조례가 처음은 아니다. 그로부터 훨씬 이후인 제2차 세계대전 당시 그러한 사고방식은 많은 국가에서 광범위하게 받아들여져 국제관습법으로 확립되어 있었다.

반면에 이러한 異論이 正論이라고 해도, 뉴른베르그조례의 내용은 일찌감치 1950년 국제법위원회(ILC)에 의해 뉴른베르그원칙으로 정식화되어, 국제연합 총회에서 채택되어 많은 국가들에게 받아들여지고 있다. 따라서 적어도 그 이후에는 국제관습법으로 확립되어 있다는 사실은 틀림없다.

3. ICC 규정

ICC 규정은 1개 조항, 즉 제8조에서 그 후의 국제법의 발전을 수용하고 있는 동시에 ICTY 규정 제2조와 제3조에 대한 해석상의 의문을 배제한 형태로 전통적인 전쟁범죄를 규정하고 있다. 그래서 ICC 규정 제8조에 대해 자세하게 살펴보기 전에 ICTY 규정 제2조와 제3조에 관한 해석상의 의문을 파악해보고자 한다.

첫째, 'ICTY 규정 제2조의 적용대상은 국제적 무력분쟁뿐인가?'이다. 이와 같은 의문이 생기는 이유는 1949년 제네바 4개 협약의 중대한 위반죄와 비국제적 무력분쟁시의 중대한 위반죄에서는 범인의 처벌에 있어 전자는 세계관할이 인정되는데 대해, 후자는 인정되지 않기 때문이다. 즉, 범인 처벌에 대해 규정하고 있는 제네바협약Ⅰ 제49조(협약Ⅱ 제50조, 협약Ⅲ 제129조, 협약Ⅳ 제146조도 동일한 취지)는 중대한 위반죄에 대해서는 범인을 자국에서 처벌하거나 범인을 인도할 의무를 체약국에게 부과하고 있는데 대해, 국제적 무력분쟁 이외의 분쟁시(비국제적 무력분쟁) 보장되어야 할 최소한의 국제인도법을 규정하고 있는 1949년 제네바 4개 협약 공통3조에 대해서는(필자주 : 국내법으로의 개인 처벌을 포함하여) 위반행위를 제지하기 위해서 필요한 조치를 취할 의무를 체약국에게 부과하고 있는데 지나지 않는다.

제네바 제1협약 제49조의 세계관할은 국제적 무력분쟁을 전제로 하고 있는가?

세계관할은 범인이나 범죄지를 불문하고 어떤 국가에서도 재판관할권을 행사한다는 것이 본래의 모습이다. 그러나 동 제1협약 제49조에서 말하는 범인을 처벌 또는 인도해야 할 의무는 A체약국의 범인이 B체약국의 국민을 피해자로서 범죄를 행하는 것을 상정하고 있으며, 범인도 피해자도 동일한 A체약국의 국민이라는 점은 상정하고 있지 않는다고 해석되어 왔다. 왜냐하면 후자의 경우에는 A체약국 이외의 체약국이 세계관할에 의해 형사재판권을 행사하는 것은 A체약국의 주권을 현저하게 침해하기 때문이다. 그리고 범인과 피해자의 국적이 다른 경우라고 하는 것은 국제적 무력분쟁을 전제로 한 것이며, 동일한 경우는 국제적 무력분쟁에서도 발생할 수 있지만 비국제적 무력분쟁이 대부분이다. 그래서 전통적으로는 1949년 제네바 4개 협약의 중대한 위반죄는 국제적 무력분쟁에 적용된다고 해석되어 왔다. 그러나 현재에는 국제적 무력분쟁과 비국제적 무력분쟁의 구분이 어려워지고 질적인 차이가 없어졌기 때문에 전통적인 해석에 따르는 것이 좋은지가 의문이다.

결론을 먼저 말하면, ICTY에서는 "ICTY 규정 제2조는 국제적 무력분쟁에만 적용 된다"라는 판례가 확립되어 있다. 가장 주된 이유로는 ① 1949년 제네바 4개 협약의 중대한 위반죄는 동 협약이 보호의 대상으로 하는 人 또는 物에 대한 범죄여야 하고, 보호의 대상으로서의 人 또는

物은 국적을 문제로 하는 등 국제적 무력분쟁을 전제로 하고 있으며, 국제적 무력분쟁이 아니면 의미를 갖지 않는다는 규정의 방식을 취하고 있다는 점이다. 그 외에 上記 의문이 표출된 이유에 대한 답변으로 ②현재 세계정세는 아직 비국제적 무력분쟁과 국제적 무력분쟁의 구분을 폐지하는 데에는 이르지 못했다는 점도 들 수 있다.

그러나 구유고 분쟁에 관해서는 모두 국제적 무력분쟁이라고 볼 수 있지 않는가 하는 사실인정 문제가 발생한다. 1991년 이후 구유고는 슬로베니아와 크로아티아의 독립을 계기로 붕괴되기 시작했다는 사실과 ICTY 규정 제1조가 "1991년 이후 구유고에서 행해진 범죄를 관할한다."고 규정한 상태에서, ICTY 규정 제2조를 규정하고 있는 이상, 동 조가 적용에서 제외되는 것은 상정되어 있지 않다는 입법형식을 근거로 하여, "1991년 이후 구유고분쟁은 국제적 무력분쟁이라는 세계 공통의 현상인식이 있다"는 입장도 있다. 그러나 ICTY의 판례는 이러한 입장을 취하지 않고, '구유고분쟁의 성격은 사태의 추이에 따라 국제적 무력분쟁과 비국제적 무력분쟁으로 구분할 수 있다'고 하였다.

ICTY 규정 제2조와 제3조에 관한 해석상 의문의 다른 하나는 "ICTY 규정 제2조(1949년 제네바 4개협약의 중대한 위반죄)와 내용적으로는 다르지 않은 범죄가 비국제적 무력분쟁에서 발생했을 때에는 ICTY 규정 제3조로 다룰 수 있는가"하는 것이다. 또한 1949년 제네바 4개 협약의 중대한 위반죄와 내용적으로는 다르지 않은 범죄는 1949년 제네바 4개 협약 공통3조에 규정되어 있다.

제네바 4개 협약 공통3조는 국제적 무력분쟁 이외의 분쟁(비국제적 무력분쟁)에서 준수하여야 할 최소한의 국제인도법을 규정하고 있다. 적어도 각 분쟁 당사국은 (1)무기를 버린 전투원 및 질병, 부상, 억류, 기타의 사유로 전투력을 상실한 자를 포함하여 적대행위에 능동적으로 참가하지 아니하는 자는 모든 경우에 있어서 인종, 색, 종교 또는 신앙, 성별, 문벌이나 빈부 또는 기타의 유사한 기준에 근거한 불리한 차별없이 인도적으로 대우하여야 한다. 이 목적을 위하여 상기의 자에 대한 다음의 행위는 때와 장소를 불문하고 이를 금지한다.

(a) 생명 및 신체에 대한 폭행, 특히 모든 종류의 살인, 상해, 학대 및 고문
(b) 인질로 잡는 일
(c) 인간의 존엄성에 대한 침해, 특히 모욕적이고 치욕적인 대우
(d) 문명국인이 불가결하다고 인정하는 모든 법적 보장을 부여하고 정상적으로 구성된 법원이 행하는 사전의 재판에 의하지 아니하는 판결의 언도 및 형의 집행

이러한 의문은 구체적으로는 "공통3조를 위반한 죄도 ICTY 규정 제3조로 다룰 수 있는가" 또는 "ICTY 규정 제3조는 국제인도법의 포괄조항인가"라는 형식으로 제시되는 경우가 많다. 이러한 의문이 생기는 것은 上記한 바와 같이 ICTY 규정 제2조가 국제적 무력분쟁에만 적용된다고 하면, 비국제적 무력분쟁에서 동일하게 중대한 범죄가 발생해도 ICTY 규정 제2조로는 다룰 수 없게 된다. 마찬가지로 중대한 국제인도법 위반죄가 비국제적 무력분쟁에서 발생했다는 사실만으로 전쟁범죄가 되지 않는다는 것은 사실 이상하다. 특히, 국제적 무력분쟁과 비국제적 무력분쟁의 구분이 어렵고, 실질적인 차이가 없어진 시대상황을 생각하면 이러한 이상함을 그대로 묵인할 수는 없다.

그래서 헤이그 육전법규를 기원으로 하면서도, 전쟁법규 및 관례에 위반한 죄라는 명칭이 나타나 있듯이 관습법화 된 전쟁의 rule을 포함한 ICTY 규정 제3조에 의한 해결 여부가 문제되는 것이다.

결론을 먼저 말하면, ICTY에서는 "ICTY 규정 제3조는 비국제적 무력분쟁에서 발생한 동일한 범죄(공통3조에 위반한 죄)도 포함한다."고 하는 판례가 확립되어 있다. 그 주요한 이유는 다음과 같다.

전시의 국제인도법 위반의 법적 구조는 제네바 rule이라고 총칭되고, 전쟁의 방법이나 사용되는 무기 등 전쟁수단 위반의 법적 구조인 헤이그 rule과 대비된다. 그것은 전시 국제인도법은 주로 제네바 4개 협약에 규정되어 있으며, 전쟁의 방법이나 수단의 위반은 주로 헤이그 육전법규에 규정되어 있기 때문이다. 그러나 이러한 구분은 완전하게 분리되어 양분되어 있는 것이 아니라 헤이그 육전법규는 국제인도법도 일부 포함하고 있으며, 제네바 4개 협약도 전쟁의 rule을 일부 포함하고 있다. 헤이그 육전법규에 기원을 둔 ICTY 규정 제3조가 열거하고 있는 것은 전쟁의 rule이지만, 이 열거는 제한적 열거가 아니다.

그렇다고 하면, 형식적 해석으로서 ICTY 규정 제3조에 국제인도법 위반을 포함하는 일은 가능할 것이다. 또한 국제연합 안전보장이사회는 구유고에서 발생한 모든 중대한 국제인도법 위반행위를 관할토록 하기 위해서 ICTY를 설치한 것이고, 중대한 범죄를 2종류로 나누어 어떤 종류의 것만을 관할토록 한 것이 아니라는 점도 ICTY 규정 제3조의 그러한 해석의 근거로 들 수 있다.

그런데 국제사법재판소(International Court of Justice : ICJ)는 니카라구아사건(Case Concerning Military and Paramilitary Activities in and against Nicaragua, Nicaragua v. U.S.)에서 1949년 제네바협약 공통3조가 국제관습법으로 확립되었다는 것을 인정하였다. 그러나 그것은 개인의 형사책임을 묻는 것은 언급하지 않고, 종래에는 그 점에 관하여 국제법 학자의 견해는 반드시 일치하지 않았다. ICTY의 판례는 이 점의 해석에 결론을 내리고, 1949년 제네바협약 공통3조 위반에도 세계관할이 인정되어 개인의 형사책임을 물을 것을 분명히 했다.

이러한 ICTY 규정상의 의문에 대한 판례의 발전을 근거로 하여 ICC 규정은 제네바 4개 협약 공통3조를 기원으로 하는 명문(제8조 2항)을 두고 적용대상을 명확하게 규정하였다.

결국 ICC 규정 제8조 2항(a)는 ICTY 규정 2조와 동일하지만, 제8조 2항(b)는 신무기의 실험장으로 불려진 베트남전쟁의 경험을 근거로 하여, 국제인도법 위반 및 전쟁의 rule에 관한 상세한 규정을 두고 있는 제네바협약 제1추가의정서를 바탕으로 하고 있다. 그리고 제8조 2항 (a)(b)는 국제적 무력분쟁·민족자결을 위한 무력분쟁 등에 적용됨을 명확히 하고 있다.

그리고 ICC 규정 제8조 2항(c)는 제네바 4개 협약 공통3조를, 제8조 2항(e)는 제네바 4개 협약 공통3조를 부연하여 전쟁피해자의 보호를 규정한 제네바협약 제2추가의정서를 각각 바탕으로 하고 있어, 비국제적 무력분쟁(non-international conflict. (a), (b)가 대상으로 하는 이외의 분쟁)에 적용됨을 명확히 하고 ICTY 규정에 관한 의문을 불식시켰다. 다만 국제적 무력분쟁과 비국제적 무력분쟁의 구분 의미가 없어진 현 실태를 돌아보고 예를 들면, 15세 미만 소년의 징병 및 국제연합 직원 등에 대한 공격은 제8조 2항(b)와 (e) 모두에 규정되는 등 가능한 한 그 장벽을 걷어냈다. 그러나 국제적 무력분쟁과 비국제적 무력분쟁의 법적 구조는 완전히 동일하지 않고, 군사이익에 비해 다수의 민간인을 살해한 죄, 민간인을 기아상황에 둔 죄, 금지무기를 사용한 죄 등은 국제적 무력분쟁에만 적용된다.

더욱이 ICC 규정 제8조는 해석의 의문을 없애기 위한 열거는 예시가 아니라 제한적 열거이다.

그런데 ICC 규정 제8조 1항에는 "재판소는 특히 계획이나 정책의 일부로서 또는 그러한 범죄의 대규모 실행의 일부로서 행해진 전쟁범죄에 대하여 관할권을 가진다."고 하여 ICTY 규정 제2조 및 제3조에는 없는 규정이 있다.

미국에 의하면, 제8조 1항은 "체약국은 자국에 대하여 ICC 규정이 발효한 후 7년 동안 자국민에 의하여 또는 자국 영역에서 범해진 것으로 혐의를 받는 전쟁범죄의 범주에 관한 재판소의 관할권을 수락하지 아니한다고 선언할 수 있다"라는 제124조의 취지에 따른 것이다.

이 규정은 ICC 규정 심의과정에서 미국이 표명한 "제노사이드죄나 인도에 반한 죄는 죄의 성질상 분명히 대규모적으로 동시에 조직적으로 행해지지만, 돌발적이고 고립된 비교적 소규모의 범죄라도 전쟁범죄가 될 수 있다(미국 군인이 범할 수 있다)"는 취지의 우려를 반영한 것이다.

ICC 규정에는 미국의 우려를 반영한 또 하나의 규정이 있다. 미국의 우려는 다음에 서술할 비례원칙에 대한 것으로, 미국은 비례원칙은 군사행동을 속박할 수 있다고 하여 강하게 반대했다.

제네바협약 제1추가의정서에 규정되어 있는 비례원칙은 현재 국제관습법으로 확립되었다.

제네바협약 제1추가의정서 제4장 제57조는 공격시 주의의무(precautions in attack)로서 군사행동에 대해서는 공격대상이 민간인·민간시설이 아니라는 점을 모든 가능한 수단을 사용하여 확인할 것, 군사적 이익에 비해 큰 부차적 피해가 민간인·민간시설에 예상될 때는 그러한 군사행동은 자제할 것 등을 규정하고 있다. 또한 제58조는 공격의 결과에 대한 주의의무(precautions against the effects of attack)로서 군사행동으로 발생할 위험으로부터 민간인·민간시설을 지키기 위해 가능한 한 최대한의 조치를 취할 것 등을 규정하고 있다.

ICC 규정 제3조는 국제관습법으로 확립된 비례원칙을 그대로 차용하였다. 그러나 ICC 규정 제8조 2항(b)(iv)는 비례원칙에 관해 "예상되는 구체적이고 직접적인 제반 군사적 이익과의 관계에 있어서 명백히 과도하게 민간인에 대하여 부수적으로 인명의 살상이나 상해를, 민간물자에 대해 손해를 또는 자연환경에 대하여 광범위하고 장기간의 중대한 피해를 야기한다는 것을 인식하고서도 개시된 의도적인 공격"이라

규정하고 군사적 이익에 비해 부차적인 민간피해가 명백히 과도하지 않으면 전쟁범죄가 되지 않는다고 규정하고 있다.

2002년 7월 4일 탈레반과 알카에다의 잔당을 토벌하고 있던 미군은 아프가니스탄 마을의 결혼식을 오폭하여 적어도 40명이 사망하고, 100명이 부상을 입었다. 피해자는 아프가니스탄의 전통에 따라 여성은 큰 북을 치거나 춤을 추고, 남성은 총을 발사하며 결혼을 축하하던 민간인이었다. 마을의 남성은 탈레반과 같은 복장에 검은 터번을 감고 있으므로, 결혼식에서의 총 발사를 미군에 대한 공격으로 오인할 가능성은 부정할 수 없다. 그러나 여러 명이 발사했음에도 불구하고 마을 전체를 공격대상으로 한 것은 지나친 것으로 비례원칙에 위반된다는 비판이 있다.

4. 전통적인 전쟁범죄에 관한 ICTY의 판례

◎ 드브로브닉 폭파 사건

(ㄱ) 드브로브닉(중세자치도시)

크로아티아의 달마티아 지방 남부에 위치한 드브로브닉(Dubrovnik)市는 북동으로는 보스니아, 남동으로는 몬테네그로에 접해 있으며, 아드리아海를 따라 120km에 걸쳐있다. 드브로브닉의 일부는 구시가(Old town)로 중세의 벽으로 둘러싸인 13.38ha의 지방이며, 아드리아海와 험준한 언덕으로 싸여 스루디山으로 이어진다. 구시가의 요새화는 12세기에 시작되어 13세기에 무역의 중심지로 발달하였고 17세기에 완성되었다. 구시가는 유럽에서도 굴지의 완성도와 美를 나타내는 귀중한 궁전, 교회, 공공시설 등의 건축물이 있어 1979년 유네스코 세계유산에 등재되었다. 구시가의 유니크한 특징의 하나는 그것이 역사적 유물에 머물러있지 않고 현재에도 생활 장소로 이용되고 있다는 점으로 1991

년에는 7,000~8,000명의 주민이 살고 있었다.

(ㄴ) 배경

구유고 연방은 1973년과 1979년 2차례의 석유쇼크로 경제상황이 극단적으로 악화되어 있던 상황에서 1980년 카리스마적인 지도자였던 티토가 사망함에 따라 사회상황은 불안정해져 있었다. 그러한 와중에 밀로세비치는 중세 세르비아가 오스만·터키제국에 패배 후 500년 동안 동 제국의 지배를 받게 된 승패의 갈림길이 된 '코소보 전투'가 있었던 지역이고, 1989년에 '코소보 전투 600주년 기념집회'를 개최, 세르비아인의 민족주의를 선동했다. 大세르비아주의를 우려한 크로아티아는 1991년 봄부터 독립을 향해 움직이기 시작하고, 크로아티아 국방군을 조직하여 드브로브닉에도 그 기지를 설치했다. 드브로브닉에는 민병도 모여 있었다.

이리하여 구유고 연방과 크로아티아의 관계는 같은 해 여름경부터 긴박해지기 시작해, 8월 말경에는 구유고연방군(이하 JNA라고 함)은 오스트리아·헝가리제국이 오스만·터키제국에 대한 수비를 확고히 하기 위해 설치한 군사 국경지대인 西슬라베니아의 보크바르를 침공하러 나섰다. 이것을 계기로 크로아티아는 동 공화국내의 JNA주둔지를 포위하고, 전기·가스 공급을 중단하고, 兵舍를 습격하여 무기를 탈취하고, 세르비아 병사를 살해하는 등의 행동에 나섰기 때문에 양자의 관계는 더욱 더 긴박해졌다.

그 무렵 크로아티아는 몬테네그로 및 브스니아 국경부근에 군대를 집결시키고, 다른 한편 JNA도 드브로브닉을 향해 군대를 진격했다. 크로아티아 국방군은 드브로브닉의 배후지로 어쩔 수 없이 후퇴하게 되어 양군 간에 총격전이 벌어졌다. 9월 말경 JNA는 드브로브닉을 포위하고, 드브로브닉 및 그 주변을 총격하여 구시가에도 피해가 발생하게 되었다. 유네스코 세계유산에도 등재된 구시가에 대한 공격은 국제적인 우려를 낳아 국제사회의 중개에 의해 10월에 양군 간에 정전이 합의되었으나, 양군의 도발행동으로 정전은 오래 지속되지 못했다. 11월에도 정전이 합의되었으나 마찬가지로 단명으로 끝났다.

그런데 스루디山은 나폴레옹시대의 요새가 있고, 구시가의 바로 위에 있어 구시가를 한눈에 바라볼 수 있는 전망지였는데, JNA는 12월초까지는 스루디山을 제외한 드브로브닉 주변을 완전히 포위하고 있었다.

(ㄷ) 무슨 일이 일어났는가?

드브로브닉 폭파사건은 JNA의 스루디山 포위를 풀기 위해 정전교섭을 계속하던 1991년 12월 6일 새벽에 발생했다. JNA 부대는 오전 6시 이전에 스루디山에 접근하여 공격을 개시하고, 크로아티아 국방군은 스루디山과 구시가를 제외한 드부로브닉 주변에서 박격포나 머신건(machine gun)으로 요격했다. 이에 대해 JNA는 바주카포 등으로 구시가를 포함 무차별적으로 공격했다. JNA의 공격은 10시간 30분 동안 계속되었다.

JNA를 지휘한 자는 드브로브닉 작전의 총사령관인 스툴가 중장의 부하인 고바체비치 대위였다. JNA의 스루디山 탈환작전은 크로아티아 국방군이 요새지하로 숨어들었기 때문에 실패로 끝났으나, 구시가에 대한 공격은 스루디山 탈환작전 기간 내내 실시되었다.

또 구시가에는 크로아티아군의 기지 및 기타 군사표적이 될 만한 것은 없었고, 이것들은 구시가로부터 아득히 멀리 떨어져 있었다.

구시가에 대한 공격에서 민간인 및 민간시설이 공격을 받아 2명이 사망하고 2명이 중상을 입었다. 또한 제전궁전 등 6개의 건물은 완전히 파괴되었으며, 52개의 건물은 그 이전에도 파손되어 있었으나 더 큰 파손을 입는 등 피해가 확대되어 합계 116동의 건물이 어떠한 형태든지 피해를 입었다.

이 공격은 군사표적으로 오인하여 이루어진 것이 아니며 또 군사표적을 노린 부차적 효과로서 피해가 발생한 것도 아니고, 구시가가 민간표적이며, 주거로 사용되기 때문에 주민이 있다는 것을 알면서도 이것을 노리고 공격한 것이다.

건물의 복구에 필요한 비용은 960만 달러(약 10억 엔)로 예상된다.

(ㄹ) 어떠한 죄가 성립하는가?

드브로브닉 폭파사건은 크로아티아가 국제사회로부터 독립을 승인받기 전에 일어났기 때문에 분쟁의 성격은 비국제적 무력분쟁이다. 따라서 ICTY 규정 제2조는 문제되지 않고, 적용이 문제되는 것은 비국제적 무력분쟁에도 적용되는 제3조 뿐이다. 앞에서 설명한 바와 같이 제3조에 열거되어 있는 것은 예시적인 것으로써 同條는 국제인도법의 포괄조항이므로 ①민간인에 대한 공격은 ICTY 규정 제3조 위반인 민간인 공격죄, ②시민 2명의 살해는 ICTY 규정 제3조 위반인 살해죄, ③시민 2명의 중상해는 ICTY 규정 위반인 잔악한 취급죄, ④민간표적인 구시가를 공격한 것은 ICTY 규정 제3조 위반의 민간시설을 불법으로 공격한 죄, ⑤군사적 필요에서 긍정할 수 없는 많은 건물을 파괴한 것은 ICTY 규정 제3조(b) 위반죄, ⑥종교시설 등을 파괴한 것은 ICTY 규정 제3조(d) 위반죄가 성립한다.

◙ 사라예보 靑空市場 박격 사건

(ㄱ) 사라예보

사라예보는 보스니아·헤르체고비나(이하 보스니아)의 수도로 구시가(Old Town), 市중심부(Center), 新사라예보(Novo Sarajevo) 등 10개 지역으로 이루어져 있으며, 상점·주택 등이 밀집한 구시가는 2,000년 이상의 역사를 지니고 있다. 사라예보는 동서로 걸친 미랴츠카川 계곡에 위치하고, 주변은 험준한 산으로 둘러싸여 있다.

분쟁전인 1991년의 통계에 따르면 주변부를 포함한 사라예보의 인구는 52만 5,980명, 그 중 시가지의 인구는 34만 명이고, 민족구성은 무슬림인 49.3%, 세르비아인 29.9%, 크로아티아인 6.6%, 유고인 10.7%, 기타 3.5%였다.

(ㄴ) 배경

보스니아 분쟁은 세르비아인이 보스니아의 독립을 묻는 국민투표를 보이콧한 가운데 무슬림인과 크로아티아인이 이것을 강행한 것을 계기로 발생하여, 1992년 4월 6일 EU가 보스니아의 독립을 승인하자 전면적인 무력분쟁으로 발전했다. 세르비아인 세력 및 이들을 지원하는 JNA 제2방면군 제4사단은 보스니아 분쟁의 불길이 오르자 거의 동시에 사라예보를 내려다보는 전략적 요충지 및 사라예보 공항을 점거하고 사라예보로 들어가는 주요도로를 차단했다. 세르비아인 세력들이 보스니아 내에서 건국선언을 한 스르프스카공화국 의회는 1992년 5월 20일 구유고군을 교체하여 세르비아군(이하 VRS)을 창설했으나 '외국군대에 의한 개입'이라는 비난을 면하기 위해 명칭을 변경한 것에 지나지 않았고, 그 실태는 JNA를 승계한 것이며 JNA 제2방면군 제4사단은 그대로 VRS 사라예보·로마니야사단이 되었다.

다른 한편, 무슬림인과 크로아티아인 세력은 사라예보 시가지의 주요부분을 지배하에 두고, 1992년 9월에는 약 4만 5,000명의 병사가 사라예보 시가지에 배치되었다.

이렇게 해서 사라예보는 보스니아 분쟁이 시작되고 나서 데이튼 합의 후인 1996년 2월 26일에 사라예보 북서통로가 해방되어 오픈・시티 선언이 있기까지, 약 3년 반 세르비아인 세력과 무슬림인 세력의 공방한 가운데에 놓였다.

또한 이러한 약 3년 반 중 약 2년간 가장 오랫동안 VRS 사라예보・로마니야 사단의 사령관을 역임한 자가 가리치이다.

㈐ 무슨 일이 일어났는가?

사라예보 시민은 사라예보 포위가 계속되는 동안 끊임없이 저격병에 의한 총격이나 박격포 공격을 받았는데, 농작물을 재배하거나 쇼핑 또는 집안에 있던 일반시민들이 희생되었다. 그러한 상황은 "전선에 있는 것이 도시에 있는 것보다도 안전했다. 시민은 거의 매일 공격을 받았다"라는 병사의 증언, "4對 1의 비율로 부상 환자는 민간인이 많았다"라는 의사의 증언, "장례행렬이나 전차, 식량배급 행렬은 빈번하게 공격을 받았다", "스나이퍼(저격병) 거리라 불린 도로를 횡단할 때는 특히 위험했다"는 등 사라예보 시민들의 증언에 나타나 있는 그대로였다.

이렇게 시민들이 희생된 사건에는 1994년 2월 5일에 120밀리 박격포가 구시가의 靑空市場에 쏟아져 약 66명이 사망하고, 약 140명이 중상해를 입은 사라예보 靑空市場 박격 사건 외에 모녀가 손을 잡고 철 컨테이너에 몸을 숨기며 걷다가 총격을 입은 사건, 제방이 방패역할을 했기 때문에 몸을 숨기고 있었지만 물을 긷기위해서 매우 짧은 시간 제방을 벗어나 강가까지 갔다가 총격을 받은 사건, 소녀가 자택 현관에서 신을 벗고 있을 때 총격을 받은 사건 등 다수가 있다.

일반시민들은 학교를 폐쇄하고, 야간에 외출하고 주간에는 집에 숨어 지내며, 드럼통을 나열하여 방벽을 만들고, 터널을 뚫고 통로를 만드는 등의 일을 하며 총격・포격에 대비했으나 그래도 안전을 확보할 수 없었다.

사라예보 공격은 세르비아인 세력에 의한 것만은 아니었다. 정전협정은 양 세력에 의해 파기되었으나, 정전파기는 무슬림인 세력이 더 많았다. 또한 무슬림인 세력은 보스니아군의 사기를 높이기 위해 군사목표 인근의 민간인을 다른 장소로 이동할 의무를 태만하게 했을 뿐 아니라 보스니아 정부는 보스니아군에게 무슬림인 일반시민을 고의로 공격시켜서 '세르비아인 세력의 소행'이라고 선전하고 국제여론의 同情을 업고 국제연합 내지 외국의 군사개입을 불러들이려는 작전을 펴고 있었다. 보스니아 정부의 그러한 작전에 관해서는 UNPROFOR에 의한 조사가 이루어졌으며, 이는 당시 사라예보에서는 상식이 되어 있었다.

(ㄹ) 어떠한 죄가 성립하는가?

조직적 또는 대규모적인 공격의 일환으로 저격총 또는 박격포로 공격하여 일반시민을 살해한 죄는 ICTY 규정 제5조(a)의 '인도에 반한 죄' 중의 살인죄, 마찬가지로 일반시민에게 중상해를 입힌 죄는 ICTY 규정 제5조(i)의 '인도에 반한 죄'중의 비인도적 행위죄가 성립하는 점에 관하여는 이론이 없다.

또한 ICTY 규정 제2조(a)의 살해, (c)의 중상해는 본 사건의 기소에서는 제외되었다. 검찰관은 ICTY 규정 제2조의 범죄는 국제적 무력분쟁과 밀접하게 관련되어 있다는 것을 고려하여, ICTY 규정 제5조 한 조항에만 규정한 것이라고 생각된다.

문제의 하나는 저격총 또는 박격포로 일반시민을 공격한 죄는 ICTY 규정 제3조 위반의 민간인 공격죄만 성립하는가, 그렇지 않으면 공격은 일반시민을 공포에 빠뜨릴 목적으로 이루어진 것이기 때문에 ICTY 규정 제3조 위반의 '공포죄'도 성립하는가 하는 것이다. 또한 '공포죄'가 성립한다면 민간인 공격죄라는 일반적 범죄는 '공포죄'라는 특별죄에 흡수된다.

'공포죄'에 대하여 검토할 사항은 다음 2가지이다. 우선, 실제로 일반 시민을 공포에 빠뜨릴 목적으로 일반시민에 대해 약 2년(가리치가 VRS 사라예보·로마니야 사단의 사령관으로 있던 시기)에 걸쳐, 총·박격으로 공격했다고 할 수 있는가? 다음에 법률문제로서 과연 '공포죄'는 국제관습법으로서 개인의 형사책임을 물을 수 있는 죄로 확립되었는가, 환언하면 ICTY의 관할범죄인가?

1심의 다수의견은 공포를 확산시킬 목적으로 행한 민간인 살해행위라고 하는 '공포죄' 일반에 대해서가 아니라, 본 사건의 구체적 사건에 한정하여 上記 2가지 점을 검토하고, 이것을 긍정하였다. 그리고 후자, 즉 '공포죄'가 ICTY 관할범죄인가에 대해서는 이것을 긍정하는 이유로서 이하와 같이 기술하였다.

우선, 보스니아 분쟁의 당사자인 세르비아인 세력, 무슬림인 세력, 크로아티아인 세력의 3派는 1992년 5월 22일 공포죄를 금지한 제네바협약 제1추가의정서 제51조(2)를 준수하겠다는 취지에 합의했다는 점, 동조는 국제인도법의 강행법에 반하지 않을 뿐만 아니라 민간인 살상행위만으로도 중대한 국제인도법 위반이며 개인의 형사책임을 물을 수 있는 이상, 여기에 공포를 확산시킬 목적이 부가될 경우 한층 더 악질성이 증가하는 것은 명백하므로, 본 사건의 공포죄는 중대한 국제인도법 위반이라는 점에 의심의 여지가 없고, 개인의 형사책임을 물을 수 있으며, 개인의 형사책임을 추급한 사례가 과거에도 수차례 있다는 것을 들어 국제인도법 위반의 포괄조항인 ICTY 규정 제3조 위반죄에 해당한다고 하고 있다.

이러한 다수의견을 부연하면 다음과 같다.

우선, 제네바협약 제1추가의정서 제51조(2) 및 제네바협약 제2추가의정서

제13조는 민간인을 공포에 빠뜨리는 것을 주된 목적으로 하는 폭력행위 또는 폭력에 호소할 것이라는 협박을 금지하고 있다.

그런데 이들 조항은 심의과정에서 분명히 알 수 있듯이, 1977년 채택회의에 출석한 국가들은 당시의 국제관습법을 확인한 것으로 판단하고 있었다. 나아가 공포죄를 실제로 적용한 과거의 사례가 있다.

예를 들면, 크로아티아의 스프리트 지방재판소(county court)는 구유고 붕괴과정에서 발생되었던 일반시민을 공포에 빠뜨릴 목적으로 하류에 사는 3만명을 수몰시키기 위해 댐을 파괴한 사안에 대해 구유고 형법의 공포죄(제네바협약 제1추가의정서 제51조, 제네바협약 제2추가의정서 제13조를 시행하기 위한 국내법)를 적용하여 Raiko Radulovic을 유죄로 하였다.

또한 제2차 세계대전 후 네덜란드 동인도諸島 마샬에 설치된 군사법정(court martial sitting in Netherlands East Indies : N.E.I.)도 "거짓 소문을 퍼뜨렸다고 의심되는 자는 대량으로 체포되어 반복하여 장시간의 고문 또는 학대를 받았다. 일단 체포되면 전혀 범죄사실이 없어도 건강이나 생명의 안전이 보장되지 않았다. 그 때문에 대량체포는 일반시민을 공포에 빠뜨리는 효과가 있었고, 대량체포와 관련하여 행해진 고문이나 구금자에 대한 학대도 그 일부를 이루고 있었다." 고 하여 모토무라 시게키(本村茂樹)를 조직적 공포(systematic terror)를 이유로 유죄라며 사형에 처했다.

이 군사법정의 관할사건은 N.E.I. 규정으로 확정되어 있고, 그 제1조는 조직적 공포(systematic terror), 일반시민의 고문, 무차별 대량체포, 구속된 시민이나 죄수에 대한 학대를 관할한다고 되어 있다. 이 N.E.I. 규정은 새로운 것이 아니라, 제1차 세계대전 후에 설치된 '전범의 책임 및 처벌에 관한 위원회'가 "반항을 억압할 목적으로 모든 사람에게 공포를 퍼뜨리기 위해 여자·아동·상병자에 대해서도 예외없이 조직적 테러가 주의 깊게 계획되고 실행되었다" 고 인정하고, 시민에 대한 조직적 테러(일반시민을 공포에 빠뜨리는 폭력·협박행위. 공포죄와 동일)를 전쟁범죄로 한 것을 계승한 것에 지나지 않는다.

제2차 세계대전 이후의 뉴른베르그조례나 동경조례에 시민에 대한 조직적 테러가 명문으로 규정되지 않은 것은, 이것을 전쟁범죄로부터 제외한다는 취지가 아니라, 영국대표가 '일반시민에 대한 조직적 테러(systematic terrorism of civilians)' 를 제안한 것에 대해, 조직적 테러가 전쟁범죄에 포함된다는 사실은 이미 양해되었으므로 별도로 규정할 필요는 없다는 주장이 받아들여져 최종안이 되었기 때문이다.

그러나 제2차 세계대전 후에 채택된 1949년 제네바 제4협약 제33조는 적의 수중에 떨어진 보호대상자에 한하여 공포에 빠뜨리는 것을 명문으로 금지하고 있으며(No protected person may be punished for an offence he or she has not personally committed. Collective penalties and likewise all measures of intimidation or of terrorism are prohibited.), 모든 일반시민을 대상으로 공포에 빠뜨리는 행위를 명문으로 금지한 것은 제네바협약 제1추가의정서 제51조(2)가 최초이다.

그러나 上記의 역사적 경위에서 분명히 알 수 있듯이 제네바협약 제1추가의정서 제51조는 이미 국제관습법으로 되어 있던 것을 명문으로 규정했음에 지나지 않는다.

또한 공포죄는 시민에 대한 살해나 중상해를 초래하는 공격, 고의 및 공포에 빠뜨릴 목적이 그 구성요건이며 공포의 결과는 필요하지 않다. 따라서 공포의 결과와 행위간의 인과관계의 증명도 불필요하다. 공포는 극단적인 두려움의 감정이며, 목적은 직접 입증할 필요가 없으며, 공격의 성격 · 빈도 · 방법 등으로부터 추인되는 것이면 족하다.

소수의견은 다음과 같은 이유에서 공포죄의 성립을 부정하고 있다.

우선, 법률문제에 대해서는 ICTY가 관할하는 것은 1991년 당시 누가 보아도 의심의 여지없이 국제관습법으로 확립되어 있던 전쟁범죄만이며, 당사자의 합의를 근거로 하여 관할범죄를 확대할 수는 없는 바, 제네바협약 제1추가의정서 제51조의 내용인 공포죄를 적용하여 개인의 형사책임을 추급한 사례는 불과 수차례의 사례에 지나지 않아 아직 국제관습법으로 확립되어 있다고 할 수 없다.

또, 사실인정에 있어서도 보스니아군 지배지역의 인구 34만 명과 동지역의 병사 4.5만 명중 살해된 자는 일반시민이 1,399명, 병사를 포함하면 3,798명으로 일반시민의 비율이 높다고 할 수 없고 살해된 수는 병사가 많다. 게다가 기소된 23개월간에 살해된 사람은 1992년 1개월 평균 105명, 1993년 1개월 평균 63.5명, 1994년 1개월 평균 28.8명으로 해마다 대폭 감소하였다.

또한 세르비아인 세력은 인도적 원조의 배급을 가능하게 하기 위해 통칭 블루·루트라고 불리는 통행로의 개설에 동의하고, 공항의 점거를 임의로 방기하였다. 이러한 것을 종합적으로 고려하면 전 기소기간에 걸쳐 공포에 빠뜨리기 위한 작전이 실행되었다고는 할 수 없다.

사라예보 靑空市場 박격 사건에 관한 다음 문제는 과연 세르비아인 세력에 의한 것이라고 단정할 수 있는가 라는 사실인정이다. 이 문제는 사라예보 靑空市場 박격 사건 당시 사라예보를 내려다보는 이그만山은 공식적으로는 국제연합의 지배하에 있었지만, 세르비아인 세력이 완전히 점거하고 있던 것이 아니라 보스니아군도 일부를 점거하고 있어 보스니아군 기지에서 靑空市場의 공격도 지리적으로는 가능하였고, 국제연합 또는 외국의 군사개입을 유도할 목적으로 보스니아군이 자국 시민을 희생으로 삼은 소위 조작된 사건도 있었지 않은가? 라는 우려스러운 상황도 존재하고 있었기 때문에 더욱 심각한 문제였다.

이 점에 대해 1심의 다수의견은 박격포가 날아든 방향과 거리는 포탄 착지시의 스피드와 각도로 정해지며, 스피드와 각도는 지면에 생긴 포탄 흔적의 크기·깊이·형태, 박격포에 붙어있는 Tail-Fin(尾翼)이 지면을 향해 박혀있는 정도(깊이·각도)로 추측할 수밖에 없지만, 지역 및 국제연합 전문가들의 측정결과는 다소의 차이는 있지만 모두 거의 동일한 수치에 수렴하고 있어 이들로부터 계산한 발사기지는 세르비아인 세력의 기지 이외에는 있을 수 없다고 보았다.

이에 대해 소수의견은 사건 후 약 1시간 만에 지역전문가가 현장에 달려왔을 때는 손을 대지 않은 상황이었으나 그들은 낙하각도를 측정하지 않고, 포탄 흔적을 크게 만들면서 Tail-Fin(尾翼)을 뽑아내고 있었으므로 그 후의 측정이 거의 동일한 수치로 수렴했다고 해서 합리적 의구심을 품지 않을 정도로 박격포의 방향과 거리를 단정하는 것은 무리라고 보았다. 소수의견은 포탄 흔적의 깊이는 실제보다도 깊어졌을 가능성이 있고, 깊이가 3cm 차이나면 낙하각도가 같아도 착지위치는 800m나 차이가 나며, 낙하각도에 있어서도 55도 이하라면 발사 위치는 6,464m보다 멀어져 확실히 세르비아군 지배지역 내이고, 86도 이상이라면 1,168m보다 가까워져 확실하게 보스니아군 지배지역 내이지만 65~85도일 가능성을 부정할 수 없고, 매우 근소한 각도 차이가 커다란 거리 차이를 초래하므로, 발사 위치를 세르비아군 지배지역이라고 단정하는 것은 곤란하다. 나아가 소수의견은 다수의견이 인정하는 3,600m나 떨어진 발사 위치에서 靑空市場(41m X 23m의 목표)을 한발로 명중시키는 것은 매우 어려워 우연히 맞았을 가능성, 즉 다른 목표를 노렸으나 靑空市場에 떨어졌을 가능성도 부정할 수 없다고 주장했다.

제4절 인도에 반한 죄

1. 어떻게 탄생되었는가?

'인도에 반한 죄'라는 용어가 최초로 등장한 것은 터키의 소수민족 아르메니아인 학살에 대해 제출된 1915년 영국·프랑스·러시아 공동선언이었다. 제1차 세계대전 후에 설치된 '전범의 책임 및 처벌에 관한 위원회'에서도 국제법정이 소추해야 할 리스트 중에 인도에 반한 죄를 포함해야 한다는 점이 검토되었으나 실현되지 못하고, 결국 명확한 법률용어로 사용된 것은 뉘른베르그조례가 최초이다.

제2차 세계대전이 종료된 당시, 종래의 국제인도법 체계는 제네바제협약밖에 없었고 보호대상자를 한정하고 있었기 때문에 예를 들면, 피해자가 무국적이거나 범인과 동일한 국적이면 보호체계 외에 놓여버리는 난점이 있었다.

그래서 연합국은 국제인도법의 갭을 메울 필요가 있고, 그것이 국제법에 대한 공헌이라고 하여, 국제인도법 위반중에서도 중대한 위반을 행한자도 포함하기 위해 뉴른베르그조례에 인도에 반한 죄를 창설했다.

뉴른베르그조례도 죄형법정주의를 다소간 배려하여 인도에 반한 죄에 대해서는 "전쟁 전부터 전쟁 중에 걸쳐 행해졌다" 또는 "재판소가 관할하는 범죄(筆者注 : 평화에 대한 죄 및 전쟁범죄)를 저지를 때 혹은 저지르는 것과 관련하여 행해진 경우"라는 제한을 두었다.

인도에 반한 죄의 규정은 동경조례나 독일의 중·하위급 전범을 재판하기 위해서 제정된 관리이사회법률 10호에도 계승되어, 뉴른베르그재판이나 BC급 전범재판 등에서 적용되었다.

인도에 반한 죄가 이러한 형태로 입법되어 재판에 적용된 점에 대해서는 후술하는 평화에 대한 죄(침략전쟁을 개시한 죄)와 함께 죄형법정주의 관점에서 의문이 제기될 수밖에 없다. 그러나 인도에 반한 죄와 평화에 대한 죄의 죄형법정주의에 반하는 정도에 있어서는 커다란 차이가 있다. 즉, 상기한 대로 인도에 반한 죄는 제1차 세계대전 이후부터생각으로만 존재하고 있었을 뿐 정치역학상의 이유로 실제 국제적 합의에는 이르지 못했었음에 비해 평화에 대한 죄는 현재에 이르러도 개인의 형사책임을 물어야 할 침략의 정의가 규정되지 않았고, 생각의 합의에도 이르지 못했다.

인도에 반한 죄는 일찍이 1950년 ILC에 의해 뉴른베르그원칙으로 정식화되었고, 국제연합 총회에서 채택되어 많은 국가에 받아들여졌다. 따라서 ICTY 설립 당시인 1993년에는 이미 국제관습법으로 확립되어 있었다.

인도에 반한 죄에 대해 뉴른베르그조례는 "인도에 반한 죄란 즉, 전쟁 전부터 전쟁 중에 걸쳐 행해진 민간인에 대한 살인, 대량살인, 노예화, 추방 또는 기타 비인도적 행위 및 범죄지의 국내법 위반 여부를 불문하고 재판소가 관할하는 범죄를 행할 때 혹은 행하는 것과 관련하여 자행된 정치적, 인종적, 종교적 이유에 의한 박해" 라고 정의하고 있으며, 동경조례도 동일하다.

뉴른베르그원칙에서 정의된 인도에 반한 죄의 내용은 뉴른베르그조례에 있는, '전쟁 전부터 전쟁 중에 걸쳐 행해진' 이라는 구절이 없고, 평화시의 범죄도 포함된다는 점을 명확히 하고 있다는 점에서는 차이가 있지만, 기타에 있어서는 사소한 표현을 제외하고는 동일하다.

2. 인도에 반한 죄란 무엇인가?

인도에 반한 죄란 조직적 또는 대규모적인 공격의 일환으로 행해지는 민간인에 대한 국제인도법의 중대한 위반이다. 조직적 또는 대규모적인 공격의 일환으로서 행해진다는 점에 대해서는 ICTY에서는 판례로 확립되어 있고, ICC 규정에서는 명문으로 규정되어 있다. 피해자는 민간인이면 상관없고, 국제인도법이 보호대상으로 하고 있는 자일 필요는 없다. 그것은 종래의 법적 체계에서 보호대상자에서 제외되는 자를 보호하고자 했다는 사실의 당연한 귀결이다.

ICTY 규정은 제5조에서 인도에 반한 죄를 규정하고 있다. 동조에서 열거하고 있는 것은 살인, 대량살인, 노예화, 추방 등 뉴른베르그조례나 뉴렌베르그원칙에서 열거하고 있는 것에 부가하여 구금, 고문, 강간, 정치적·인종적·종교적 이유에 기초한 박해를 열거하고 있다. 열거외의 행위에 대해서는 기타 비인도적 행위라는 조항이 있어, 그 해석에 맡기고 있다.

인도에 반한 죄 중에서 설명이 필요한 것은 고문과 박해이다.

고문이란 '정보를 취득하고, 벌을 주고 또는 차별할 목적에서 육체적·정신적으로 고통을 가하는 행위'이다. 고문금지조약(Convention against Toyture. 이하 CaT)처럼, '공무원 또는 공적 입장에서 행동하는 자의 동의 또는 묵인 하에 행해질' 필요는 없다. 전쟁범죄로서의 고문과 CaT의 고문의 정의가 다른 것은 CaT는 평시의 고문이 정부기관에 의해 반체제파에 대해 행해지는 경우가 많다는 전제하에 정부기관에 의한 고문의 억제와 인권보장의 관점에서 고문을 정의하고 있는데 비해, 전쟁범죄로서의 고문은 인도적인 입장에서 피해자의 보호와 개인의 형사책임의 추급이라는 관점에서 고문을 정의하고 있기 때문이다.

박해란 '인종·종교·정치적인 이유에서 차별할 목적으로 국제관습법 또는 조약에 의해 기본적 인권으로 보장되는 권리를 침해하는 행위'이다. 예를 들면, 무슬림인이라는 이유로 가축수송차로 이송되거나 殘飯을 주는 등의 굴욕적 취급, 강제수용소에서의 폭행·상해·강간, 무슬림인 거주지역으로부터의 추방이나 모스크(mosque)의 파괴, 무슬림인 주거지의 파괴 등이 국제관습법상 권리침해에 해당하는 것은 틀림없을 것이다. 그러나 박해의 요건인 권리침해는 이것에 한정되지 않는다. 예를 들면, 구유고 분쟁시 무슬림인이라는 이유로 행해진 부당해고, 의료거부, 체크·포인트를 설정하여 실시하는 자유로운 왕래의 방해도 기본적 인권의 침해에 해당한다. 왜냐하면, 구유고 사회체제에서는 실직은 직장에서 제공하던 주거를 잃고 자녀를 교육시킬 기회를 박탈당하는 것을 의미하기 때문에, 당시의 극단적인 물자부족 와중에서는 실직은 삶 자체를 부정하는 것과 동일했기 때문이다. 또, 의료거부는 분쟁 중에 입은 상처의 치료를 거부당하면 생명의 위험이 있으며, 체크·포인트로 자유로운 왕래를 방해받는다는 사실은 앉아서 추방이나 약탈, 경우에 따라서는 살해를 기다리는 것과 동일했기 때문이다. 즉, 기본적

인권의 침해에 해당하는지 여부는 전체상황 속에서 침해의 종합적 효과를 판단하여 결정된다.

박해는 육체적·정신적인 고통의 제공을 수단으로 하는 경우도 있으나, 고문과 달리 그 고통은 높은 강도를 요하지 않는다.

ICC 규정은 제7조에서 인도에 반한 죄를 규정하고 있다. ICC 규정 제7조는 ICTY 규정 제5조가 열거하고 있는 것에 부가하여 강제매춘 등 여성에 대한 폭력범죄, 강제실종, 유색인종 차별정책(apartheid) 등을 열거하고 이것들이 인도에 반한 죄에 포함됨을 명확히 하고 있다. ICC 규정 제7조에도 기타 비인도적 행위라는 조항은 존재하지만, 해석의 여지를 가능한 한 좁히고 있다.

3. 다른 범죄와의 차이

인도에 반한 죄의 대량살인은 조직적 또는 대규모적인 공격의 일환으로서 행해졌다는 점에서 제네바협약의 중대한 위반의 하나인 살인과 다르며, 집단의 전부 또는 일부를 말살할 목적이 필요하지 않다는 점에서 제노사이드죄와 다르다. 또한 인도에 반한 죄 중의 살인과 대량살인은 어느 쪽이든 조직적 또는 대규모적인 공격의 일환으로서 행해졌다는 점에서는 동일하지만 피해자의 수가 다르다. 이러한 구분은 수치로 나타내기는 어렵지만, 1991년 이전에 대량살인이라고 인정된 사례에서 피해자 수는 733명이 최소였다.

국제관습법으로서의 인도에 반한 죄는 뉴른베르그원칙에서도 명확히 알 수 있듯이 평시에도 적용된다. 그러나 ICTY 규정 제5조는 국제관습법보다 좁고, 국제적 무력분쟁이든 비국제적 부력분쟁이든 상관없으나 분쟁의 존재를 요건으로 하고 있다. 이에 반해 ICC 규정 제7조는 국제관습법대로 평시의 범죄도 포함하고 있다. 그래서 평시의 개인에 의한 고립된 범죄를 제외하기 위해 上記한 대로 조직적 또는 대규모적인 공격의 일환으로 행해지는 점을 명문에서 요건으로 하고 있다.

제5절 제노사이드죄

1. 어떻게 탄생되었는가?

제노사이드죄는 인도에 반한 죄의 일종이지만, 그중에서도 특히 극악한 범죄이기 때문에 1948년 제노사이드금지조약이 별도로 제정되어 별도의 罪名과 구성요건을 얻기에 이른 것으로, 동 조약이 ICTY 규정 및 ICC 규정의 제노사이드죄의 기원이다. 다만, ICTY 규정 제4조의 제노사이드죄는 동 조약 제2조와 제3조를 그대로 차용한 것인데 반해, ICC 규정 제6조의 제노사이드죄는 각론 규정의 구성요건을 정하고 있는 동 조약 제2조에는 따르고 있지만, 총론 규정이 있는 미수처벌 등을 규정하고 있는 동 조약 제3조에 대해서는 동 조약을 그대로 차용하지 않고, 다른 범죄와 마찬가지로 일반적인 총론규정에 따르기로 하고 있으므로 약간의 차이가 있다.

ICTY 규정과 ICC 규정의 총론규정의 차이는 다음와 같다.

ICTY 규정의 경우 未遂는 제노사이드의 죄를 제외하고 처벌받지 않으며, 旣遂에 도달하는 것이 필요하다. 이에 반해 ICC 규정의 경우는 미수도 기수와 동일하게 처벌한다.

從犯(complicity in genocide. 종범이란 물질적 방조 aiding, 정신적 방조 abetting, 敎唆 instigating를 의미)은 ICTY 규정에서도 ICC 규정에서도 독립죄로서는 처벌하지 않고, 本犯의 성립이 필요하다. 그러나 ICTY 규정에서는 본범의 제노사이드의 죄는 기수여야만 한다고 해석하고 있는데 반해 ICC 규정에서는 본범의 제노사이드죄는 未遂라도 상관없다. 그러한 차이는 ICC규정에서는 일반적으로 종범의 처벌에는 본범이 기수임을 필요로 하지 않고, 미수라도 상관없다는 점에서 비롯된 것이다.

또한 ICTY 규정에서는 제노사이드죄의 공모와 직접적인 공공연한 선동이 독립죄로 처벌받는데 반해, ICC 규정에서는 독립죄로 처벌받는 것은 직접적인 공공연한 선동뿐이며 공모는 처벌받지 않는다.

제노사이드죄에 대해서는 나치스에 의한 유대인 말살을 교훈으로 제노사이드금지조약이 제정되어 제2차 세계대전 직후 국제관습법이 된 점에 대해 이론은 없을 것이다. 국제사법재판소(ICJ)도 제노사이드금지조약의 유보에 관한 권고적 의견(Advisory Opinion)에서 동 조약이 국제관습법의 일부가 되었다는 것을 확인하였다.

2. 제노사이드죄란 무엇인가?

제노사이드죄(crime of genocide)란 국민·민족·인종·종교적인 집단(national, ethnical, racial or religious group)의 전부 또는 일부를 말살하는 죄이다.

그런데 제노사이드죄의 성격을 이해하는데 참고가 되는 것이 국제연합 총회 결의 96(Ⅰ)이다. 그것은 제노사이드를 "살인이 개인의 살 권리를 부정하는 것처럼, 제노사이드는 인간집단 전체의 존재할 권리의 부정이다"라고 정의하고 있다.

범죄의 대상이 되는 것은 국민·민족·인종·종교적인 의미이며, 사회통념상 별개의 집단이라고 인식되고 있는 것이다. 국민·민족·인종·종교라고 하는 지표는 개별적인 것이 아니라, 이들 지표를 종합적으로 적용하여 별개의 집단으로 인정하면 상관없다. 예를 들면, 독일의 유대인처럼 제2차 세계대전 이전의 국가에 존재한 소수민족과 동종의 집단을 염두에 두고 있다.

제노사이드죄는 이러한 집단의 전부 또는 일부에 대하여 행해져야 한다.

여기서 말하는 전부란 소수민족이 지구상에 흩어져있을 때, 반드시 그 모두를 가리키는 것은 아니다. 세계적인 전면전쟁인가 비국적 무력분쟁인가에 따라 전부로 파악할 수 있는 집단의 범위는 다르다.

예를 들면, 보스니아 분쟁의 경우 집단의 전부로 파악되어 있었던 것은, 분쟁 전에 보스니아에 거주하던 무슬림인이나 크로아티아인의 집단이고, 보스니아의 경계를 초월한 모든 무슬림인이나 크로아티아인 집단이 아니다. 왜냐하면 보스니아의 무슬림인, 보스니아의 크로아티아인은 한 지역의 거주자라는 의미에서 객관적으로 합쳐진 전체를 구성하고 있다는 것이 인정되고, 가해자인 세르비아인세력도 피해자인 무슬림인도 보스니아 국외의 동포와는 구별하여 스스로를 별개 집단으로 인식하고 있었기 때문이다. 보스니아 출신의 무슬림인 중에서도 이미 외국에 영주하고 있는 자도 있고, 마찬가지로 크로아티아인이라도 크로아티아 공화국의 국민으로 보스니아의 크로아티아인이 아닌 자도 있지만, 이들은 보스니아 분쟁에 있어서의 제노사이드가 대상으로 한 집단의 전부에는 속하지 않는다.

제노사이드죄는 집단의 일부를 대상으로 행해지는 경우도 있다. 일부를 대상으로 제노사이드가 행해지는 경우 여기서 말하는 일부에 해당되기 위해서는 전부에 대하여 중요한 부분이어야 한다. 이 점은 국제관습법으로서의 제노사이드의 근본이 된 제노사이드 금지조약의 기초자가 "제노사이드죄는 집단에 대한 범죄이다. 따라서 집단의 일부에 대해 행해질 때는 전체에 영향을 미칠만한 중대한 것이어야 한다. 제노사이드죄는 대규모적인 범죄에만 적용 된다"고 반복하여 명확히 하고 있는 바이다.

전부에 대하여 중요한 부분인지 아닌지를 결정하는 가장 중요한 요소는 대상자의 절대 수와 전부에 대한 비율이다. 그러나 그 뿐만 아니라 대상자가 지도자나 지식인일 경우라든가, 국제연합이 안전지대로 지정한 장소의 주민이 대상이 된 상징적 의미가 있을 경우 등 집단 전부에 미치는 영향을 종합적으로 판단하여 결정하여야 한다.

제노사이드죄는 목적범이며, 집단의 전부 또는 일부를 말살할 목적(special intent)으로 행해져야 한다. 이 목적이 없으면 인도에 반한 죄의 대량살인(extermination)에 지나지 않는다. 또한 말살하는 목적(special intent)은 생물적으로 말살하는 것이지 언어·종교라는 문화를 소멸시키려는 목적은 포함되지 않는다.

그런데 언어·종교라는 문화를 소멸시킬 목적의 행위도 문화적 제노사이드로, 제노사이드죄에 포함해야 마땅하다는 의견도 있다. 문화적 제노사이드죄라는 것은 표현상의 이미지로는 알기 쉽다. 그러나 제노사이드죄가 인도에 반한 죄와 다른 구성요건을 얻기에 이른 것은, 범죄중의 범죄로서의 제노사이드죄의 극악성 때문이지만, 그 대상을 확대하는 것은 극악성을 희석시켜 제노사이드죄도 보통범죄의 하나로 빠뜨릴 위험이 있다.

즉, 언어·종교라는 문화를 소멸시킬 목적의 행위도 악질임에는 틀림없으나, 생물적으로 말살하는 목적은 생존 그 자체의 부정으로 보다 악질적인 것이다. 예를 들면, 구유고 분쟁시에 민족적으로 깨끗한 토지를 확보하기 위해 타민족의 추방이 행해졌으나, 추방된 민족이 다시 되돌아오는 일이 없도록 종교·문화시설을 파괴하여 민족의 흔적을 없애버리는 일이 벌어졌다. 이것은 추방을 완벽하게 하기 위한 행위이며, 종교·문화시설의 파괴를 전쟁법규 및 관례를 위반한 죄로 평가하면 충분하다. 종교·문화시설의 파괴를 문화적인 제노사이드로 하는 것은 추방을 보완하게 하기 위한 행위를 과대평가하게 된다.

제노사이드죄의 수단은 살인, 정신적·육체적인 중상해, 신체적 파괴를 초래하는 상황에 두는 행위, 출생방지 및 아동의 강제이송 등이다.

3. ICTR 및 ICTY의 판례

(1) 강간을 제노사이드의 수단으로 인정한 아카이에스 사건

(ㄱ) 르완다 분쟁의 배경

르완다는 1959년 농경정주민족인 후투族이 목축민족인 투치族 출신의 국왕을 축출시키고 벨기에로부터 독립하였다. 후투족과 투치족의 민족대립은 투치족을 우대하는 식민지정책으로 거슬러 올라가는데 독립 전후 즉, 1956년부터 1965년까지 약 10년 동안 많은 민족분쟁이 일어나 10만 5,000명 이상이 살해되었다.

그런데 1973년 군사쿠데타로 정권을 잡은 후투족 하바리마나 대통령은 극단적인 민족주의를 내걸고 식민지 시대의 부정적 유산은 모두 투치족에게 책임이 있다고 하며, 이권을 일부의 자들에게만 집중시키는 등 과격한 일당독재 정치를 행했다. 하바리마나 정권은 극단적인 정치에 대한 불만으로 반란이 일어날 가능성을 예상하고 예전부터 그러한 사태에 대한 진압계획을 갖추고 있었다.

1988년 인접국인 브룬디에서 투치족이 후투족을 학살하자, 약 2만명의 후투족 피난민이 르완다로 흘러들어 왔다. 다른 한편, 종전의 민족분쟁에서 국외로 피신한 투치족은 르완다 애국전선(Rwandan Patriotic Front : RPF)을 조직하여 민주화 요구와 난민의 귀환을 내걸고 하바리마나에게 반대하며, 1990년 우간다에서 르완다로 침공해왔다. 그러한 상황 속에서 하바리마나派와 RPF의 대립이 증폭되고 있었다.

(ㄴ) 무슨 일이 일어났는가?

1994년 4월 6일 키갈리 공항에서 하바리마나 르완다 대통령이 비행기 사고로 사망한 사건을 계기로 르완다군 및 민병(Interahamwe)은 온건파 후투족의 고관 및 RPF를 지지하는 투치족을 살해하는 등 르완다 민족분쟁이 확대되어 갔다. 약 4개월의 민족분쟁 중 100만 명이 살해되었고, 200만 명의 난만이 발생하여 주로 콩고 민주공화국으로 흘러들어 갔다.

아카이에스는 1993년 4월부터 1994년 6월까지 타바市의 시장으로 근무하고 있었다. 르완다에서 시장은 내무장관의 추천을 받아 대통령이 임명하는데, 시 경찰 및 헌병을 지휘명령 하에 두는 실력자이다. 민족분쟁이 시작되자, 4월 7일에는 살육을 피해 수백 명의 투치족이 시청사 등으로 피신했으나 투치족이라는 이유로 무기를 휴대한 민병들로부터 "죽이겠다!"는 협박을 당했으며, 여성은 대중들 앞에서 입고 있던 옷이 벗겨지고 강제로 문화센터 · 숲 · 도로 등으로 끌려가 조직적으로 윤간을 당했다.

아카이에스는 강간 피해자들이 눈앞에서 끌려가는데도 범행자들에게 "끌고 가!"라든가 "투치족 여성이 어떤 맛인지 내게 묻지 말라" 등의 폭언을 일삼으며 범행을 암암리에 묵인하고 강간을 유발 · 장려했다. 자신이 강간이나 살해의 범행현장에 있었던 적도 있었다. 그는 피해 여성들이 강간으로 정신적, 육체적으로 약해지자 막대기로 찌르고 살해했다.

아카이에스는 4월 19일 RPF와 관계있다는 이유로 투치족 학교의 교사를 살해한 범인이 그의 휘하로 도망쳐오자 그를 방면하여 집회를 열고 살해를 용인하면서, 약 100명의 참가자에게 "우리들의 유일한 적을 말살하기 위해 단결하자"고 호소하는 등 투치족 살해를 직접 또한 공공연하게 부추겼다. 이 집회 직후부터 대량살해가 시작되었다. 1994년 4월부터 6월까지 타바市에서는 투치족 신생아를 포함한 2,000명이 공공연하게 살해되었다.

ⓒ 강간은 제노사이드의 수단인가?

판결은 이 점에 대해 강간 및 성적 폭력은 투치족 여성에게만 행해
졌다는 점, 투치족 말살의 의도로 행해진 행위전체의 일환으로서 조직
적으로 이루어졌다는 점, 강간은 살해의 의도로 이루어졌다는 점, 실제
로 강간 후 사망한 피해자도 있다는 점 등을 이유로 강간 및 성적 폭력
이 살해나 고문 등과 마찬가지로 제노사이드의 실행행위라는 점을 인
정했다 .

(2) 스레브레니차 무슬림人 대학살사건

㉠ 배경(무슬림인 대학살사건 이전의 스레브레니차)

1991년의 스레브레니차 인구는 약 4만 명으로 무슬림인이 약 73%,
세르비아인이 약 25%였다. 1992년 봄 보스니아 분쟁이 개시되자 스레
브레니차에서도 세르비아인 세력과 무슬림인 세력의 대립항쟁이 시작
되었고, 처음에는 세르비아인 민병들이 무슬림인을 살해 또는 추방하
여 우세였으나 1992년 5월에 세르비아인 지도자가 암살된 것을 계기로
형세는 역전되어 무슬림인 세력이 스레브레니차를 지배하에 두고 스레
브레니차를 거점으로 하여 주변의 세르비아인 마을을 습격하여 방화·
약탈·살해·고문 등의 잔학행위를 반복했다. 그러나 1993년 3월 세르
비아인 세력이 반격에 성공하여 스레브레니차를 포위하고, 동년 4월 13
일 스르프스카 공화국에 스레브레니차를 편입하기 위해 무슬림 주민의
퇴거를 요구하는 최후통첩을 발표했다.

UNHCR은 최후통첩이 있기 전 '죽음인가 퇴거인가'라는 선택 밖에 남
겨져 있지 않은 상황에서 8,000~9,000명의 주민을 트럭으로 스레브레
니차 외곽으로 이송했다. 그 이후 외곽으로 나가는 트럭은 완전히 차단
되었고, 학살사건이 일어나기전의 스레브레니차는 주변에서 유입된 무

슬림인으로 넘쳐났다. 물도 전기도 없이 위생 상태는 극도로 악화되었으며 식량도 부족한 상태였다.

국제연합은 세르비안인 세력의 공세로부터 무슬림인을 보호하기 위해 동월 16일 "스레브레니차 및 주변을 안전지대로 하고, 모든 공격 및 적대행위를 금지 한다"는 안전보장이사회(SC) 결의 819를 채택하고, 동년 5월 6일에는 스레브레니차 외에 고라쥬데, 제파, 쯔주라, 사라예보, 비하치 등에도 안전지대를 확대하는 SC 결의 824를 채택했다. 그러나 안전지대의 안전을 보장하는 실효적인 조치는 거의 없었다. 실효적으로 안전지대를 지키기 위해서는 UNPROFOR의 권한과 인원을 대폭 확대해야 했으나 1993년 6월 4일 SC 결의 836에서 인정된 것은 미약한 권한과 소수의 인원 확대밖에 없어, 안전지대의 실효적 방위라고 하기보다는 외교적 조치라고 하는 편이 적당한 수준이었다. 그 때문에 안전지대는 이름뿐이었고, 나쁘게 보면 집중공격의 대상이 될 우려가 있었다. 그것이 현실화된 것이 스레브레니차 학살사건이다.

㈔ 스레브레니차의 전략적 중요성

스레브레니차는 세르비아인 거주 지역으로 둘러싸인 본토와는 단절된 무슬림인 지역으로 세르비안인 세력과 무슬림인 세력의 쌍방의 입장에서 매우 중요했다. 즉, 세르비아인 세력의 입장에서는 스레브레니차를 손에 넣지 않으면 스르프스카 공화국은 2개로 분단되어 세르비아 본국에의 접근도 차단된다. 다른 한편, 무슬림인 세력도 스레브레니차를 잃는다는 것은 주변에서 도망쳐온 무슬림인을 포함하여 지역전체의 무슬림인의 생존노력을 수포로 되돌리는 것이었다. 또한 스레브레니차는 국제연합 안전보장이사회가 설치한 안전지대였으며, 유엔보스니아 평화유지군(UNPROFOR)의 사령관은 "무슬림인의 안전을 보장한다."라는 취지를 반복적으로 약속하고, 세계인의 이목을 집중시키고 있었다. 가령 스레브레니차가 함락되고 무슬림인의 민족정화가 이루어진다면 그것은 국제연합의 보호는 세르비아인 세력의 공격에 대해 무력하다는 것을 의미하고, 나아가서는 보스니아의 무슬림인 전체가 피해를 입을 잠재적 가능성을 드러내 보이는 것이어서, 무슬림인 전체의 운명을 좌우하는 상징으로 판단하고 있었다.

(ㄷ) 사건의 경위

1995년 1월까지의 스레브레니차의 상황은 비교적 안정되어 있었다. 그러나 세르비아인 세력은 인도적 원조로 사태가 교착상태에 빠지자, 동년 3월 세르비아군(VRS) 총사령관 카라지치는 "스레브레니차와 제파 주민에게 그곳에서 살아남는 것은 불가능하다는 것을 깨닫게 하도록 극도로 불안정하고 견디기 어려운 상황을 만들라"고 명령했다. 이 명령을 받은 VRS 사령관 무라지치는 "스르프스카 공화국의 영토를 어떠한 경우에도 지킬 것, 특히 사라예보의 포위를 절대 해제하지 말 것 그리고 이를 위해 스레브레니차, 제파 및 고라쥬데 등의 안전지대에서의 전투에서 승리할 것"을 명령했다.

(ㄹ) 무슨 일이 일어났는가?

1995년 7월 6일 경, 스르프스카 공화국 군대는 스레브레니차를 공격했다. 공격을 받은 스레브레니차의 무슬림인은 공황상태에 빠져 2그룹으로 나뉜 채 탈출했다. 하나는 주로 여자, 아동 및 노인 등의 그룹으로 스레브레니차의 네덜란드 보병부대(통칭 Dutch bat)가 수비하는 국제연합 시설내로 도망쳤다. 다른 하나는 주로 16~60세의 징병연령의 남자 그룹으로 스레브레니차 인근 마을에 집결하여 숲을 통해 스레브레니차의 북쪽에 있는 안전지대인 쯔드라로 향해 도망쳤다. 그 수는 총 1만

5,000명이었으며 그중의 1/3은 군인이고 2/3는 민간인이었다.

동월 11일 피고인 크르스티치와 무라지치 등이 스레브레니차에 입성했을 때 소수의 무슬림인 남자밖에 남아있지 않았다. 이것을 몰랐던 무라지치는 "난민의 탈출을 감시한다. 16~60세의 남자는 전범용의의 가능성이 있으므로 검사 하겠다"고 발표했다. 이리하여 남자는 나뉘어 구금되고, 여자·아동·노인은 트럭이나 버스로 추방시켰다. 무슬림인이 지니고 온 화물은 태우고, 가옥은 불 질렀으며, 살인·강간으로 공포가 확산되고 난민중에 자살자도 생겨났다.

다른 한편, 쯔드라를 향해 숲속을 걷고 있던 남자들 일행은 도중에 은닉해 기다리던 세르비아인 세력과 전투를 벌여 7,000~8,000명의 무슬림인이 체포 또는 항복했다.

이렇게 하여 전범용의의 명목으로 구금되거나 쯔드라로 향하는 도중에 체포된 무슬림인은 크르스티치 및 무라지치 지휘하의 군대에 의해 학교, 농장 및 도로 등에 집결되어 합계 약 7,500명이 즉결처형 또는 생매장되는 등 집단 살해되었다. 그것은 제2차 세계대전 이후 유럽에서 일어난 가장 혐오스럽고 대규모적인 학살사건으로 어린 아동이 모친의 면전에서 살해되거나 조부가 죽은 손자의 간을 먹도록 강요받기도 하는 생지옥 그 자체였다.

⑴ 제노사이드죄는 성립되는가?

본건에서 제노사이드죄의 대상인 전체란 세계의 이슬람교도 전원이 아니라 보스니아의 무슬림인이며, 그것이 여타와 구별된 민족에 해당한다는 점에 대해서는 다툼의 여지가 없다.

따라서 제노사이드죄가 성립하는지 여부의 논점은 ①제노사이드죄는 집단의 전체 또는 중요한 일부를 표적으로 이루어지지 않으면 안 되는바, 본건의 표적이 된 것은 스레브레니차의 무슬림인 전부이든 그렇지 않으면 그 중의 일부인 징병연령의 남자만이든 어떤 경우든지 보스니아의 무슬림인 전체에서 보면 소수이지만, 그것이 전체의 중요한 일부라고 할 수 있는가와 ②제노사이드의 목적(special intent)이 있었는가 하는 것이다.

변호인은 ①에 대해서는 "살해된 것은 스레브레니차의 무슬림인 중 징병연령의 남자뿐이며 징병연령의 남자도 그 일부는 교섭이 행해진 후 무슬림인 지배지역으로 도망칠 수 있었다"면서, "살해의 표적이 된 것은 스레브레니차의 무슬림인의 일부인 징병연령의 남자이고, 그것은 보스니아의 무슬림인 전체의 입장에서 중요한 일부가 아니다"라고 주장했다. 또한 ②에 대해서는 "스르프스카 공화국의 영토에서 민족청소의 일환으로 무슬림인을 조상 대대로 살던 장소에서 추방하여 이주시킬 목적이 있었던 것에 지나지 않는다. 징병연령의 남자를 살해한 것은 그들을 추방하면 적군이 되어 공격에 가담할 가능성이 있어 그 위험을 배제하기 위함이었다. 스레브레니차의 무슬림인 전부를 살해할 수도 있었지만, 여자·아동·노인은 추방되어 살아남았다. 그것은 제노사이드의 목적이 없었다는 증거이다"라고 주장하였다.

控訴審 판결은 다음을 명확하게 하였다.

제노사이드죄의 대상이 되는 일부란 전체의 중요한 부분을 의미한다. 중요한 부분인지 여부의 지표로서 문자 그대로 수가 많다는 것은 중요한 점이기는 하지만, 그것만으로 정해지는 것이 아니라 전체에 대한 비율, 일부가 전체의 생존에 지니는 중요성·상징성에 의해 결정된다.

본건에서의 표적은 스레브레니차의 무슬림인 전부였다. 왜냐하면, 대열을 형성해 쯔드라로 도망친 남자들의 일부는 무슬림인 지배지역으로 도주해 살았으나, 그것은 세르비아인 세력이 이것을 허용했기 때문이 아니라 당시 세르비아인 세력은 다른 장소에서 작전에 종사하고 있어 무슬림인 남자들이 그 지배지역으로 도주하는 것을 막을 수 없었기 때문이며, 체포된 남자들은 전부 처형되었다. 또한 살해시에는 군인과 민간인의 구별이 없었고, 살해된 자에는 중증의 장애자, 아동, 노인도 포함되어 있으며, 단순히 무슬림인이라는 이유만으로 살해되었기 때문이다.

그런데 스레브레니차의 무슬림인은 1995년 당시 약 4만 명으로 절대수에서 많다고는 할 수 없고, 당시의 보스니아의 무슬림인 전체 약 140만 명에 대한 비율도 약 2.9%에 지나지 않았다. 그러나 스레브레니차를 함락시키면 세르비아인 세력의 억압지역이 하나로 연결되고, 세르비아 본국으로도 접근이 가능해진다는 전략적 중요성 및 국제연합 안전보장이사회는 스레브레니차의 무슬림인에 대하여 "어떠한 공격으로부터도 자유롭다"고 보장하였고 UNPROFOR도 동일한 보장을 반복적으로 표명하고 있었음에도 불구하고 스레브레니차가 공격받는다는 사실은 기타지역을 포함한 보스니아의 무슬림인 전체가 동일한 위기에 처해있다는 점을 나타내는 상징적 의미가 있고, 이것들을 종합적으로 고려하면 전체에 대해 중요한 부분이라고 할 수 있다는 주장이다.

그리고 "징병연령의 남자는 포로교환의 수단으로 사용이 가능했지만 살해되었고, 그 수는 약 7,500명으로 스레브레니차 인구 4만 명의 5분의 1이나 된다. 무슬림인 사회는 이들 피해를 당한 남자들을 행방불명자로 등록하였기 때문에 여자는 재혼할 수 없었고, 스레브레니차의 무슬림인 집단의 장기적인 생물적 생존에 막대한 영향을 끼친 것은 확실하다. 여자 · 아동 · 노인이 살해되지 않았던 것은 국제여론을 의식하여 비판을 완화시키기 위함이며, 그들도 스레브레니차에 머무는 것이 허용되지 않고 추방된 것은 스레브레니차의 무슬림인 집단의 생물적 생존에 대한 장기적 영향을 확고하게 하기 위한 것으로 해석되며, 범행에 가담한 세르비아인 세력도 이 점을 알고 있었다."고 제노사이드의 목적 (special intent)을 인정하고 있다.

(ㅂ) 방조범에게도 제노사이드의 목적은 필요한가?

라디슬라프 크르스티치는 본 사건 당시 도리나軍 부사령관 또는 사령관의 지위에 있었다. 크르스티치는 군 간부회의에서 무슬림인 처형에 대한 조력을 요청받고, 도리나軍 없이는 본 사건 실행을 위한 충분한 장비가 없음을 알고, "무엇이 가능할 지 해봅시다."라며, 실제로 제노사이드를 집행한 경찰 등에게 지휘부대의 병기와 병사를 제공했다.

크르스티치는 무라지치나 군 간부회의와 상시 접촉을 갖고, 그들이 제노사이드의 목적을 가지고 있음을 확실히 알고 있었으며, 군 간부회의 요청에 주저하면서도 따랐음이 인정된다. 그러나 크르스티치가 그들과 제노사이드의 목적을 공유하고 있었다는 증거는 없으므로 공범은 성립되지 않지만 방조범은 성립한다.

그런데 제노사이드의 방조죄에는 ICTY 규정 제4조 각 항이 적용되며, 본 사건에서는 규정 제4조 (3)(e)의 종범(complicity)이라고도 판단될 수 있지만, 제7조(1)의 방조(aiding and abetting)라고 보아야 한다. 왜냐하면 제7조(1)은 제2조~제5조의 모든 조항과 관련 있는 총론규정으로 aiding and abetting은 complicity에 포함되기는 하지만 보다 좁은 개념으로 보아야 하기 때문이다.

일반론으로서 방조범(iding and abetting)은 주범의 고의·목적을 알고 있을 필요는 있지만 주범의 고의·목적을 공유할 필요는 없고, ICTY의 판례에 따르면 그것은 제노사이드의 방조죄에 정확히 해당된다.

(3) 브루다닝 사건

크르스티치 사건과 마찬가지인 브루다닝 사건에서는 제노사이드의 목적(special intent)이 인정되지 않았다.

브루다닝사건에서는 "보스니아 북서부의 합계 13개 도시에서 민족정화가 행해져, 표적이 된 무슬림인 총 23만 명과 크로아티아인 약 6만 명은 어느 쪽이나 절대 다수였고, 또한 사건 당시인 1992년의 보스니아 전체 무슬림인 약 216만 명과 크로아티아인 약 79만 명에 대한 비율도 각각 약 10.8% 및 7.9%로 상당했으므로, 기타의 점을 고려할 필요도 없이 집단 전체에 대하여 중요한 부분에 해당한다."고 하면서도, 다음과 같은 이유로 제노사이드의 목적(special intent)을 부정하고 있다.

또한 무슬림인과 크로아티아인이라고 하는 것처럼 복수의 소수민족을 대상으로 하고 있을 때는, 전체에 대한 중요한 부분인가는 각각의 민족마다 별도로 정해진다고 보고 있다.

제노사이드의 목적을 부정한 이유는 ①살인이나 신체적 파괴를 초래하는 상황에 놓인 증거로 확정할 수 있는 수는 각각 1,676명과 1만 3,924명으로 이를 합해도 추방된 자의 5.3%로 소수라는 점, ②세르비아인 세력이 기세를 높여 보스니아 북서부 13개 도시를 완전하게 제압하고, 전부를 살해하려고 의도하면 실행할 수 있는 상황이었던 1992년 여름 이후에도 전부 살해하지 않고 많은 무슬림인이나 크로아티아인을 추방하는데 그쳤다는 점, ③살인이나 신체적 파괴를 초래하는 행위는 징병연령의 남자를 대상으로 하고 있어, 이들을 추방하면 적군이 되어 자신들을 공격할 위험을 배제할 목적에서 행해졌다는 해석도 가능하여 제노사이드 목적을 인정하는 것이 유일한 합리적 추론은 아니라는 점 등이었다.

또한 브루다닝 사건에서는 제노사이드의 성립을 부정했지만 살해된 1,676명에 대해서는 ICTY 규정 제2조의 제네바협약의 중대한 위반의 하나인 살해(wilful killing) 및 ICTY 규정 제5조의 인도에 반한 죄의 하나인 대량살인(extermanation)과 박해(persecution)가 성립하고, 신체적 파괴를 초래하는 상황에 놓인 자 13,924명에 대해서는 ICTY 규정 제3조의 전쟁법규 및 관례를 위반한 죄의 하나인 1949년 제네바협약 공통3조의 '굴욕

적 취급 죄'(humiliating and degrading treatment) 및 ICTY 규정 제5조의
인도에 반한 죄의 하나인 박해(persecution)가 성립한다고 주장하였다.

브루다닝 사건과 크르스티치 사건의 결론이 다른 주된 이유는 대다
수의 자가 추방되는데 그쳤다는 사실의 의미를 어떻게 이해했는가에
따른 것이었다.

그러나 크르스티치 사건의 Appeal Chamber도 제노사이드의 목적을
인정한 Trial Chamber의 판결이 합리적 추론에서 벗어나 있는지 여부를
심리하고, 그러한 결론도 가능하다고 하고 있는데 지나지 않는다. 크르
스티치 공소심 판결이 제노사이드죄의 성립을 인정한 점에 관해서는
비판도 있다.

그러한 비판의 주된 논점은 범죄중의 범죄인 제노사이드죄를 다른
범죄와 거의 동등한 정도로 격하시켰다는 것이다. 상징성 등을 참작하
여 전체에 대한 중요성 여부를 판단하는 종합적 판단은 제노사이드죄
를 규모가 큰 범죄에 한정하려고 한 본래의 의미를 잃게 하고, 대다수
의 자를 추방되는데 그쳤다는 점의 의미를 무슬림인 집단의 장기적인
생물적 생존에 큰 영향을 미치기 위한 것이라고 단정하는 것은 유일한
합리적 추론이 아니라는 것이다.

제6절 전쟁범죄의 罪數關係

ICTY 규정에서 범죄의 구성요건을 정하고 있는 제2조~제5조를 일별
하면, 제2조(a)에는 살해(wilful killing), 제5조(a)에도 살인(murder)이 있
어 양자는 어떠한 관계인가 하는 의문이 생긴다. 그것은 제2조(b)의 고
문(torture)과 제5조(f)의 고문(torture), 제2조(g)의 추방(deportation)과 제5
조(d)의 추방(deportation) 등에 관해서도 마찬가지이다.

우선, 동일한 범죄가 예를 들면, 살해(wilful killing)와 살인(murder)이라는 별도의 용어로 규정되어 있거나 동일한 범죄가 반복하여 규정되어 있는 것은, ①ICTY 규정 제2조와 제3조는 1949년의 제네바협약과 헤이그 육전법규라는 별개의 조약을 기원으로 하고 있다는 점, ②1949년의 제네바협약과 헤이그 육전법규는 국제인도법과 전쟁의 rule을 매우 엄격하게 구별하고 있는 것이 아니라 애초부터 일부 중첩되어 있는 점, ③ ICTY 규정 제5조의 인도에 반한 죄는 이들 조약에서 결여된 부분을 보충하기 위해서 일부를 중첩적으로 입법했었다는 사실에 기초하고 있다.

동일한 범죄의 죄수관계에 대해 우선 고려할 점은 ICTY 규정 제2조 ~제5조를 적용하는 전제조건(chapeau element)이 다르다는 점이다. 즉, ICTY 규정 제2조를 적용하는 전제조건은 ①범죄가 국제분쟁과 밀접한 관련(closely related)을 지니고 있다는 점, ②범죄의 대상이 1949년 제네바협약에서 보호대상이 되는 人 또는 物이라는 점이다. ICTY 규정 제3조를 적용하는 전제조건은 국제적 무력분쟁인지 비국제적 무력분쟁인지는 불문하지만, 범죄가 분쟁과 밀접한 관련(closely related)을 지니고 있다는 점이다. ICTY 규정 제5조를 적용하는 전제조건은 ①국제적 무력분쟁인지 비국제적 무력분쟁인지는 불문하지만, 분쟁중의 범죄(in armed conflict)라는 점, ②범죄가 대규모 또는 조직적인 공격의 일환이라는 점, ③민간인에게 대한 범행이라는 점이다.

이것으로부터 알 수 잇듯이 ICTY 규정 제2조의 전제조건은 ICTY 규정 제3조의 전제조건보다 협소하고 특수한 경우이기 때문에, ICTY 규정 제2조와 ICTY 규정 제3조 모두를 충족하는 범죄에 대해서는 국제인도법의 포괄조항(일반규정)인 제3조는 제2조에 흡수되어 제2조만이 성립한다. 다만 ICTY 규정 제2조의 군사적으로 정당화되지 않은 재산의 광범위한 파괴 및 領得과 제3조의 도시·농경지·촌락의 무차별 파괴, 군사적 필요에서 정당화되지 않은 파괴는 중첩적으로 성립한다. 왜냐하면 제3조의 무차별적 파괴는 파괴되는 장소의 모든 재산의 보호를 포함하고 있다고 해석되어 구성요건에 있어 제2조의 재산의 광범위한 파괴 및 영득을 초월하는 부분이 있기 때문이다.

ICTY 규정 제3조와 ICTY 규정 제5조의 관계가 문제되는 것은 전쟁의 rule 위반 예를 들면, 종교시설 등의 파괴(ICTY 규정 제3조d)가 인종차별적인 의도에서 행해져 인도에 반한 죄의 박해(ICTY 규정 제5조h)에도 해당하는 경우이다. ICTY 규정 제3조와 ICTY 규정 제5조는 전제조건에 차이가 있고, 분쟁과의 관련성에서는 ICTY 규정 제3조가 협소하며, 다른 한편 대규모 또는 조직적인 공격의 일환이라는 조건은 ICTY 규정 제5조에 특수한 것이므로, 상호 다른 쪽을 흡수하는 일 없이 ICTY 규정 제3조와 ICTY 규정 제5조는 중첩적으로 성립한다.

ICTY 규정 제2조와 ICTY 규정 제5조의 관계가 문제되는 것은 살인이 ICTY 규정 제2조의 wilful killing과 ICTY 규정 제5조의 murder를 충족하는 경우이다. 앞서 설명한대로 wilful killing과 murder는 표현이 다를 뿐 동일한 구성요건의 범죄이지만, ICTY 규정 제2조와 ICTY 규정 제5조의 적용의 전제조건은 각각 특수하고 다르기 때문에, 상호 다른 쪽을 흡수하는 일 없이 ICTY 규정 제2조와 ICTY 규정 제5조는 중첩적으로 성립한다.

ICTY 규정 제4조의 제노사이드죄와 ICTY 규정 제5조의 대량살인에 대해서는 제노사이드의 목적(special intennt)이 인정될 때는 제노사이드 죄만이 성립하는 것처럼 보이지만, ICTY 판례에 따르면 ICTY규정 제5조의 전제조건은 ICTY 규정 제4조의 제노사이드죄에 없는 별개의 요소이며, ICTY 규정 제4조와 ICTY 규정 제5조는 중첩적으로 성립하는 것으로 판단된다. 즉, ICTY의 판례에 따르면 범죄가 집단의 전부 또는 일부에 대해 행해진다는 점과 범죄가 대규모 또는 조직적인 공격의 일환으로 범해지는 경우는 동일하지 않다.

마지막으로 ICTY 규정 제5조는 개별적인 살인, 노예화, 추방, 구금, 강간 등 박해나 고문의 수단이 될 수 있는 것 외에 대량살인을 포함하기 때문에 이들 죄의 관계가 문제된다.

고문과 박해는 각각 상호 중복되지 않은 요건을 포함하기 때문에 이들 범죄는 중첩적으로 성립한다. 또한 박해의 수단으로서 대량살인이 행해졌을 때도 대량살인의 대량성은 박해로는 완전히 평가할 수 없으므로 박해의 대량살인은 중첩적으로 성립한다.

그러나 개별적 살인, 노예화, 추방, 구금, 강간 등이 박해 또는 고문의 수단으로 행해졌을 때는 박해 또는 고문으로 완전하게 평가되기 때문에 이들 죄에 흡수된다.

원칙은 본문대로 이지만 ICTY의 판례에서는 범죄의 중첩적인 성립을 인정하기 위해서는 검찰관의 주장이 필요하다. 그러한 주장이 없을 경우 예를 들면, 검찰관이 고문을 박해의 수단으로만 주장·입증했을 경우의 고문은 박해에 흡수된다.

ICC 규정에서는 ICC 규정 제6조가 제노사이드죄, 제7조가 인도에 반한 죄, 제8조(2)(a)가 제네바협약의 중대한 위반죄, 제8조(2)(b)가 전쟁법규 및 관례 위반죄이다. 이들 죄의 죄수관계에 대해서는 ICTY 규정과 거의 동일하게 판단할 수 있다. 그러나 예를 들면, ICC 규정 제8조에는 '계획 혹은 정책의 일환으로서 행해진 경우 또는 대규모적인 것의 일환으로서 행해진 경우'라는 ICTY 규정 제2조 및 제3조에는 없는 전제조건이 있고, 죄수관계는 ICC의 판례가 누적되어야 해결될 수 있을 것이다.

제7절 전쟁범죄에 필요로 하는 고의는 어떠한 것인가?

전쟁범죄의 주관적 요소에 대해서는 knowingly and wilfully, intention

ally, wantonly, deliberately 등의 용어가 사용되고 있다. 판결에서는 그
외에 wilful blindness, reckless disregard 등의 용어도 사용되고 있다.
이들 용어는 어떠한 의미일까?

우선, 각각의 의미를 확정하기 전에 결과발생의 가능성의 인식 정도
및 수용 정도에 대하여 분류하면 다음과 같다.

결과발생 가능성의 인식 정도	결과발생 수용 정도
① 현실적 인식 actual knowledge ② 확실성 인식 knowledge of certainty ③ 개연성 인식 knowledge of probability 　a. 높은 개연성 인식(high probability) 　b. 단순한 개연성 인식(non-high probability) ④ 가능성 인식 knowledge of possibility	① 희망 want ② 수용=인용 accept ③ 무관심 　reckless disregard

다음으로 knowingly and wilfuly, intentionally, wantonly, deliberately
의 의미에 대해서는 다음과 같다.

knowingly and wilfuly와 intentionally는 일반적으로 사용되고, wantonly
는 destruction와 함께 사용되며, deliberately는 제노사이드의 대상 등 특
별한 대상을 향해 사용되는 경우가 많다. 그러나 엄밀한 구별은 없고,
어떤 용어든 확정고의의 의미로 사용되는 것이 보통이다.

즉, 위의 일람표에 따라 설명하면, 결과발생의 가능성 인식정도는 ①
②③의 어디에 해당하며, 결과발생의 수용정도는 ①②의 어디에 해당
하는가 하는 점이다.

그러나 결과발생의 가능성 인식정도는 ①②③ 외에 ④를 포함한 어
느 하나 그리고 결과발생의 수용정도도 ①② 외에 ③을 포함한 어느 하
나일 경우, 즉 '未必的 故意'를 포함하는 광의의 의미로 이들 용어가 사
용되는 경우도 있다.

그런데 전쟁범죄에 필요한 주관적 요소는 브라스키치 사건의 공소심

판결에 따르면, 코몬로 국가에서는 murder 등의 중대범죄는 결과발생 가능성의 인식 정도에 대해서 상기의 일람표의 ④로는 충분하지 않다고 하고 있다는 점 및 전쟁범죄의 국제적인 책임 추궁은 악질인 경우에 한정된다고 해석해야 마땅하다는 점을 들어, 결과발생 가능성의 인식 정도에 대해서는 ①②③a까지 이고, ③b 및 ④로는 충분하지 않다고 했다. 다만, 결과발생의 수용 정도는 ①②③의 어느 것이든 괜찮다.

또한 판결 등에서 이용하는 reckless disregard는 '미필적 고의'와 동일한 것이 아니다. 미필적 고의는 결과발생의 가능성 인식 정도에 대해서는 상기 일람표의 ④, 결과발생의 수용 정도에 대해서는 상기 일람표의 ③의 조합을 가리킨다. 다른 한편, reckless disregard는 결과발생의 수용 정도에 대해서만 주목한 개념이다. 따라서 결과발생의 수용 정도는 reckless disregard일지라도 결과발생의 가능성 인식 정도에 대해서는 이론적으로 ①~④의 모두가 있을 수 있다. 현실적으로는 결과발생의 가능성 인식 정도는 ③④의 경우 밖에 문제되지 않지만, reckless disregard라고 한 마디로 말해도 다른 레벨의 고의를 포함하고 있다. 즉, 결과발생의 가능성 인식 정도가 ③일 때는 확정고의와 동일한 것임에 비해 ④일 때는 미필적 고의와 동일하다.

나아가 판결 등에서 이용되는 wilful blindness란 결과발생의 가능성 인식 정도가 상기 일람표의 ② 또는 ③a이지만, 억지로 알고 있다 (knowingly)는 것을 부정할 수 있도록 사실을 알려고 하지 않겠다는 점 또는 단지 사실을 확인하고 싶지 않기 때문에 사실을 알려고 하지 않겠다는 점을 말한다. 결과발생의 수용 정도는 문제로 삼고 있지 않지만 이론적으로는 ①②③의 모든 항목이 있을 수 있다. wilful blindness는 확정고의와 동일하게 취급된다.

제8절 평화에 대한 죄

'평화에 대한 죄'(the crime of aggression 또는 Crimes against Peace)란 '국가주권의 행사로서의 전쟁'과 구별되는 '침략전쟁'을 개시한 개인의 범죄이다. 평화에 대한 죄는 뉴른베르그조례에서 창설되어 동경조례에도 계승되었으며 뉴른베르그재판과 동경재판에서 적용되었다.

뉴른베르그조례는 Crimes against Peace의 구성요건을 다음과 같이 규정하고 있다. "평화에 대한 죄는 침략 전쟁 또는 국제조약, 협정 및 서약에 위반한 전쟁을 계획하고, 준비하고, 개시하고 실행하거나 이러한 행위를 달성하기 위한 공동의 계획이나 모의에 참가하는 것을 말한다."

동경조례도 거의 동일하지만, 진주만공격을 반영하여 약간 다른 문언을 사용하였다. 동경조례가 규정하고 있는 Crimes against Peace의 구성요건은 다음과 같다. "선전포고의 유무를 불문하고 침략전쟁 혹은 국제조약이나 협정 또는 국제적 보증에 위반된 전쟁의 계획, 준비, 개시 또는 실행 혹은 전쟁을 목적으로 하는 조직에 참가하고, 그러한 전쟁의 완수를 공모하는 것을 말한다."

뉴른베르그조례의 내용을 검증하고 국제법원칙을 확립한 뉴른베르그원칙도 평화에 대한 죄에 관한 규정을 두고 있다. "아래에 정해진 범죄는 국제법상의 범죄로서 처벌된다. ① 평화에 대한 죄: (가) 침략전쟁 또는 국제조약, 협정 또는 서약에 위배되는 전쟁의 계획·준비·개시 또는 수행, (나) (가)에서 언급된 행위의 어느 것이든 그것을 달성하기 위한 공동의 계획 또는 공동모의에의 참가."

이들에 규정되어 있는 '침략전쟁'이란 무엇인가? 결론적으로 말하면, '침략전쟁'은 오늘날에 이르도록 아직 합의가 되지 않아 그 정의는 존재하지 않는다. 1974년의 국제연합 총회에서 합의된 침략전쟁은 국가의 배상책임을 발생시키는 의미로서의 정의이고, 개인의 형사책임을 발생시키는 의미로서의 정의가 아니다. 따라서 평화에 대한 죄는 현재 핵심이 빠져있는 상태이다.

평화에 대한 죄에 대해 ICTY는 관할권을 갖지 않는다. ICC 규정 제5조는 침략범죄(the crime of aggression)를 관할범죄로 열거하고 있다. 향후 침략의 정의에 대해 합의가 이루어지면, 이 범죄에 대한 관할은 실질적 의미를 지니게 될 것이다.

ICC 규정 제5조의 내용은 다음과 같다.

[제5조 재판소의 관할범죄]

1. 재판소의 관할권은 국제공동체 전체의 관심사인 가장 중대한 범죄에 한정된다. 재판소는 이 규정에 따라 다음의 범죄에 대하여 관할권을 가진다.
   가. 집단살해죄
   나. 인도에 반한 죄
   다. 전쟁범죄
   라. 침략범죄
2. 제121조 및 제123조에 따라 침략범죄를 정의하고 재판소의 관할권 행사 조건을 정하는 조항이 채택된 후, 재판소는 침략범죄에 대한 관할권을 행사한다. 그러한 조항은 국제연합헌장의 관련 규정과 부합되어야 한다.

제4장 전범으로 처벌되는 자는 누구인가?

제1절 개인의 직접책임

1. 개인의 직접책임과 지휘관 책임

전쟁범죄에 대한 책임을 누가 지는가에 대해서는 ICTY 규정 제7조, ICC 규정 제25조에 규정되어 있다.

이러한 규정은 범죄를 실행한 자 외에도 일정한 자에게 개인책임을 지게 한다. 이 중에는 방조, 교사, 명령 등이 포함된다. 이 중 방조와 교사는 일본 형법의 입장과 동일하다. 그러나 명령은 입장이 달라 다른 자에 대한 법률상 또는 사실상의 권위를 이용하여 행하는 교사의 일종이다.

그외 ICTY 판례 및 ICC 규정은 범죄집단(Joint Criminal Enterprise. 이하 JCE라고 함)에 참가한 자도 형사책임을 지게 된다는 것을 밝히고 있다.

이러한 책임은 '개인의 직접책임'이라 통칭된다. 개인의 직접책임은 부하에 의한 행위에 대해 상관이 책임을 지는 지휘관 책임과 대비되는 것이다. 지휘관 책임도 기대되는 행위를 취하지 않은 상관 자신의 부작위에 대한 책임이지만, 부하의 범죄행위에 대해 상관의 책임이 追及된다는 점에 초점을 맞춘 간접책임이다. 개인의 직접책임 중에서 설명이 필요한 것은 JCE이다.

2. 범죄집단(JCE)이란 무엇인가?

JCE에는 3개의 타입이 있으며, 이 중 강제수용소 타입(JCE II라고 통칭)을 예로 설명하는 것이 이해하기 쉬울 것으로 생각된다.

강제수용소 타입(JCE II)이란 다음과 같은 것이다.

돌발적인 개인범죄가 아니라 강제수용소에서 조직적으로 수용자를 고문할 경우 고문을 행하는 배후에 정보를 얻으려고 하는 목적 등 공통의 목적(common purpose)이 있는 것이 보통이다. 그리고 강제수용소에서 일하는 자는 고문으로 정보를 획득하는 과정의 일부를 각각 분담하여 실행함으로써 고문을 가하는 심리적 부담을 줄이는 것이 일반적으로 볼 수 있는 경향이다. 예를 들면, 조직의 관리, 수용자 심문, 획득 정보의 분석, 신체적 또는 심리적 폭행, 폭행에 이용되는 도구의 준비, 폭행으로 생긴 상처를 치료하여 수용자가 죽지 않도록 함과 동시에 심문에 견딜 수 있도록 하는 행위 등을 별도의 자가 담당하는 경우 등이 그에 해당된다.

만약 국제법이 이처럼 일반적으로 볼 수 있는 범죄의 형태에 대응할 수 없다면, 고문이라는 흉악범죄에 적절하게 대처할 수 없을 것이다. 국제법은 사태의 변화에 따라 범죄의 구성요건을 재검토해 가야 한다. 그래서 공동정범이나 방조범으로 취급하는 것이 어려울 정도로 가담 정도가 미미한 자, 위의 예로 말하면 획득된 정보의 분석만을 담당한 자, 상처의 치료를 담당한 자에 대해서도 공통의 목적(common purpose)을 가지고 있는 한 고문의 정범으로서의 책임을 묻겠다는 것이 JCE의 이론이다.

　방조범이 되는 것은 극히 한정된 경우로 예를 들면, 강제수용소의 실태를 알면서 조직 외부의 자가 차를 운전하여 수용자를 이송하는 행위에 도움을 주는 경우 등 뿐이다. 방조범은 강제수용소의 실태를 인식하고 있지만, 강제수용소라는 조직에는 가담되지 않고 공통의 목적(common purpose)을 갖고 있지 않다는 사실이 JCE의 구성원과는 다른 점이다.

(1) JCE의 구성요건

　JCE의 구성요건은 후술하는 바와 같이 JCE 3개의 타입은 각각 요구되는 고의(주관적 요소)는 다르지만 기본(객관적 요소)은 동일하다.

　그것은 ①複數者의 집단이라는 점, ②집단의 멤버가 공통의 목적(common purpose)을 갖는다는 점, ③집단에 참가한다는 점이다.

　①의 複數者의 집단이란 문자적 의미에서 군대적 · 정치적 · 행정적인 조직으로서의 구조는 필요하지 않다. JCE의 멤버는 전원을 명확히 할 필요는 없다. 그러나 어떤 범죄가 실행되었을 때, 실행범이 아닌 피고인에게 책임을 묻기에는 피고인으로부터 실행범에 이르는 합의 과정을 알 수 있을 정도로 JCE 구성 멤버의 존재를 명확히 해야 한다.

　②는 집단의 멤버가 범죄의 실행을 수단으로 공통의 목적을 달성하려고 합의하는 일이다. 예를 들면, 무슬림인 등 타민족의 추방, 강제이주, 박해, 살인 등의 전쟁범죄를 포함하는 수단에 의해 민족적으로 순수한 세르비아인의 국가를 만드는 공통의 목적을 달성하려고 하는 경우가 이에 해당된다.

　공통의 목적은 비세르비아인에 대한 부당해고나 세르비아인 국가에 대한 충성선언의 요구 등 범죄 이외의 수단도 생각할 수 있다. 그러나 그러한 미온적 수단으로 공통의 목적을 달성하기가 곤란하거나 또는 불가능할 경우 복수의 자가 공통의 목적을 달성하기 위하여 범죄(ICTY

의 경우 관할대상인 전쟁범죄)를 수단으로 하는데 합의하면 JCE가 되는 셈이다.

강제수용소 타입이라고 일컬어지는 JCE II에 대해서는 수용자로부터 정보를 획득하는 것이 공통의 목적이고, 그 목적을 위해서 강제수용소에서 조직적으로 고문을 행하고 있을 때는 강제수용소의 그러한 시스템(조직)에 가담한 자가 JCE가 된다.

이러한 합의는 사전에 합의될 필요는 없으며 현장에서 형성되어도 괜찮다. 또한 합의는 複數者 집단의 존재나 범죄의 형태 등으로부터 추인되어도 괜찮다.

③의 참가란 단순한 집단의 멤버가 되는 것으로는 부족하고, 공통의 목적을 실현하기 위해서 일부의 역할을 분담하는 것이 필요하다. 그것은 강제수용소 타입으로 칭하는 JCE II에 대해서 기술한 바와 같이 통상은 방조에 해당하는 미미한 행위라도 관계없다. 참가행위는 공통의 목적 실현과 관련 있는 일이어야 할 필요는 있지만, 당해 참가행위가 없으면 결과는 발생하지 않았을 것이라고 하는 관계일 필요는 없다.

(2) JCE의 3가지 타입

JCE에는 3가지 타입이 있다. JCE I은 실행범과 기타의 멤버가 실제 행해진 범죄에 대해 합의하는 경우, JCE II는 강제수용소 타입의 경우, JCE III은 실행범에 의해 실제로 행해진 범죄가 합의를 초월한 것이지만 예상 가능한 경우이다.

JCE I은 규모가 작은 것도 있지만 처음에 열거한 사례에서도 알 수 있듯이, 세르비아인 세력의 Top(최고 지도자)~지역 지도자~범죄 실행 부대까지를 포함하는 큰 규모의 집단을 염두에 두고 있다. 실제로 JCE I을 적용하는데 문제되는 것은 스스로는 범죄를 실행하지 않은 자에 관한 것이다. 그러한 자에게 JCE I 을 적용하여, 실행범이 행한 범죄에 대한 책임을 묻기 위해서 요구되는 주관적 요소(고의)는 예를 들면, 추방이 이루어진 경우 실행범과 추방의 고의(인식 · 인용)를 공유하고 있다는 점이 필요하다. 그 경우 피고인에게 필요로 하는 추방의 고의는 특정의 피해자에 대한 고의일 필요는 없고, 무슬림인의 추방이라는 형태의 추상적인 것으로 족하다.

구체적으로 실행된 범죄에 대해 피고인에게 상기대로 고의가 인정되면, 집단의 기타 멤버가 수단으로 하는 범죄의 종류에 대해 어떤 자는 추방에만 호소하려 하고, 또 다른 자는 살인에 호소하는 것도 마다하지 않더라도 문제가 되지 않는다.

강제수용소 타입이라 칭하는 JCE II 에서 필요로 하는 고의는 ①강제수용소의 그러한 실태를 인식하고(시스템의 인식), ②억지로 시스템의 실행에 참가하면 족하다. 실행범이 아닌 피고인에게 구체적으로 일어난 범죄의 책임을 묻는다는 점에 대해 실행범과 고의를 공유하고 있었다는 사실을 입증할 필요는 없다. 그 입증을 필요로 하지 않는 것은 ①②가 인정되는 한 시스템 내에서 일상적으로 일어날 수 있는 범죄에 대한 용인이 통상 인정되기 때문이다.

JCE III란 피고인에게는 추방의 고의밖에 없어도 JCE의 멤버에 의해 추방을 능가하는 범죄 예를 들면, 제노사이드가 행해진 경우에 대처하기 위한 것으로 ①JCE의 멤버에 의해 제노사이드도 범해질 가능성이 객관적으로 인정되고, ②피고인도 그 가능성을 예견하면서 억지로 JCE에 가담했을 때에는 피고인에게 제노사이드죄로 책임을 물을 수 있다. 또한 제노사이드죄는 집단을 말살하는 특별한 목적(special intent)이 필요하지만, 실행범이 아닌 자에게 JCE III로 제노사이드죄의 책임을 묻는다는 점에 대해서는 상기 ①②로 충분하고 특별한 목적(special intent)은 필요 없다는 것이 ICTY의 판례이다.

JCE I 에서 피고인에게 책임을 묻기 위해서는 확정고의여야 하고, 결과에 관한 인식과 용인이 필요하다는 점에 대해 JCEⅢ에서 피고인에게 책임을 묻기 위해서는 '미필적 고의'(결과에 관한 인식과 그러한 결과가 되어도 상관없다는 마음의 상태)로 충분하다.

JCEⅢ에 대해서도 구체적 사례로 설명하는 것이 이해하기 쉬울 것이다. 제2차 세계대전 후 영국 군사법정은 Essen 린치 사건에서 JCEⅢ를 적용하였다. 사건은 1944년 12월 13일에 독일의 Essen-West마을에서 3명의 영국 병사가 다른 형무소로 이송 도중, 폭도에 의해 살해된 것이다.

피고인으로 기소된 자는 이송을 명령한 대위와 명령을 받은 병사, 직접 범죄를 실행한 폭도였다.

대위는 이송하면서 "도중에 폭도에 의해 영국 병사에게 린치가 가해지더라도 막지 말 것"을 병사에게 명하였고, 큰 소리로 명령했기 때문에 兵舍 근처에 모여 있던 군중에게 들려 군중이 곧 폭도로 돌변하여 영국 병사를 향해 투석, 구타, 총격을 가해 3명의 영국 병사가 살해되었다.

영국 군사법정은 폭도가 된 시민, 대위 외에 병사도 살해를 이유로 유죄로 하고, "영국 병사에 대한 불법적인 대우에 고의가 있었으며, 폭도들은 영국 병사 중 누군가가 죽을 수도 있다는 것을 예견하면서도 JCE에 가담했다"고 판결했다.

3. JCE의 역사적 발전

JCE는 상기한 대로 ICTY 규정에는 존재하지 않지만, 확립된 국제관습법의 개념으로 인정되어 ICTY의 판결에서 인용되었다.

국제관습법의 개념으로 인정되는 이유는 ①각국 형법의 집단범죄에 대한 규정은 각각 상이하지만 원칙은 대체로 동일하며, ②전쟁범죄는 집단 내지 조직의 범죄이며, 이에 대처해야 하는 바 제2차 세계대전 후의 전범재판 특히, 뉴른베르그재판에서 범죄집단에 관한 판례가 축적되어 있기 때문이다. 그리고 ③JCE를 규정한 '테러리스트에 의한 폭격의 방지에 관한 조약'(the International Convention for the Suppression of Terrorist Bombing)이 1977년 국제연합 총회에서 논란 없이 채택되었다는 점도 그 이유로 들 수 있다.

뉴른베르그재판 및 동경재판에서는 JCE가 적용되었다.

뉴른베르그조례 및 동경조례에는 인도에 반한 죄에서 "공동의 목적 형성 혹은 수행에 참가한 지도자, 조직을 만든 자, 교사자 및 방조자 또는 이들 범죄(필자주 : 평화에 대한 죄, 전쟁범죄, 인도에 반한 죄 중의 어떤 범죄)를 실행할 것을 공모한 자는 실행범이 누구든 공통목적의 수행을 위해 범해진 모든 범죄에 관한 책임을 진다" 는 취지의 규정을 두고 있다. 이 규정은 JCE의 멤버가 조직의 일원을 통해서 범죄를 저지른 경우에 관한 규정이라고도 볼 수 있다. 또한 평화에 대한 죄에서 '침략전쟁을 완수하기 위해서 공통의 계획에 참가하는 행위(participation in a common plan)' ('공통의 목적' common purpose이라는 말을 사용하고 있지 않다)를 들고 있어 JCE를 언급하고 있다고도 해석된다.

그러나 뉴른베르그재판 및 동경재판에 적용된 JCE는 뉴른베르그조례 및 동경조례에 따른 것이 아니라 전쟁범죄는 고립된 개인의 범죄가 아니고 집단에 의한 범죄라는 점과 집단범죄의 처벌은 각국 형법에서 차이가 있지만 기본적인 부분은 형사법의 일반적인 원칙이라는 점을 고려하여, 주로 코몬로(common law)의 집단범죄에 대한 인식을 적용한 것이다.

ICC 규정도 JCE를 규정하고 있는데, 이것은 확립된 국제관습법을 반영한 것으로 판단할 수 있다.

즉, ICC 규정 제25조는 JCE를 명문으로 규정하고 있다. 그 내용은 다음과 같다.

제25조 3항   다음의 경우에 해당하는 자는 재판소의 관할범죄에 대하여 이
규정에 따른 형사책임을 지며 처벌을 받는다.

　　　라. 공동의 목적을 가지고 활동하는 집단에 의한 범죄의 실행
또는 실행의 착수에 기타 여하한 방식으로 기여한 경우. 그
러한 기여는 고의적이어야 하며, 다음 중 어느 하나에 해당
하여야 한다.

　　　　　(1) 집단의 범죄활동 또는 범죄목적이 재판소 관할범죄의
실행과 관련되는 경우, 그러한 활동 또는 목적을 촉진시
키기 위하여 이루어진 것

　　　　　(2) 집단이 그 범죄를 범하려는 의도를 인식(필자주 : 실행
범의 犯意를 인식)하고서 이루어진(필자주 : 용인한) 것

이 중, 범죄활동 또는 범죄목적을 조장 촉진하는 목적이란 상기의
JCEⅡ 및 Ⅲ에 관한 고의이며, 그 내용은 JCEⅡ 및 Ⅲ에 대하여 설명한
것과 동일하다.

또한 실행범의 고의를 인식한다는 것은 JCE Ⅰ에 관한 고의이며, 그
내용은 JCE Ⅰ에 대하여 설명한 것과 동일하다.

뉴른베르그조례에서는 이하와 같이 독일군이 SS(나치스 친위대), SA(나치스
돌격대)를 설치하고 제노사이드죄 등을 범한 것을 고려하여 범죄집단에 관한
특별규정을 두었다.

[뉴른베르그조례]

제9조

여하한 단체나 조직의 개인 구성원의 재판에 있어서 재판소는 그 개인이 구성
원이 된 그 단체나 조직이 범죄조직이었음을(그 개인이 유죄판결을 받은 여하
한 행위와 연계하여) 선언할 수 있다.

고소장의 수령 후 재판소는 적절하다고 판단할 경우 기소의 의도는 재판소가

그렇게 선언하도록 요청하는 것이라는 통고를 발하며 그 조직의 여하한 구성원은 그 조직의 범죄적 성격에 대한 질문에 대하여 재판소가 청문할 수 있도록 재판소에 출석을 지원한다. 재판소는 그러한 지원을 수락 또는 거절할 권한을 가진다. 지원이 수락된 경우 재판소는 지원자가 어떠한 방법으로 출석하여 청문 받을지를 지시할 수 있다.

제10조

어떤 단체나 조직이 재판소에 의하여 범죄적이라 선언된 경우, 여하한 서명국 관할 국가기관은 그 구성원이었다는 이유로 개인들을 국가, 군사 또는 점령지 재판정에의 재판에 회부할 권리를 가진다. 그러한 경우에 있어서 그 단체나 조직의 범죄적 성격은 입증되어 의심의 여지가 없어야 한다.

제11조

재판소에 의하여 유죄판결을 받은 여하한 사람은 본 헌장 제10조에 명시된 국가, 군사 또는 점령지 재판정에서 범죄 단체나 조직에 가입한 것 이외의 범죄로 기소될 수 있으며, 그러한 법정은 그에게 유죄판결을 내린 후, 그러한 단체나 조직의 범죄활동에 가담한 것으로 재판소가 부여한 처벌과 무관하게 그리고 추가적으로 처벌을 부과할 수 있다.

제2절 지휘관 책임

1. 지휘관 책임이란 무엇인가?

지휘관 책임이란 구체적 상황을 전제로 하여 부하의 범죄를 사전에 예방하고 또는 사후적으로 부하를 처벌할 수 있었는데도 상관이 권한 내의 진압행위를 충분히 취하지 않은 경우 상관에게 부과되는 형사책임이다. 그것은 통상의 개인이나 조직중의 동료라면 범죄가 되지 않지만, 조직의 책임 있는 직위에 있다는 이유에서 범죄가 되므로 지휘관(사령관) 책임이라는 의미이며 상관책임이라고도 불린다.

지휘관 책임은 ICTY 규정 제7조(3) 및 ICC 규정 제28조에 규정되어 있으나, 그 범위는 다소 차이가 있다. ICTY 규정 제7조 (3)은 "본 규정 제2조에서 제5조에 걸쳐 언급된 행위가 하급자에 의해 행해진 경우, 상급자는 하급자가 그러한 행위를 행하려고 하거나 행하였다는 사실을 알았거나 알 수 있는 상황에 있었음에도 불구하고 그러한 행위가 행해지지 못하도록 방지하거나 그 행위자를 처벌하기 위해 필요하고 합리적인 조치를 취하지 않았다면, 그의 형사책임이 면제되지 아니한다."라고 규정하고, 상관이라면 군인도 민간인(대개 정치가)도 동일한 기준으로 지휘관 책임을 지는 것으로 하고 있다.

이에 비해 ICC 규정 제28조는 군사령관 및 사실상 군사령관의 지위에 있는 자(이하 단순히 군인이라 함)와 그 이외의 상관(민간인인 정치가 등)을 구분하여 군인 등에 대해서는 ICTY와 동일한 기준이 적용되지만, 민간인에 대해서는 "하급자가 그러한 범죄를 행하고 있거나 또는 행하려 한다는 사실을 상급자가 알았거나 또는 이를 명백히 보여주는 정보를 의식적으로 무시했을 때"에만 지휘관 책임을 지도록 하고 있다. 민간인이 책임을 지는 경우를 보다 엄격하게 규정한 이유는 "민간인에 대해서는 군인보다도 기준을 엄격하게 함이 마땅하다"고 하는 미국의 주장에 양보했기 때문이다.

2. 지휘관 책임의 구성요건

지휘관 책임의 요건은 다음의 3가지이다.

① 범죄의 실행범과 피고인간에 부하와 상관의 관계가 존재하여야
   한다.

② 부하가 범죄를 행하고 있거나 또는 행하려 한다는 것을 상관이 실제로 알고 있었던 또는 알 수 있었을 때이다.

③ 구체적 상황 하에서 상관이 사전에 권한 내의 모든 방지조치를 취하지 않았고, 또는 사후에 알았을 때 부하인 범인을 처벌하지 않았을 때이다.

지휘관 책임은 애초 군대의 상하관계를 염두에 두고, 군대의 상관이 기대되는 행위를 행하지 않고 보고도 못 본척하는 부작위 책임을 追及하려고 한 것이다.

따라서 ①의 부하와 상관의 관계는 전형적으로 군대의 부하와 상관의 관계를 들 수 있고, 군대이외에서 ①의 요건을 인정하기 위해서는 군대의 경우와 동일한 실질적 지배관계가 인정되어야 한다. 즉, 상관은 부하의 범죄를 방지 또는 처벌할 구체적 권한, 환언하면 범죄를 행하려고 하는 부하를 실질적으로 통제할 수 있는 권한(effective control 권한)을 가지고 있어야 하고, 영향력을 행사할 수 있는 정도로는 부족하다.

그런데 정치가 등 군인 이외의 상관은 일반적으로 동등한 지위에 있는 군인과 같은 강한 지배권한을 갖고 있지 않은 것이 보통이나, 다른 한편으로는 군인의 경우보다도 넓은 범위에서 부하에게 실질적인 영향력을 행사할 수 도 있다. 그래서 방지·처벌은 불가능하지만, 광범위한 영향력을 가진 정치가 등의 상관에 대해서는 부하가 범죄를 행하려 하고 있는 또는 행한 것을 지배권한을 갖는 당국에 알릴 의무가 있고, 그렇게 하여 초래된 정보가 상관의 정치적 지위에서 보아 지배권한을 갖는 당국의 방지조치, 수사 또는 처벌절차를 실제로 실행할 수 있는 개연성이 있을 때에는 실질적으로 통제할 수 있는 권한이 있는 것으로 간주된다.

또한 형식적으로 상관인 경우는 실질적인 지배권한을 동반하는 것이 통상적이지만, 결국은 실질적인 것이지 형식상 상관으로 임명되었는지 여부는 문제가 아니다.

②는 '확정고의' 뿐만 아니라 '미필적 고의'라도 족하다는 점이다. 즉, 부하가 범죄를 행하려고 하고 있다는 사실 또는 행한 사실을 실제로 알면서도 방지 또는 처벌을 위해 아무런 조치도 취하지 않으면 결과를 용인하고 있다고 볼 수 있으며, 이 경우 확정고의가 인정된다. 또한 실제로 알고 방지 또는 처벌을 위해서 불충분한 조치 밖에 취하지 않으면, 결과발생의 가능성을 용인하고 있다는 점으로 미필적 고의가 인정된다. '당연히 알 수 있을 때'란 실제로는 몰라도 부하가 범죄를 행하려하고 있다는 사실 또는 행했을 가능성을 의심하게 하는 정보(힌트 정보)를 획득했지만, 추가 정보 수집을 하지 않거나 힌트 정보를 획득하지 못해도 전체적인 상황 또는 경험으로 위험을 감지하면서도 그다지 충분한 정보 수집을 하지 않는 것을 말한다. 이처럼 위험을 인식하면서 사실을 확정하지 않고 방치하는 것은 결과발생의 가능성을 용인하고 있다는 것이며, 마찬가지로 미필적 고의가 인정된다.

여기서 주의해야 할 점은 '당연히 알 수 있을 때'는 구체적 상황과 분리하여 추상적으로 판단하는 것이 아니라, 구체적 상황을 전제로 하여 인정될 문제라는 점이다. 즉, 조직에는 다양한 성격이나 행동양태를 가진 많은 인간이 있다는 것이 정상적인 상태인데, 상관인 자는 힌트 정보 등을 획득하지 못해도 부하의 위법행위 유무를 감시하여, 상시 그러한 정보수집에 임해야 한다는 것은 아니다. 상관은 힌트 정보 등이 없어도 보통으로 기대되는 정도의 감시는 해야 한다. 그렇게 하면 부하의 위법행위의 가능성을 의심할 수 있겠지만, 그렇게 하지 않은 경우는 상관으로서의 직무태만이라는 비난은 벗어날 수 없을 것이다. 그러나 그것은 형사책임의 문제는 아니다.

③의 방지조치 또는 범인을 처벌하지 않았다는 것은 구체적 상황 하에서 합리적으로 취할 수 있는 가능한 모든 조치를 말한다. 정치가 등

군인 이외의 상관에 대해서는 당해 상관이 가진 실질적 영향력의 내용에 따르지만 통상은 사실 확정을 위한 조사를 하지 않는다든가, 불충분한 조사로 그친다든가, 조사는 해도 방지조치 또는 범인처벌을 위해서 당국에 알리지 않았을 때는 방지조치 또는 범인을 처벌하지 않았다고 할 수 있다.

불가능이 강요되는 것은 아니지만, 조직의 대세에 대항해서라도 방지조치 또는 범인처벌의 조치를 취하는 것이 요구되고 있으므로 "방지조치는 조직의 지지를 얻을 수 없다", "방지조치를 취해도 상관인 자신이 좌천되거나 해고만으로 끝나버린다" 등은 항변이 되지 않는다. 경우에 따라서는 사표를 내던져서라도 상관으로서 기대할 수 있는 행위를 취하는 것이 요구되고 있는 것이다.

물론 이렇게까지 지휘관에게 형사책임을 부과하는 것은 조금은 지나치게 엄격하다는 느낌도 있다. 그러나 상관의 방지행위로 인해 다수가 피해를 입을 수 있는 전쟁범죄를 예방할 수도 있을 것이다. 이 경우 사표를 내던졌다고 해서 얼마만큼의 효과가 있을지는 미지수이지만, 적극적으로 방지행위를 취하는 자가 없다면 전쟁범죄는 방지할 수 없다. 상관은 그의 권한 범위 내에서 할 수 있는 일을 하지 않으면 형사책임이 있고, 상관까지도 대세의 흐름에 굴복하거나 또는 조직에 책임을 돌린 채 자기에게 부여된 권한을 최대한 활용하지 않고 책임으로부터 도망치는 것은 허용되지 않는다는 점이 지휘관 책임의 중핵이다.

또한 상관이 방지조치를 취하지 않았기 때문에 부하의 범죄가 발생했다고 하는 인과관계, 뒤집어 표현하면 상관이 방지조치를 취했더라면 부하의 범죄를 방지할 수 있었다고 하는 인과관계는 요구되지 않는다. 그것은 처음부터 100% 방지할 수 없다는 것이 분명한 조치는 취할 필요는 없지만, 성공의 가능성(부하의 범죄를 예방할 수 있는 가능성)이 적은 방지조치라도 합리적으로 가능한 한도 내에서는 시도되어야 한다는 것이다.

3. 지휘관 책임의 역사적 발전

지휘관 책임의 기원은 1977년에 만들어진 제네바협약 제1추가의정서 제86조에 있다. 동조의 설명은 뒤로 넘기고, 우선 부작위가 문제된 역사를 살펴보면 다음과 같다.

상관의 부작위에 대하여 형사책임을 묻겠다는 사고는 제1차 세계대전 이후부터 존재하여 새로운 것은 아니다. 즉, 제1차 세계대전 이후에 설치된 '전범의 책임 및 처벌에 관한 위원회'의 보고서(Report of the Commission on the Reponsibility of the Authors of the War and on Enforcement of Penalties, 1919년 3월 29일)에 따르면, 전쟁의 법규 및 관례에 위반하는 행위를 명령하는 자 외에 권한이 있으면서 예방조치를 취하지 않고 또는 위반자를 처벌하지 않은 자의 소추를 생각하고 있었다. 그러나 이러한 사고는 당시에는 실행되지 않았다.

제2차 세계대전 후 뉘른베르그재판이나 동경재판에서 상관의 부작위가 문제되어 형사책임이 추급되었는데, 양 재판에서 지휘관 책임과 관련하여 다음 규정이 인용되었다. '공통의 목적 형성 혹은 수행에 참가한 지도자, 조직을 만든 자, 교사자 및 방조자 또는 상기 범죄의 실행을 공모한 자는 실행범이 누구이든 공통목적의 수행을 위해서 행해진 모든 범죄에 대하여 책임을 진다'

그러나 동 규정은 이미 기술한 JCE의 멤버가 조직의 일원을 통하여 범죄를 행한 경우의 규정으로 해석이 가능하지만, 부작위범 일반에 대한 규정도 아니고 상관의 부작위 책임에 대한 규정도 아니다.

뉘른베르그조례 및 동경조례는 부작위범은 언급하지 않고 작위만을 문제 삼았다.

결국 뉴른베르그재판 및 동경재판에서 추급된 지휘관 책임은 부작위에 대해서도 형사책임을 추급할 수 있다고 하는 각국 형사법에서 인정된 일반적인 원칙을 최후의 기반으로 한 것이며, 아직 국제관습법으로 확립되어 있지 않은 원칙을 적용한 것이다.

뉴른베르그재판 및 동경재판에서는 지휘관 책임을 묻는데 있어 상기한 것 외에 1907년 헤이그 육전법규의 부속규칙 제1조 및 제43조도 근거로 하였다.

부속규칙 제1조의 규정은 다음과 같다.

"전쟁법규, 권리와 의무는 군에 적용될 뿐만 아니라 다음의 조건을 구비하는 민병 및 지원병 단체에도 적용된다. 그 조건이란 부하에 대해 책임을 지는 자에 의해 지휘될 것, 멀리서 인식할 수 있는 고착된 특수한 휘장을 부착할 것, 공공연하게 무기를 휴대할 것 및 그 행동에 있어서 전쟁의 법규 및 관례를 준수할 것 등이다. 민병 또는 지원병 단체가 군대의 전부 또는 일부를 구성하는 국가에 있어서는 이들도 군대에 포함된다."

부속규칙 제1조는 조문의 내용에서 분명히 알 수 있듯이 군대 및 그와 동일시할 수 있는 단체에 대한 규정에 지나지 않는다. 지휘관 책임과 약간 관련 있는 것은 군대와 동일시되는 단체에 대하여 '부하에 대해 책임을 지는 자에 의해 지휘될 것'을 들고 있다는 점인데, 지휘계통의 존재를 요구하고 있을 뿐이며 부하의 위법행위에 상관이 지휘관 책임을 진다는 취지의 규정이 아니다.

또한 부속규칙 제43조의 규정은 다음과 같다.

"사실상 권력을 장악한 점령군은 공공질서 및 안전을 가능한 한 회복시키고 확보하기 위하여 시행가능한 모든 수단을 다하여야 한다. 다만, 절대적으로 불가능한 경우를 제외하고 당해국에서 유효한 법을 존중하여야 한다."

　부속규칙 제43조는 조문의 내용에서 분명히 알 수 있듯이 점령군의 질서회복의무에 대한 규정이며, 점령군에 속한 부하가 위법행위를 했을 때의 상관의 책임에 대해서는 언급이 없다. 질서회복의무는 훈시규정에 그치고, 이러한 의무를 태만히 한 경우에 형사책임을 추급하는 문제는 예정되어 있지 않다.

　나아가 제2차 세계대전 후 국제법의 제원칙으로 정식화된 뉴른베르그원칙도 지휘관 책임에 대한 언급이 없다.

　또한 1949년 제네바협약의 중대한 위반도 부작위를 문제삼고 있지 않다. 즉, 1949년 제네바협약의 중대한 위반 중, 포로의 대우에 관한 조약(제네바 제3협약) 제130조 및 전시에 있어서의 민간인의 보호에 관한 협약(제네바 제4협약) 제147조는 각각 '공정한 정식재판을 박탈하는 행위'를 중대한 위반의 하나로 열거하고 있다. 그것은 작위에 의한 것이라기보다도 부작위 즉 공정한 정식재판을 행하지 않음으로서 범해지는 것이 오히려 보통인데, '공정한 정식재판을 박탈하는 행위'를 포함한 중대한 위반에 대해서 형사책임을 추급하기 위한 세계관할을 규정하고 있는 제네바 제3협약 제129조 및 제네바 제4협약 제146조는 스스로 직접 범죄를 행하거나 명령한 경우만을 상정하고 있어 부작위를 문제 삼지 않은 것이다.

　이와 같이 제2차 세계대전 당시의 국제관습법은 지휘·명령한 자만을 문제로 삼고 부작위범에게 책임을 지우는 데까지는 이르지 못했었다.

　그런데 국가가 전쟁을 수행하는 중에 범하는 범죄는 실제로 범죄를 실행하는 자가 말단의 병사라고 해도 조직의 문제이며, 조직 상층부의 책임이 추궁되는 것은 당연하다. 그러나 이것이 인정을 받기에는 시대의 흐름을 기다려야 했다.

　즉, 국제조약으로서 최초로 부작위에 의한 전쟁범죄에 형사처분을 부과한다는 취지를 규정한 것은 '전쟁범죄 및 인도에 반한 범죄에 대한 시효부적용에 관한 1968년 조약'(the Convention on the non-Applicability of Statutory Limitations to War Crimes and Crimes against Humanity of 26 November 1968)이다. 동 조약 제2조는 전쟁범죄(최광의)를 범한 경우 범죄를 주범 또는 종범으로서 행한 범인 외에 범죄를 눈감아 준(부작위) 국가의 대표에게도 조약상의 규정이 모두 적용된다는 취지를 규정하고 있다.

이것을 계기로 지휘관 책임의 사고는 점차 국제법으로 발전하고 결국 국제관습법으로서 인정받게 되었다.

1977년 제네바협약 제1추가의정서 제86조는 이와 같은 단계를 거쳐 국제관습법으로 확립하게 된 지휘관 책임을 반영한 것이며, 이의 없이 채택되었다.

동 의정서 제86조는 다음과 같다.

제86조 의무의 이행을 태만히 하는 행위(부작위)

1. 체약국 및 교전국은 작위의무가 있는 경우에 이를 행하지 않음으로써 발생하는 제네바협약 또는 본 의정서의 중대한 위반을 억제하고 기타 모든 위반을 억제하기 위하여 필요한 조치를 취하여야 한다.

2. 제네바협약 및 본 의정서의 위반이 부하에 의하여 행하여졌다는 사실은 경우에 따라 부하가 그러한 위반을 행하고 있는 중이거나 행하리라는 것을 알았거나 또는 당시의 상황 하에서 그렇게 결론 지을 수 있을 만한 정보를 갖고 있었을 경우 그리고 권한 내에서 위반을 예방 또는 억제하기 위하여 실행 가능한 모든 조치를 취하지 아니하였을 경우에는 그 상관의 형사 또는 징계책임을 면제하지 아니한다.

제86조 1항은 체약국 및 교전국은 ①부작위에 의한 범죄가 제네바 4개 협약 및 제1추가의정서의 중대한 위반에 연관될 때는 세계관할을 인정하여 형사책임을 추급해야 하고, ②중대한 위반 이외에 연관될 때는 형사책임을 추급하거나 또는 징계처분을 부과해야 한다는 취지를 규정한 것이다.

제86조 2항은 상관은 부하의 위반행위를 알았거나 힌트가 될 정보를 획득했음에도 불구하고 자기의 권한 내에서 가능한 방지조치를 취하지 않고 또는 처벌하지 않았을 때는 지휘관 책임을 면할 수 없다는 취지를 규정한 것이며, 이 규정은 민간인도 포함한 모든 상관을 대상으로 하고 있다.

또한 동 의정서 제87조는 제86조와 관련하여 군지휘관(military commander)의 의무를 명확히 하고 있다. 즉, 동 의정서 제87조 1항은 체약국 및 교전국은 "군지휘관에게 부하 및 그 지배하에 있는 자에 의한 위반행위를 억제할 것을 요구하여야 한다."는 것을, 2항은 체약국 및 교전국은 "군지휘관에게(필자주 : 부하가 위법행위를 행하지 않도록 사전에 부하를) 교육·훈련하도록 요구하여야 한다."고 규정하였다. 그리고 3항은 "(군인의)(필자주 : 원문은 any commander이므로 문언상은 군인에 한정되지 않는 것으로 해석할 수 있으나, 1항 및 2항과 관련지어 해석하면 어떠한 지위의 군지휘관이라도 그 계급에 따라서라는 의미로 군지휘관에 한정된다) 지휘관은 부하 및 지배하에 있는 자에 의해 위반행위가 행해질 것을 알았을 때는 예방조치를 취하고 또는 사후에 알았을 때는 처벌해야 한다."고 규정하였다.

제87조 3항의 지휘관의 예방 및 처벌의무(지휘관 책임)는 '알 수 있었을 때'라는 명문은 규정하고 있지 않으나, 제86조 2항의 '알 수 있었을 때'를 포함하고 있다고 해석할 수 있다.

4. 지휘관 책임이 문제된 사례

(1) 제2차 세계대전 후의 군사법정에서 야마시타 대장에게 물은 지휘관 책임

야마시타(山下奉文) 대장은 1944년 10월 9일부터 1945년 9월 3일까지 약 1년에 걸쳐 마닐라 및 필리핀群島에서 일본군이 조직적으로 필리핀의 일반시민에게 살인·고문·약탈·파괴 등을 행하고, 특히 베이뷰 호텔(bay view hotel)에서 부녀자를 강간하는 등의 잔학행위를 자행한 사건에서 부하의 잔학행위를 방지하지 않았다고 하여 지휘관 책임이 제기되었다.

아시아·태평양 미국 군사위원회(the United States Military Commission in the Asia-Pacific)에서 언도된 판결은 "범죄가 시간적으로도 장소적으로도 대규모적이고 광범하게 행해졌다는 점에서 추측하면, 피고인에 의해 암묵적인 양해가 있었든지 비밀리에 명령이 하달되었다"고 하여 부작위가 아니라 작위(암묵적 양해 또는 비밀리의 명령)가 있었음을 인정하는 한편, 동일한 이유로 "피고인은 틀림없이 알고 있었다."면서, 알면서도 아무런 대책을 취하지 않은 부작위를 문제 삼는 듯한 인정을 하였고, 더욱이 "살인·강간·광폭한 복수 행위가 광범하게 행해지고 있을 때 상관이 아무 사실도 확정하려고 하지 않고 이것을 방지하기 위한 유효한 수단을 취하지 않으면, 범죄의 성질과 구체적 상황에 따라 그의 부대가 범한 범죄에 대하여 형사책임을 진다"는 것을 당연히 알 수 있었음에도 정보 수집을 게을리 하고, 따라서 범죄행위를 방지하기 위한 조치를 취하지 않은 부작위를 문제 삼고 있는 듯한 인정을 하였다.

이러한 사실인정은 후에 야마시타 사건에 대한 많은 비판을 초래하였다.

래트리지 판사와 머피 판사는 강한 반대의견을 표명했다. Andrew D. Michell, "Failure to Halt, Prevent, or Punish : The Doctrine of Command

Responsibility for War Crimes", 22 Sydney L. Rev.(2000), pp.381-390는 야마시타사건에 적용된 지휘관 책임의 기준은 명확하지 않다고 기술하였다.

Chief Bassiouni, International Criminal Law, Transnational Publishers, p.196은 야마시타 사건에 적용된 지휘관 책임의 기준(위 본문에 있는 것처럼 구체적 상황을 무시하고 부하의 범죄행위를 당연히 알 수 있었다고 인정한 점)은 그 이후 적용된 적이 없는 기준으로 재판의 오점이라고 기술하였다.

부하의 범죄행위가 대규모·광범위하게 행해지고 있다고 해서 즉각 암묵적 양해 또는 비밀 명령 등 상관의 작위 또는 알고 있었다는 사실을 인정하는 것이 무리라는 점은 많은 말이 필요 없을 것이다. 또한 부하의 범죄가 대규모·광범위하게 행해지고 있어도 그것으로 바로 당연히 알 수 있었다고 인정할 수는 없다. 그러한 추론은 구체적 상황을 전제로 하고나서야 비로소 가능하다.

야마시타 사건에서 최대 문제가 된 것은 구체적 상황을 무시하고 당연히 알 수 있었다고 인정했다는 점이다.

당시 상황은 고다마(児玉襄)에 의하면 다음과 같았다.

애초 야마시타 대장이 第14方面軍 사령관에 부임한 것은 구일본군의 패색이 짙어진 1944년 10월 6일이었다. 그로부터 2주일 후인 10월 20일 미군은 레이테섬에 상륙하였고, 구일본군 레이테 부대는 사분오열되어 산속으로 도주하는 게 고작이었다. 일찍이 혼마 마사하루(本間雅晴) 중장이 이끄는 구일본군이 링가엔만 상륙작전에 성공하여 마닐라에 입성했을 때 "나는 반드시 돌아올 것이다(I shall return)"라는 말을 남기고 오스트레일리아로 탈출한 맥아더 元帥는 레이테에 상륙한 후 "나는 돌아왔다(I have returned)"는 승리의 一聲을 올렸다.

바탄반도와 레이테섬은 전략적인 요충지였으나 大本營은 루손섬을 승패의 갈림길로 보았기 때문에 레이테작전은 안중에도 없었다. 제14방면군 참모장 무토 아키라(武藤 章) 중장이 부임할 수 있었던 것은 미군의 레이테섬 상륙 직후로, "어디에 레이테섬이 있는가?"라고 물을 정도로 레이테섬은 큰 비중을 차지하고 있지 않은 상황이었다. 또한 제14방면군은 육군 약 23만 명의 병력을 보유하고 있었다고 해도, 제4항공군 약 6만 명과 제3선박사령부에 속한 해군부대 및 해군의 육전대 합계 약 6.5만 명은 야마시타 대장의 지휘 하에 있지 않았다. 야마시타 대장은 무토(武藤) 중장을 데라우치 히사이치(寺內壽一) 南方軍 총사령관 휘하에 파견하여 "南方總軍 및 大本營의 작전이 동맥경화 증상을 보이고, 그 때문에 많은 인명을 헛되이 잃고 있다"고 전하면서 작전중지를 호소했다. 그러나 南方總軍은 레이테 결전 속행의 지시를 하달하고 사이공으로 사령부를 이전시켰으며, 특공대의 공격을 지휘하고 있던 도미나가 쿄지(富永恭二) 중장도 대만으로 탈출해 버렸다.

그런 가운데 야마시타 대장은 12월 19일 레이테 작전중지와 철수 명령을 하달하고, 마닐라 함락 후 퇴로가 끊기기 직전에 自給抗戰을 위해 산속으로 대피했다. 마닐라를 떠나면서 야마시타 대장은 2개 대대 만을 남기려고 했으나, 해군의 반대로 육전대 약 1만 명을 마닐라 사수에 임하게 했다. 이 마닐라 잔류병은 식량도 총기·탄약도 없는 玉碎部隊로 자포자기에 빠져 학살·고문·강간·파괴·약탈 등을 일삼았다.

야마시타 대장 자신의 대피도 용이하지 않았고, 別莊地 바기오 산 → 반반 → 키앙간 → 하방간 → 鹽泉이 있는 아신 계곡으로 전전하여 휘발유와 총기·탄약의 부족은 말할 것도 없었으며, 통신기도 구식에다 대형이었기 때문에 운반이 어려웠고, 전지나 진공관뿐만 아니라 통신사나 암호사도 부족하여 지휘하의 부대와도 연락이 도중에 끊기는 경우가 많아 필요한 명령을 전달할 수도 없었으며, 말라리아와 赤痢 (dysentery, 이질의 종류)로 고통을 받았다.

이러한 상황에서는 잔학행위를 방지하지 못한 책임의 전제로서 과연 잔학행위가 행해지고 있다는 정보의 수집이 가능했는지 의심스럽고,

설령 정보의 수집이 가능했다고 하더라도 군의 조직 그 자체가 붕괴하는 가운에 유효한 방지책을 강구할 수 있었을까 의심스럽다.

그러나 마닐라 시내의 고등판무관 홀에서 개최된 미국 군사위원회는 당시의 구체적 상황을 무시하고 약 3개월의 속결 재판으로 교수형 판결을 내리고, 야마시타 대장에게 절대적 책임이라고도 할 수 있는 지휘관 책임을 물었다. 그것은 어떠한 상황에서도 책임을 묻는 엄격한 것이었다. 판결은 미국 시간으로 진주만 공격일에 해당되는 1945년 12월 7일에 언도되었다.

이 판결에 대해 미국 최고재판소에 人身保護令과 판결 집행중지 청원이 제출되었으나, 본 사건은 군사재판의 대상이며 최고재판소의 관할외라는 이유로 각하되었다. 미국 최고재판소의 재판에서는 "편견에 기초한 재판이며 보복정신으로 가득차 있다"라는 의견이 있었지만, 이는 소수의견에 그쳤다.

또한 야마시타 대장이 필리핀의 산속에서 나와 투항하여 항복문서에 조인했을 때, 적군을 대표한 것은 싱가폴 함락시 말레이시아의 호랑이라고 불리며 두려움의 대상이었던 야마시타 대장이 'yes냐 no냐'라고 압박해 굴욕을 당한 영국의 퍼시발 중장이었다. 거기에는 舊일본군에 의한 마닐라 입성 시, 맥아더를 대신해 항복한 J.웬라이트 중장도 참석해 있었다.

맥아더는 군복을 박탈하고 즉시 처형하도록 명령했으나, 야마시타 대장은 집행에 입회한 올드만 대위로부터 받은 카키색 셔츠와 바지를 입고 1946년 2월 23일 로스·바뇨스 형장에서 처형되었다.

야마시타 대장은 싱가포르·말레이시아 반도·홍콩·인도네시아·필리핀에서 일어난 화교숙청계획의 중심인물이며, 그 희생자는 8만명을 넘었다. 동 사건은 싱가포르 血債事件으로 전후배상의 원인이 된 것으로 알려졌다.

나카지마(中島正人)著 『謀殺의 航跡 - 싱가포르 화교학살사건』(講談社)에 따르면, 야마시타 대장은 '싱가포르의 화교는 모두 죽인다. 싱가포르뿐만이 아니다. 어쨌든 이 南洋에서 화교를 한 명도 남기지 않고 추방하라. 화교 따위는 모두 죽여라'고 몇 번이고 말했다.

일본군이 싱가포르를 점령했을 때의 학살은 상상을 초월하는 것이었으며, 증인의 증언에 따라 당시의 상황을 재구성한 『일본군 점령하의 싱가포르 화교학살사건의 증명』(青木書店)에 따르면, 아이를 안고 두 다리를 붙잡아 휘둘러 나무에 머리가 부딪쳐 脳漿(뇌의 점액)이 흘러나온 자도 있었고, 또 단파 라디오를 들은 자에게는 빨갛게 달군 쇠를 귀에 붙여 양쪽 귀를 막고, 만약 자백하지 않으면 철사로 양귀를 꿰뚫는 형벌이 집행되었다.

(2) 동경재판에서 히로타 수상에게 제기된 지휘관 책임

히로타 코키(廣田弘毅)는 1933년 9월에 외상이 되었으나, 때마침 前내각이 2·26사건으로 실각했기 때문에 1936년 3월에 수상으로 취임하여 세간으로부터 공짜로 주운 내각이라고 냉소를 받았으며, 그 후 재차 외상이 되었다. 남경대학살 사건은 외상 취임 후인 1937년 12월에 일어났다.

동경재판에서는 '일본군의 남경 입성 직후에 일어난 잔학사건에 대해 외상으로서 보고를 받고 있었다. 사건에 대해서 육군성이 책임지고 중지시키겠다는 약속이 있었다. 이 보증약속이 있은 후에도 적어도 1개월간 잔학행위가 계속되고 있다는 보고가 접수되었다'고 인정한 상태에서, "몇 백 명이나 되는 사람이 매일 살해·강간·기타 잔학행위에 희생되었지만, 히로타가 육군성의 보증약속이 이행되고 있지 않다는 것을 알면서도, '잔학행위를 즉각 중지시키기 위한 대책을 취해야 한다.'고 각의에서 강하게 주장하지 않았고, 또 그에게 가능했던 기타 수단을 조금도 취하지 않았던 것은 직무에 부과된 의무에 위반하고 이 의무위반

(부작위)은 형사책임에 상당하다"고 판단되어 교수형에 처해졌다.

그러나 고다마(兒玉襄)는 외상 당시의 히로타는 남경사건도 군의 검열로 인해 알 수 있는 방법이 없었다고 한다.

(3) ICTY에서 지휘관 책임이 제기된 사례

◙ 드브로브닉 파괴사건

드브로브닉(중세자치도시) 파괴사건의 피고인 스투르가는 JNA 중장으로 1991년 10월에 드브로브닉 주변을 관할하는 JNA 제2방면군 사령관에 취임했다. 드브로브닉 파괴사건은 코바체비치 대위(472기갑여단의 제3대대사령관) 지휘하에 행해졌으나, 스투르가는 코바체비치 부대에 대해 상관으로서 지휘·명령할 권한을 가지고 있었다.

스투르가는 스루디山의 탈환을 명령했을 뿐이며, 구시가지의 공격은 명령하지 않았다. 또한 스루디山 탈환을 위해서 필요하다면 드브로브닉도 포함한 공격이 합의된 작전회의에도 출석하지 않았다.

그런데 구시가지의 공격이 시작되자 국제적 비난이 일어나 스투르가는 공격을 중단시킬 것을 요구받았으나, 국제적 비난이 지나치다며 즉각 공격중지 명령을 내리지 않았다. 드브로브닉에 대한 군사작전은 10월 1일부터 시작되었으며, 本件 이전의 전투행위에서도 구시가지에 수백발의 총탄이 박혀 있었으므로 스투르가로서는 지휘하의 부대가 고의적으로 구시가지에 무차별 공격을 할 수도 있다는 것을 알 수 있었을 것이다.

스투르가가 정전명령을 내린 것은 구유고연방 국방장관의 지시를 받은 후였다. 그렇지만 이 정전명령은 일부 부대에만 전해졌을 뿐이며, 스루디山 탈환작전에 임하고 있던 보병부대에는 전달되지 않았고, 그 때문에 실제 정전은 그 다음 날로 지연되었다.

따라서 스투르가 자신이 구시가지 공격명령을 내리고 또는 교사했다고는 인정할 수 없지만, 구시가지가 공격대상이 되지 않도록 또는 공격을 종료시키도록 충분한 수단을 동원하지 않았다. 더욱이 사건 후에는 구시가지를 공격한 범인의 처벌이 가능했지만 어떤 수단도 취하지 않았다. 그것은 상관이 지닌 권한 내의 수단을 동원하지 않았다는 것으로 지휘관 책임의 이유가 된다.

◘ 사라예보 靑空市場 迫擊事件

피고인 가리치는 VRS 소장으로 사라예보 · 로마니아 사단장이었다. 그는 최고실권자인 VRS 최고사령관인 스르프스카 공화국 대통령 카라지치, 서열 2위인 VRS 사령관 무라지치의 휘하에서 10개 여단, 1만 8천명의 병력을 통솔하여 지휘하고 무슬림인 세력과 국제연합과의 교섭 등 사단의 지휘권한을 가지고 있었다. 사라예보가 세르비아인 세력의 공격에 놓인 약 3년 반 동안 사라예보 · 로마니아 사단의 사단장은 3명이 교대했으나, 가리치는 1992년 9월부터 1994년 8월까지의 2년간 가장 오랫동안 사단장을 역임했다.

가리치의 행위가 지휘 · 명령 등을 한 개인의 직접책임에 해당되는지 아니면 충분한 예방조치를 취하지 않은 지휘관 책임에 해당되는 지에 대해서 1심 판결에서는 의견이 나뉘었다.

다수의견은 다음과 같은 이유로 개인의 직접책임에 해당된다는 입장이었다.

즉, 광범위한 일반시민에 대한 공격은 사령관의 의사 없이 행할 수 없음이 명확하며 예를 들면, 국제연합의 경고 이후에는 VRS의 공격 빈도가 소원해졌지만 오래 지속되지 않고 재차 빈번하게 공격이 행해지게 된 사실이 보여주듯이 가리치는 공격의 규모와 빈도를 적극적으로 통제하고 있었다.

　실제 가리치는 명확한 공격명령을 하달하지 않았으나 23개월이라는 기간 동안 부하의 범죄를 알고 있었고, 상관으로서 범죄를 중지시킬 의무를 지고 있었지만 아무런 조치도 취하지 않았다. 그것은 적극적으로 일반시민에게 범죄를 가할 의사를 묵시적으로 나타냈다는 점이다.

　이에 대해 소수의견은 다음과 같은 이유에서 개인의 직접책임이 아니라 지휘관 책임에 해당된다고 보았다.

　즉, 가리치의 명령을 들은 자가 없고 서류도 없으므로 명령했다는 것은 간접증거에서 나온 추론이다. 그런데 추론의 근거로 다수의견이 제시하는 증거는 국제연합 대표가 1992년 12월 16일 가리치와 회담했을 때, 가리치는 "거리를 파괴하든지, 무슬림인을 내쫓든지 둘 중의 하나다"라고 말하며 협박했다는 증언인데, 몇 년이나 지난 후에도 떠올릴 수 있을 정도로 인상적인 말이지만, 사라예보 체류 중 항상 붙어 다녔다는 당해 증인의 일기에는 기술되어 있지 않고, 그가 검찰 측에 제공한 다른 자료에도 이것을 증명할 기술이 없으므로 신뢰성에 의문이 있다. 게다가 동 회담에 동석한 다른 멤버는 위의 가리치의 말을 기억하지 못했다. 동석자는 "사라예보는 포위상태에 있으므로, 보스니아의 다른 지역에서 세르비아인 세력의 계획대로 일이 진행되지 않으면 사라예보를 인질로 할 수 있다"는 일반적인 인식이 있었다고 증언할 뿐이다. 또한 다수의견은 "공항에서 일반시민을 표적으로 삼는 것을 중지하지 않겠다."는 취지의 가리치의 발언을 명령의 근거로 삼고 있으나, 가리치는 일반시민으로 위장한(camouflage) 병사가 군사목적으로 공항을 이용하고 있다고 보고 있었기 때문에 그러한 발언을 한 것이며, '일반시민을 표적으로 하라'고 명령을 하달한 것은 아니었다. 증인이 된 前병사도 "일반시민에게 공항이 개방된 것을 이용하여 폭약이 운반되고 있었다.", "1993년 3월에는 탄약을 적재한 트럭이 활주로를 횡단할 때 총격을 받아 폭발했다"고 증언했다.

게다가 가리치는 제네바협약을 비롯해 국제인도법을 준수하겠다는 것을 서면(1993년 5월 15일, 동년 9월 15일)으로 제출하였고, 증인이 된 16명의 前병사가 '일반인이 표적이 되지 않도록'이라는 명령을 들었다고 하였다. 또한 가리치는 국제연합 대표로부터 '가리치의 부하병사가 일반시민을 표적으로 하고 있을 가능성이 있다'라는 경고를 받자, 적어도 2회 (1992년 11월 28일, 1993년 8월 20일)에 걸쳐 내부조사에 착수하였다.

즉, 가리치는 부하인 범죄 실행자에 대한 실질적 지배권을 지니고 있었고, 사전에 범죄를 알 수 있었지만 철저히 조사하여 부하의 범죄를 방지할 수 있는 모든 수단을 취하였다고는 말할 수 없기 때문에 지휘관 책임을 져야 한다.

5. JCE와 지휘관 책임의 관계

상관이 범죄를 명령하였거나 JCE(범죄집단)의 최고지위자로서 실행범과 함께 범죄를 행했을 때는 지휘관 책임이 문제되지 않는다. 즉, ICTY 규정 제7조 1항의 개인의 직접책임에 따라, 작위책임이 제기될 때는 같은 사건으로 재차 부작위 책임이 제기되는 일은 없다. 지휘관 책임은 부작위에 의해 범죄가 행해진 것이 사실일 때 또는 작위에 의해 행해진 것이 사실이라도 입증이 되지 않을 때에 문제된다.

그리고 상관이라는 지위는 ICTY 규정 제7조 1항의 개인의 직접책임을 묻는데 있어서 형을 무겁게 하는 사유로 고려된다. 다른 한편 지휘관 책임은 상관이기 때문에 추급되는 책임이므로, 상관이라는 지위는 지휘관 책임으로 완전히 평가되고 있으므로 형을 무겁게 하는 사유는 되지 않는다.

ICTY에서 검찰관은 통상 하나의 사실(訴因)에 대하여 개인의 직접책임과 지휘관 책임의 양자를 대조하여 (선택적으로가 아니라) 중첩적으로 ICTY 규정 제7조 1항과 3항에 기초하여 기소하고 있다. ICTY의 판례도 최초에는 이러한 검찰관이 제시하는 조항을 판결에서 그대로 인정하였다. 그러나 이러한 방식은 작위와 부작위 책임을 동시에 묻는 모순이 있으므로 위 본문과 같은 방식으로 바뀌었다.

범죄를 명령하고 또는 JCE의 최고 지위자로서 실행범과 함께 범죄를 행할 경우 예방행위 또는 처벌행위를 하지 않는 것은 당연하며. 지휘관 책임(부작위)은 개인의 직접책임(작위)으로 완전히 평가되어 있어 별도로 문제되지 않는다. 그리고 ICTY 규정 제7조 1항이 우선적으로 적용되며. 지휘관 책임은 부작위에 의해 범죄가 행해진 것이 사실일 때 또는 작위에 의해 행해진 것이 사실일지라도 입증되지 않고 부작위라면 입증가능할 때에 문제될 뿐이다.

그러나 ICTY의 판례는 동시에 개인의 직접책임(작위)을 물을 것인가, 지휘관책임(부작의)을 물을 것인가를 재판관의 재량으로 정할 수 있고, 가장 적절한 책임형태를 선택할 수 있다고도 기술하고 있어, 위의 이론에만 따르고 있는 것은 아니다.

그것은 비논리적인 것처럼 보이지만 개인의 직접책임(작위)도 합리적 의구심도 포함하지 않을 정도로 입증할 수 있다고도 말할 수 있으나, 지휘관 책임이라면 100% 의구심을 포함하지 않고 입증할 수 있는 경우, 실질적으로는 지휘관 책임을 묻는 것이 옳다고 판단된다. 가장 적절한 책임형태를 선택할 수 있다는 사고는 그러한 경우를 염두에 둔 편법이다.

6. 지휘관 책임의 오늘날의 의의

상관이었다는 사실만으로 책임을 추급해도 미래의 교훈은 얻을 수 없다. 그러나 ICTY가 문제 삼고 있는 지휘관 책임은 구체적인 상황에서 무엇을 해야 마땅했는가를 묻는 것이며, 전쟁상태를 초월하여 어떤 조직에도 타당한 보편성이 있다. 그런데 지휘관 책임이 제기되는 사태는 부하의 일탈행위로 보이는 행위가 실제로는 일반에게는 적용하지 않는 조직의 논리를 체현한 행위일 경우에 일어날 가능성이 많다. 이러한 경우 어떤 이유로 일탈행위가 조직의 외부로 새나가는지가 명확해지면, 체면유지를 위해 도마뱀이 꼬리를 자르는 것과 같이 말단 행위자의 책임만을 문제 삼으려고 한다. 이래서는 조직의 상태가 개선되지 않고, 미래에도 조직이 갖추어야 할 당연한 모습을 기대할 수 없다.

국제관습법으로 확립된 지휘관 책임은 조직의 대세에 저항해도 또는 사표를 내던져서더라도 당연한 그런 모습을 추구할 것을 상관에게 요구하고 있는 것이다.

지휘관 책임은 제노사이드죄와 인도에 반한 죄 등의 중대한 범죄행위를 방지 또는 처벌하지 않은 경우에 한정되며, 부하의 일상적인 일탈행위를 문제삼고 있는 것은 아니고 또 동료가 보고도 못본 척해도 동일한 책임이 생기는 것도 아니다.

그러나 지휘관 책임의 사고는 조직 구성원 모두의 생각과 행동에 영향을 미쳐 어떤 행위의 시시비비를 추구하고자 하는 분위기를 조직 전체에 퍼지게 할 것이다.

제3절 국가원수의 책임

1. 문제의 소재

국가원수나 정부고관이 직무수행으로서 전쟁범죄 등의 중대한 범죄를 범했을 때, 그들이 요직을 점하고 있는 정권이 이들을 소추하는 것은 생각할 수 없다. 그렇다면 국제적인 재판소나 외국의 재판소는 그들을 소추하여 형사책임을 물을 수 있을까?

동일한 문제는 국내적으로도 발생할 수 있다. 즉, 반정부 인사들을 고문하거나 박해하여 인권을 억압하던 군사정권이 정변으로 민주정부로 대체되었을 때 예전 군사정권시의 국가원수나 정부고관을 소추할 경우 그들은 형사면책 주장이 가능한가?

이러한 점이 이하에서 다루고자 하는 문제이다.

2. 국가원수의 형사면책

우선, 형사면책이란 다음의 두 가지를 말한다.

① 절차적 면책이란 그 지위에 있는 기간 모든 형사상의 책임을 면한다는 의미이다(immunity rationae personae 또는 procedural immunity 라고 불린다).

② 실체적 면책이란 직무에 관한 행위에서 생기는 형사상의 책임을 면한다는 의미이다(immunity rationae materiae 또는 substantial immunity 라고 불린다).

절차적 면책은 지위를 벗어나면 면책특권도 사라지지만, 실체적 면책은 지위를 벗어나도 면책특권은 사라지지 않는다.

국가원수 등의 형사면책에 대해 ICTY 규정 제7조 2항은 "피고가 국가원수이든 정부수반이든 또는 고급공무원이든, 그 공식적 지위로 인해 형사책임이 면제되지 않으며 또한 이로 인해 형벌이 감면되지 아니한다."라고 규정하고 있다. ICC 규정 제27조도 동일한 취지이다.

이들 규정은 절차적 면책과 실체적 면책의 양자가 적용되지 않음을 의미한다. 즉, 제노사이드죄, 인도에 반한 죄, 전쟁범죄 등의 중대한 범죄에 대해서는 실제로 공적 지위에 있는 기간에도 소추가 가능하며, 공적인 직무에 관한 행위로서 행하였다고 하더라도 면책되지 않는 것이다.

ICTY는 실제 밀로세비치 사건에서 이 규정을 적용하고 "ICTY가 관할하는 전쟁범죄에 대해서는 형사책임은 인정할 수 없다"고 하였다.

밀로세비치는 대통령에 재직중이었던 1999년 5월 22일에 기소되었다. 그 후 대통령직을 물러나 세르비아 국내에서 別件(공금횡령 등의 국내범죄)으로 기소되어 있었던 2001년 6월 29일에 ICTY에 신병이 이송되었다. 형사면책 신청이 있은 것은 신병이 이송된 후이다. 이 신청이 실체적 면책의 주장인지 절차적 면책의 주장인지 명확하지 않았으나, ICTY는 그 해 11월 8일의 결정에서 실체적 면책에 관한 신청으로 해석하고 검토한 끝에 이것을 부정했다.

3. 국가원수 책임의 역사적 발전

(1) 세계관할을 인정한 조약의 채택

국가원수와 정부고관이 중대한 범죄, 특히 제노사이드죄, 인도에 반한 죄 및 전쟁범죄 등을 직무상 범했을 때에도 형사책임을 면하지 못한다는 생각은 제노사이드죄 등의 역사적 교훈에 따라 생긴 것이다.

즉, 종래에는 피해자도 가해자도 국민이고, 국내에서 범죄가 행해지는 것이 통상적이었으며, 그 시대의 형사재판권은 국가의 치안을 유지하기 위해 국내에서 행사하는 것을 상정하고 있었다.

그러나 시대가 변하고 제노사이드죄, 인도에 반한 죄 및 전쟁범죄 등의 혐오스런 범죄가 국가체계를 초월해 발생하고, 이들 범인을 국가를 초월해 처벌함으로써 이러한 범죄가 다시는 반복되지 않도록 할 필요가 있을 것으로 판단하게 되었다. 그와 함께 국제인도법과 인권에 대한 사고방식도 발전하고 많은 국가가 피해자의 인권을 보다 잘 보호하는 일에 관심을 가지게 되었다.

이리하여 중대한 범죄에 대해서는 국가주권을 초월하여 형사재판권을 행사하는 것이 마땅하다고 판단하게 되어, 세계관할을 인정하는 조약이

작성되기에 이르렀다. 예를 들면, 세계관할을 확립한 조약으로는 1910년
에 체결된 '백인노예 매매금지에 관한 조약'(the International Convention
for the Suppression of the White Slave Traffic) 등 오래된 것은 20세기 초까
지 거슬러 올라간다. 그 후 노예매매, 해적행위, 통화위조, 테러금지 등
에 대해서도 마찬가지로 세계관할을 인정하는 조약이 체결되었다. 제2
차 세계대전 후에는 1949년 제네바 4개 협약을 비롯하여 체약국에게 세
계관할을 규정할 의무를 지게 하는 많은 조약이 작성되었다.

　　세계관할을 규정한 조약은 다음과 같다.
　　1948년의 제노사이드금지조약 제6조는 범죄가 "그 영토내에서 행해진 국
가의 당해 재판소에서 또는 국제형사재판소의 관할권을 수락한 체약국에 대
해서는 동 재판소에서 심리된다." 라고 규정하고 있다.
　　1949년의 제네바 4개 협약(제1협약 제49조, 제2협약 제50조, 제3협약 제129
조, 제4협약 제146조) 및 1977년의 제1, 2추가의정서, 1984년의 고문금지조
약, 1989년의 용병의 모집·사용·자금제공·훈련 금지에 관한 국제조약은
타 체약국에 범인을 인도하거나 자국에서 재판해야 할 의무를 부담한다.
　　1973년의 유색인종 차별정책(apartheid) 금지 및 처벌에 관한 국제조약 제5
조는 범죄가 행해진 영토의 체약국에 소추 의무를 부담시키고, 기타 체약국의
재판소 및 국제적인 재판소의 관할권을 수락한 체약국에 대해서는 국제적인
재판소도 범인을 재판할 수 있다고 규정하였다.

　　그런데 세계관할권을 규정하는 조약이 존재한다는 사실이 반드시 실
제 행사로 연결되는 것은 아니다. 양자는 별개의 문제이며, 국가원수
등에게 형사면책이 인정되는지 여부는 실제로 세계관할권이 행사되고
적용되어 국제관습법으로 확립되었는지에 의한다. 그것은 다음과 같이
국제적인 형사재판소의 경우와 외국이나 정변후의 당해국에서는 역사
적으로 다른 발전을 걸어왔다.

◘ 국제적인 형사재판소의 세계관할권의 행사

국제적인 형사재판소는 중대한 범죄를 범한 범인을 재판함에 있어 세계관할권을 실제로 행사하여 국가원수 등에게 형사면책을 인정하지 않았다.

뉴른베르그재판은 "국가원수 또는 정부고관 등의 공적 지위는 형사책임을 면제시키지 않으며 또는 책임을 경감하지 않는다."는 뉴른베르그조례의 규정을 적용하여 다음과 같이 기술하고 있다.

즉, "국가대표를 어떤 상황 하에서 보호하는 국제법 원칙은 국제법에서 범죄로 취급하는 행위에는 적용되지 않는다. 범인은 처벌을 벗어나기 위해서 공적인 지위뒤에 숨을 수 없다……. 뉴른베르그조례의 핵심은 개인은 각국에 의해 부과되는 국내적 의무를 초월하는 국제적 의무를 부담하고 있다는 점이다. 국가가 전쟁범죄를 용인하고, 국제법에서 인정한 권한을 일탈한 행동을 할 때는 국가의 권한에 따라서 행동하였다 하더라도 전쟁범죄를 범한 자는 형사면책을 향유하지 못한다."라는 것이며, 국가원수 등 공적 지위에 따른 행위라고 해서 형사책임을 모면하지 못하며 또한 정상참작 사유로도 인정되지 않았다.

"국가원수 등은 형사면책 되지 않는다."는 취지의 규정은 뉴른베르그재판에서 처음으로 적용되었으나, 국제법정에서 그러한 규정을 적용하겠다는 사고는 당시로서도 새로운 것은 아니었다.

즉, 제1차 세계대전 후 독일 황제 빌헬름 2세는 네덜란드로 망명하였고 그 외, 다른 전범도 누구 한 사람 연합국에 인도되지 않았기 때문에 그들을 국제적인 형사재판소에서 재판하는 일은 실제로는 불가능했으나, 베르사이유조약은 전쟁범죄에 대해 독일 황제 및 독일 군인의 전범을 국제적인 형사재판소에서 재판하기로 예정하고 있었다. 즉. 베르사이유조약은 독일 황제 빌헬름 2세에 대해서는 제227조에서 미국, 영국,

프랑스, 이탈리아 및 일본의 5인 재판관으로 구성된 특별법정에서 재판하기로 예정되어 있었고, 기타 독일 전범에 대해서는 제228조 및 제229조에서 피해자 국적국의 군사법정, 피해자 국적국이 다수일 경우에는 그들 국가의 군사법정의 멤버로 구성되는 국제군사법정에서 재판하기로 예정하고 있었다.

제2차 세계대전 후 국제법의 보편적 원칙을 확립한 뉘른베르그원칙은 "국가원수 등은 형사면책 되지 않는다."는 뉘른베르그재판에서의 실제 적용을 지지하고, "국제법 하에서 범죄를 구성하는 행위를 범한 자가 국가원수 또는 정부고관으로 행동했다는 사실은 국제법 하에서 형사책임을 면하게 하지 않는다."라고 규정하고 있다. 동 원칙은 그 후 많은 국가에 받아들여져 국제관습법으로 확립되었다.

(2) 개별 국가에서의 세계관할권의 행사

국제법정의 경우와는 달리 자국이 중대한 범죄를 범한 타국의 범인을 재판한 경우 그 취급은 동일하지 않다.

애초부터 제2차 세계대전 이전에 세계관할권을 규정한 조약은 체약국의 수가 한정되어 있거나 세계관할권을 행사하는 조건이 엄격하여 세계관할권이 실제로 행사되는 일이 없었고, 제2차 세계대전 이후에 이르러서도 세계관할권의 규정은 오랜 기간에 걸쳐 실제로 행사되지 않고 잠들어 있는 상태로 그것이 문제되기 시작한 것은 최근 들어서이며, 그 수도 한정되어 있다.

그렇지만 국가원수 등에게 형사면책을 인정할 것인지 여부에 관한 각국의 태도는 반드시 동일하지는 않아 그때그때의 각국의 판단에 일임되어 온 것이 현실이다.

예를 들면, 실체적 면책을 인정하지 않은 사례로는 피노체트 사건이 있다. 1999년 3월 24일 영국 상원(House of Lords. 영국 최고재판소)은 칠레의 국가원수였던 피노체트에게 실체적 면책을 부정하고 칠레에 신병을 인도하였다. 피노체트 사건의 결정(Decision of the House of Lords dated 24 March 1999)에서 영국 상원은 "기본적인 인권은 적정하게 지켜져야 한다. 이를 위해 민간인에게 잔학행위를 행한 자는 형사책임을 물어야 한다. 이와 관련하여 피고인이 높은 직위에 있었다는 항변은 허용되지 않는다."고 하였다. 또, 당시 피노체트는 대통령직을 물러난 상태였기 때문에 절차적 면책은 문제가 안 되는 것이었지만, 절차적 면책에 대해서도 검토가 이루어지고 의견은 나뉘어졌다.

피노체트 사건에서는 피노체트의 칠레로의 신병인도만 문제되었으며, 영국에서 재판을 한 것은 아니다. 그러나 반대로 칠레에서 영국인 前고관을 인도에 반한 죄 등으로 체포한 경우 영국이 그를 처벌할 수 없다면, 인도에 필요한 相罰性의 요건을 만족시키지 않기 때문에 피노체트를 칠레에 인도할 수 없다. 그러한 의미에서 영국 상원은 "정부고관 및 국가원수는 실체적 면책을 받는가?" 라는 점에 대해 논의하고 상기 결론에 이르렀다.

다른 한편, 국가원수라는 사실을 이유로 절차적 면책을 인정한 사례로서 항공기 폭격사건이 있다. 즉, 2001년 3월 13일 프랑스의 破棄院 (Cour de Cassation. 프랑스 최고재판소)은 리비아 국가원수 가다피에 대한 프랑스 항공기 폭격사건의 재판관할권을 그가 리비아 국가원수라는 점을 이유로 부정하였다.

이와 같이 각국의 취급은 다양하지만, 국제사법재판소(ICJ)는 콩고 對 벨기에 사건의 판결에서 국가원수 등에 대해서 국제법정이 아니라 타국이 세계관할권을 행사하는 것은 아직 국제관습법이 되었다고는 말할 수 없어 형사면책이 인정된다고 하였다.

동 사건은 벨기에가 제출한 콩고 외무장관에 대한 체포장을 둘러싸고 현직 외무장관은 외국의 형사소추를 면하는가에 대해 논쟁이 벌어진 문제로 ICJ 판결은 "외무장관의 형사면책에 대해서는 기존의 조약에 딱 들어맞는 규정이 없어 국제관습법에 바탕을 두고 판단하여야 한다."고 하면서, "외무장관의 직무는 타국과의 교섭에 임하는 직책상 국제법에 따라 국가의 대표로 인정되며, 따라서 국가원수의 직무에 비교할 수 있다. 현직 외무장관이 범한 범죄에 대하여 세계관할권을 행사하는 외국에 의해 형사소추된다는 국제관습법은 존재하지 않는다. 그것은 전쟁범죄 및 인도에 반한 죄와 같은 극악무도한 범죄의 경우도 마찬가지다. 따라서 현직 외무장관은 외국에 있는 동안 어떠한 형사소추도 받지 않는다."라고 하였으며 이에 부가하여 "그것은 영구적으로 형사면책이 부여된다는 점과는 별개 문제다"라고 하며 다음의 재판소에는 '소추가 가능하다'고 하였다.

① 콩고 국내재판소
② 콩고가 형사면책의 특권을 포기했을 때에는 타국 재판소
③ 외무장관을 그만두었을 때에는 외무장관이 되기 전 및 그만둔 후의 행위 및 외무장관 재직 중의 사적행위에 관하여 타국의 재판소(환언하면, 타국의 재판소에서는 절차적 면책과 외무장관 재직 중의 공적행위에 관한 실체적 면책이 인정된다는 점)
④ 재판권을 갖는 국제적인 형사재판소(예를 들면, ICC)

이상과 같은 이유로 ICJ는 2002년 2월 14일 결정을 내리고, 벨기에에 2004년 4월 11일에 제출한 체포장의 취소와 당해 체포장이 회부된 국가에 그 취지를 통지할 것을 명령했다.

생각건대 국제적인 형사재판소가 아닌 타국의 형사소추에 대해 시각

이 다른 실질적 이유는 ①만약 국가원수나 외무장관이 타국의 형사소추를 받는다면 비록 전쟁범죄 등의 극악무도한 범죄로 한정해도 형사소추가 정치적 도구로 사용되어 정상적인 국가관계를 해칠 위험이 있다는 점, ②타국의 형사소추를 받는다면 공정한 재판소의 보장이 있어야 되는 바 별개의 국가에 관해서는 반드시 이것이 보장되어 있지 않다는 점, ③타국의 형사소추를 면해도 ICC 등의 재판권에 굴복하게 되므로 형사면책을 부여하게 되지는 않는다는 점 등일 것이다.

◎ 형사면책에 관한 조약

'1961년 외교관계에 관한 비엔나협약'(Vienna Convention on Diplomatic Relations April 18, 1961)은 제31조 및 제39조에서 외교관의 실체적 및 절차적 면책, 제29조에서 외교관의 불가침을 규정하고 있다. 동 협약은 외교관계의 중요성을 고려하여 접수국에서의 외교관 등의 형사면책(실체적 면책 및 절차적 면책)을 인정하고 있다. 그러나 외교관을 파견한 접수국 이외의 장소에서의 외교관 등의 형사면책에도 외교관 이외의 정부고관의 형사면책에 대해서는 아무런 언급이 없다.

또 '1969년 12월 8일의 특별사절에 관한 뉴욕조약'(New York Convention on Special Missions of 8 December 1969)은 제21조에서 국가원수·외무장관·정부고관이 파견국의 특별사절인 기간 중에 한하여 절차적 면책(immunity rationae personae)를 인정하고 있다. 그러나 실체적 면책은 언급하지 않았고, 특별사절이 아닌 국가원수·외무장관·정부고관의 형사면책에 관해서도 언급하고 있지 않다.

즉, 이들 조약에 의한 형사면책의 적용범위는 한정되어 있어, 일반적으로 국가원수 등에게 형사면책을 부여한 것은 아니다.

[1961년 외교관계에 관한 비엔나협약]

(Vienna Convention on Diplomatic Relations April 18, 1961)

제29조

외교관의 신체는 불가침이다. 외교관은 어떠한 형태의 체포 또는 구금도 당하지 아니한다. 접수국은 상당한 경의로서 외교관을 대우하여야 하며 또한 그의 신체, 자유 또는 품위에 대한 여하한 침해에 대하여도 이를 방지하기 위하여 모든 적절한 조치를 취하여야 한다.

Article 29

The person of a diplomatic agent shall be inviolable. He shall not be liable to any form of arrest or detention. The receiving State shall treat him with due respect and shall take all appropriate steps to prevent any attack on his person, freedom or dignity.

제31조

1. 외교관은 접수국의 형사재판관할권으로부터의 면제를 향유한다. 외교관은 또한, 다음 경우를 제외하고는 면제를 향유한다.
   (a) 접수국의 영역내에 있는 개인부동산에 관한 부동산 소송. 단, 외교관이 공관의 목적을 위하여 파견국을 대신하여 소유하는 경우는 예외이다.
   (b) 외교관이 파견국을 대신하지 아니하고 개인으로서 유언집행인, 유산관리인, 상속인 또는 유산수취인으로 관련된 상속에 관한 소송.
   (c) 접수국에서 외교관이 그의 공적직무 이외로 행한 직업적 또는 상업적 활동에 관한 소송.
2. 외교관은 증인으로서 증언을 행할 의무를 지지 아니한다.
3. 본 조 제1항 (a), (b) 및 (c)에 해당되는 경우를 제외하고는, 외교관에 대하여 여하한 강제집행조치도 취할 수 없다. 전기의 강제 집행조치는 외교관의 신체나 주거의 불가침을 침해하지 않는 경우에 취할 수 있다.

4. 접수국의 재판관할권으로부터 외교관을 면제하는 것은 파견국의 재판관할
   권으로부터 외교관을 면제하는 것이 아니다.

Article 31

1. A diplomatic agent shall enjoy immunity from the criminal jurisdiction
   of the receiving State. He shall also enjoy immunity from its civil and
   administrative jurisdiction, except in the case of:

   (a) a real action relating to private immovable property situated in the
       territory of the receiving State, unless he holds it on behalf of the
       sending State for the purposes of the mission;

   (b) an action relating to succession in which the diplomatic agent is
       involved as executor, administrator, heir or legatee as a private
       person and not on behalf of the sending State;

   (c) an action relating to any professional or commercial activity exercised
       by the diplomatic agent in the receiving State outside his official
       functions.

2. A diplomatic agent is not obliged to give evidence as a witness.

3. No measures of execution may be taken in respect of a diplomatic agent
   except in the cases coming under sub-paragraphs (a), (b) and (c) of
   paragraph 1 of this Article, and provided that the measures concerned
   can be taken without infringing the inviolability of his person or of his
   residence.

4. The immunity of a diplomatic agent from the jurisdiction of the receiving
   State does not exempt him from the jurisdiction of the sending State.

제39조

1. 특권 및 면제를 받을 권리가 있는 자는 그가 부임차 접수국의 영역에 들어
   간 순간부터 또는 이미 접수국의 영역내에 있을 경우에는 그의 임명을 외
   무부나 또는 합의된 기타 부처에 통고한 순간부터 특권과 면제를 향유한다.

2. 특권과 면제를 향유하는 자의 직무가 종료하게 되면, 유사한 특권과 면제는

통상 그가 접수국에서 퇴거하거나 또는 퇴거에 요하는 상당한 기간이 만료하였을 때에 소멸하나, 무력분쟁의 경우일지라도 그 시기까지는 존속한다. 단, 공관원으로서의 직무 수행 중에 그가 행한 행위에 관하여는 재판관할권으로부터의 면제가 계속 존속한다.

3. 공관원이 사망한 경우에, 그의 가족은 접수국을 퇴거하는데 요하는 상당한 기간이 만료할 때까지 그들의 권리인 특권과 면제를 계속 향유한다.

4. 접수국의 국민이나 영주자가 아닌 공관원이나 또는 그의 세대를 구성하는 가족이 사망하는 경우에, 접수국은 자국에서 취득한 재산으로서 그 수출이 그의 사망 시에 금지된 재산을 제외하고는 사망인의 동산의 반출을 허용하여야 한다. 사망자가 공관원 또는 공관원의 가족으로서 접수국에 체재하였음에 전적으로 연유하여 동국에 존재하는 동산에는 재산세, 상속세 및 유산세는 부과되지 아니한다.

Article 39

1. Every person entitled to privileges and immunities shall enjoy them from the moment he enters the territory of the receiving State on proceeding to take up his post or, if already in its territory, from the moment when his appointment is notified to the Ministry for Foreign Affairs or such other ministry as may be agreed.

2. When the functions of a person enjoying privileges and immunities have come to an end, such privileges and immunities shall normally cease at the moment when he leaves the country, or on expiry of a reasonable period in which to do so, but shall subsist until that time, even in case of armed conflict. However, with respect to acts performed by such a person in the exercise of his functions as a member of the mission, immunity shall continue to subsist.

3. In case of the death of a member of the mission, the members of his family shall continue to enjoy the privileges and immunities to which they are entitled until the expiry of a reasonable period in which to leave the country.

4. In the event of the death of a member of the mission not a national of or permanently resident in the receiving State or a member of his family forming part of his household, the receiving State shall permit the withdrawal of the movable property of the deceased, with the exception of any property acquired in the country the export of which was prohibited at the time of his death. Estate, succession and inheritance duties shall not be levied on movable property the presence of which in the receiving State was due solely to the presence there of the deceased as a member of the mission or as a member of the family of a member of the mission.

[1969년 12월 8일 특별사절에 관한 뉴욕조약]

(New York Convention on Special Missions of 8 December 1969)

제21조 원수 및 정부고관

1. 파견국의 원수가 특별사절의 장을 역임할 때는 접수국 또는 제3국에서 국제법에 따라 공식방문 시에 국가원수에게 부여되는 편의, 특권 및 면제를 향유한다.

2. 정부수반, 외무장관 및 정부고관이 파견국의 특별사절에 포함될 때는 접수국 또는 제3국에서 본 조약에서 인정한 편의, 특권 및 면제외에 국제법에서 인정한 편의, 특권 및 면제를 향유한다.

Article 21. Status of the Head of State and Persons of HighRank

1. The Head of the sending State, when he leads a special mission, shall enjoy in the receiving State or in a third State the facilities, privileges and immunities accorded by international law to Heads of State on an official visit.

2. The Head of the Government, the Minister for Foreign Affairs and other

persons high rank, when they take part in a special mission of the sending State, shall enjoy in the receiving State or in a third State, in addition to what is granted by the present Convention, the facilities, privileges and immunities accorded by international law.

제4절 상관명령의 항변

1. 상관의 위법한 명령에 따른 부하의 책임

상관의 위법한 명령에 따라 행동한 부하에게 범죄의 책임을 물을 수 있을 것인가 하는 문제의 핵심은 ①상관의 명령은 부하에 의해 집행되어야 한다는 조직의 규율상의 요청, 특히 군대에서의 규율상의 요청과 ②어느 누구도 보편적인 정의가 명령하는 바에 따라 행동해야 한다는 요청과의 조화점을 어디에서 찾을 것인가 하는 점이다.

군대의 규율과 보편적인 정의의 조화점은 한 마디로 말하면 예로부터 군대의 규율에 중점을 두고 상관의 명령에 따른 부하는 비록 상관의 명령이 위법이라 하더라도 책임을 물을 수 없다고 생각되었다. 그러나 시대가 변함에 따라 보편적인 정의에 기초하여 행동하는 것이 마땅하다고 생각되어 보편적인 정의에 중점이 놓이게 되었다.

2. 상관명령의 항변에 관한 규정

(1) ICTY 규정

ICTY 규정 제7조 4항은 "피고가 정부 또는 상급자의 지시를 이행함으로서 그러한 범죄를 범하였다는 사실로서 그의 형사책임이 면제되지 않는다. 그러나 이러한 사실은 국제재판소가 정당하다고 판단하는 경

우 형벌의 감면사유로 고려될 수 있다"라면서 뉴른베르그조례 및 동경
조례와 동일한 문언을 사용하고 있다. 문언상으로는 상관명령의 항변
은 일체 인정되지 않는 것으로 해석할 수 있으나, 그 내용은 뉴른베르
그재판에서 해석 적용된 기준과 동일하고, "구체적 상황을 전제로 하여
부하가 상관명령이 위법하다는 사실을 알고 있다는 점이 합리적으로
기대할 수 없을 때"라는 의미다. 그것은 ICTY 설립 당시의 국제관습법
을 반영한 것이다.

(2) ICC 규정

ICC 규정 제33조 1항은 "어떠한 자가 정부의 명령이나 군대 또는 민
간인 상급자의 명령에 따라 재판소 관할범죄를 범하였다는 사실은 다
음의 경우를 제외하고는 그 자의 형사책임을 면제시키지 아니한다."라
고 하고 있다.

다만, 다음의 3가지 조건을 만족하는 경우 부하는 형사책임이 면제된
다. 3가지 조건이란 "(a)당해인이 정부 또는 관련 상급자의 명령에 따라
야 할 법적 의무(필자주 : 도덕적 의무로는 충족하지 않음)하에 있었고,
(b)당해인이 명령이 위법임을 알지 못하였으며, (c)명령이 명백하게 위
법적이지는 않은 경우"이다.

이처럼 면책이 넓게 인정된 것은 "상관의 명령을 의심하는 것은 군율
에 반한다."라는 미국의 강한 우려를 반영했기 때문이다.

이와 관련하여 상기의 3가지 조건 중 '명백히 위법'이란 어떤 경우인
지가 문제인데, ICC 규정 제33조 2항은 이 점에 대해 "집단살해죄 또는
인도에 반한 죄를 범하도록 하는 명령은 명백하게 위법이다"라고 하고
있다.

이것을 뒤집으면 민간을 표적으로 하는 파괴 등 전쟁의 법규 및 관례

에 위반하는 죄의 집행명령은 명백히 위법이라고 반드시 말할 수 없다는 점이다.

확실히 전쟁의 법규 및 관례에 위반하는 죄의 집행명령이 문언상 바로 위법이라고까지는 말할 수 없는 경우도 있다.

예를 들면, 게릴라 활동이 있다고 하여 마을에 대한 공격명령이 하달된 경우, 명령의 문언상으로는 적법하지만 실은 게릴라 활동으로 보인 것은 아프가니스탄의 전통에 따라 결혼식에서 총을 공중으로 발사한 행위였고, 실제로 민간 표적에 대한 공격명령이 위법한 경우도 있다. 또한 군사시설에 대한 공격명령으로 적법하게 보이는 명령도 현장의 구체적 상황에서 보면 실제로는 공격에 따른 군사적 이익에 비해 주변의 민간시설에 매우 큰 손해가 발생할 것이 객관적으로 예상할 수 있어 비례원칙에 위반하여 위법한 공격명령이 되는 경우도 있다.

그러한 경우 ICC 규정 제33조 1항은 문언상으로는 당해인이 명령이 위법임을 알지 못하였다는 것만으로 충분하다는 표현으로도 보인다.

그러나 부하는 상관명령을 이해하지 못하고 받아들여 그대로 집행하는 것이 아니라, 명령을 집행하기 전에 현장 확인을 하고 자신의 권한 범위 내에서 최대로 가능한 한 스스로 주의와 판단을 하며, 구체적 상황에 따라 스스로의 책임으로 행동하는 것이 요구되고 그렇게 하는 것이 당연하지 않을까? 왜냐하면 그런 경우는 현장 확인만 하면 구체적 상황 하에서 상관명령이 위법하다는 사실을 용이하게 알 수 있기 때문이다. 환언하면 위법하다는 사실을 알고 있다는 점을 합리적으로 기대할 수 없을 때에는 해당되지 않기 때문이다.

그러나 동 규정이 어떻게 해석 적용될 것인지는 향후 ICC의 판례를 기다릴 수밖에 없다.

3. 상관명령 항변의 역사적 발전

제1차 세계대전 이후 독일의 라이프치히 최고재판소는 상관명령의 항변이 문제된 Llandovery Castle Case(Case No.235, Full Report, 1291(CMD 1450), p.45)에서 "군대에서 부하는 상관의 명령이 위법이 아닌지 의심하며 따를 의무는 없고 그 적법성을 신뢰해도 문제는 없다. 다만, 상관의 명령이 위법하다는 사실을 피고인을 포함한 모두에게 명확한 때는 상관명령에 따랐다는 취지의 항변으로 형사책임을 면할 수는 없다"고 하였다. 즉, 명명백백히 위법한 명령이 아니라면, 만약 상관의 명령이 위법하더라도 부하는 이 명령에 따라 행동해도 괜찮고, 사후에 책임을 지는 일은 없다는 것이다.

그러나 제2차 세계대전 이후 부하의 책임은 훨씬 폭넓게 인정되었다. 즉, 뉘른베르그조례는 상관명령에 따른 부하의 책임에 대해 "정부 또는 상관의 명령에 따랐다는 사실이 형사책임을 면제하는 것은 아니다. 하지만 재판소가 적당하다고 인정할 때는 정상참작 사유로 고려할 수 있다"라고 규정하고 있다.

이 규정은 문언상 어떠한 경우라도 보편적인 정의의 요청에 따를 것을 요청하고 있는 절대적 책임규정(absolute liability)처럼 보인다. 그러나 실제 내용은 조건부 책임규정(conditional liability) 즉, 부하가 책임을 모면하기 위해서는 ①당해 부하가 명령이 위법하다는 사실을 몰랐다는 것만으로는 충분하지 않고, ②위법하다고 알고 있다는 사실을 합리적으로 기대할 수 없다는 점이 필요하다는 입장(the subordinate(=accused) knew or should have known approach)이다.

그것은 다음과 같이 이 규정을 채택한 런던회의에서의 심의과정과 뉘른베르그재판에서의 적용사례로부터 명확히 알 수 있다. 즉, 미국이 런던회의에 제출한 뉘른베르그조례 초안은 "상관 또는 정부의 명령에 따랐다는 사실은 그것만으로는(필자주 : 구체적 상황을 빠뜨리고서는) 면책의 항변이 되지 않는다. 그러나 재판소가 적당하다고 인정할 때는 면책의 항변으로 인정할 수 있고 또는 정상참작 사유로 고려할 수 있다"는 것이었다. 즉, 구체적 상황에 의해 상관의 위법한 명령에 따른 것도 부득이 했다고 재판소가 판단하면 부하는 형사책임을 면할 수 있다는 내용이었던 것이다.

이 초안에 대해 소련은 "뉴른베르그조례는 독일 전범 중에서도 고위급을 재판하기 위한 것이므로 그들에게 상관의 명령에 따랐다는 취지의 항변을 인정할 수 없다"고 반대했다. 심의 결과 이 반대가 받아들여져, 뉴른베르그조례는 고위급 전범을 재판한다는 특수사정을 고려하여 문언상으로는 어떠한 경우라도 상관명령의 항변은 형사면책의 이유로서는 인정할 수 없다는 취지의 규정이 된 것이다.

뉴른베르그조례의 규정은 그대로 동경조례에도 이어지고, 더욱이 고위급 전범을 재판한다는 특수사정이 있었다는 점도 유의하지 않고 중~하위급 독일전범을 재판하기 위해서 만들어진 관리이사회법률 제10호에도 그대로 인용되었다.

그러나 실제 재판에서 해석·적용된 내용을 보면, 절대적 책임규정(absolute liability)이라고는 해석되지 않고 구체적 상황을 배경으로 상관명령의 항변을 조건부로 인정하였다.

예를 들면, 상관의 위법한 명령(적군에게 포로자격을 인정하지 않고 즉결처형을 명한 Commissar Order 및 Commando Order, 점령지역의 민간인에 대하여 즉결처형을 명한 Barbarossa Jurisdiction Order 및 Night and Fog Decree 등)을 자기 부하에게 전달만 한 채 아무것도 하지 않은(전달 채널이 되었음) 중간관리자 14명의 책임이 제기된 High Command 사건(United States of America v. Wilhelm von Leeb et al.)에서 재판소는 "군대의 구성원은 상관의 적법한 명령에 얽매일 뿐이며, 국제인도법에 위반되는 상관의 명령에 따랐을 때에는 형사책임을 면하지 못한다."는 일반론을 전개한 후, "부하가 상관명령의 위법함을 모르고 또한 위법함을 아는 것이 합리적으로 기대할 수 없을 때(당연히 위법함을 알 수 있었다고는 말할 수 없을 때)에는 고의를 인정할 수 없다"고 하며 피고인 2명을 무죄로 판결하였다.

그리고 여타 피고인에 대해서는 묵묵히 부하에 의한 상관명령의 집행에 입회하는 이외의 도덕적 선택(moral choice)이 가능했다. 즉, 口頭로 상관명령을 집행하지 않도록 부하에게 요구하는 것은 가능하며, 그러한 조치를 취하지 않은 경우에는 형사책임을 모면하지 못하고, 구체적인 상황에 따라 상관명령의 항변을 정상참작 사유로 대폭 고려하였다.

이러한 도덕적 선택(moral choice)에 관하여 더 부연하면, ①상관명령을 무효로 하는 것은 피고인의 권한 외로 불가능하고, ②사직하는 것도 생각할 수 없지는 않지만 그에 대한 매우 엄격한 처분이 확실한 이상 그러한 선택은 바랄 수 없다고 하였다. 그리고 증인의 증언에 의하면, 중간관리자의 지위에 있는 피고인들이 구체적 상황에 따라 적법성과 인도적 견지에서 상관명령을 변경한 사례는 과거에도 있었고, 본건의 상관명령에 관해서도, ③위법한 명령을 집행하지 않도록 부하에게 구두로 요구하는 것은 그 구두요구로 부하가 위법한 명령의 집행을 중지하는 효과는 그다지 기대할 수 없지만 가능하다고 보는 것이다.

이와 관련하여 제2차 세계대전 중, 히틀러의 명령인 '유대인 문제의 최종해결'(유대인을 유럽에서 근절시키는 일)을 충실하게 실행한 아이히만은 뉴른베르그재판과 각지의 군사법정이 종식된 후인 1960년 부에노스 아이레스에 생존하고 있는 사실이 탐지되어 이스라엘 특별법정에서 재판을 받았으나, 그 때 "나는 나치스라는 거대조직의 일원에 지나지 않는다. 나는 모두 상관의 지시에 복종하여 그 명령을 충실하게 실행했을 뿐이다. 따라서 처벌을 받을 자는 내가 아니라 명령을 하달한 상관이다. 내게 죄를 뒤집어씌우는 것은 부당하다"고 주장했다. 그러나 명백히 위법한 상관명령을 집행한 부하인 아이히만의 형사면책 주장은 배척되어, 나치스 협력자 처벌법(제노사이드죄에 해당하는 이스라엘 국내법)을 적용하여 사형에 처했다.

그런데 그 후 국제법의 일반원칙을 확립한 뉴른베르그원칙은 뉴른베르그조례와 동경조례의 문언에 '당시의 구체적 상황 하에서 정의에 따른 행동을 선택할 수 있었을 때에는(provided a moral choice was in fact possible to him)'이라는 조건을 붙여, "정부 또는 상관의 명령에 따랐다는 사실은 국제법상의 형사책임을 면할 수 없다"고 하였다. 이것은 뉴른베르그조례와 문언상은 다르지만, 상기한대로 실제로 뉴른베르그재판에서 해석 · 적용된 것과 동일하다고 볼 수 있다.

4. 타 항변과의 관계

상관명령의 항변은 기타 항변(책임조각사유)을 배제하는 것이 아니다. 예를 들면, "제노사이드를 행하지 않으면 죽이겠다."고 협박당한 경우 그 명령은 명백히 위법이기 때문에, 상관명령에 복종한 행위 자체는 항변이 될 수 없으나, 강박에 의한 행위라는 항변은 인정될 가능성이 있다. 또 ICTY의 판례에 따르면, "면직시키겠다."고 협박당한 정도로는 제노사이드죄 뿐만 아니라 모든 전쟁범죄에 대하여 협박 내지 강제의 항변으로서 인정되지 않는다. 그 정도의 압력에 대해서는 굴복하지 않고 저항하는 것이 요구된다는 것이다.

상관의 제노사이드 집행명령에 복종하지 않을 수 없었던 부하는 협박 내지 강제에 의한 범행으로서 면책될 것인가? 그 점에 대해 논쟁이 벌어진 사례가 에르데모비치 사건이다.

(1) 범죄가 행해진 구체적 상황

스레브레니차의 무슬림인 대학살 사건이 일어났을 당시 에르데모비치는 상관의 명령으로 스레브니차에서 연행된 17세부터 60세까지의 무슬림인 남자를 농장에서 일렬로 세워 다른 병사와 함께 5시간에 걸쳐 총격하여 합계 약 1,200명을 살해했다. 에르데모비치 자신도 70명~100명을 살해했다.

에르데모비치는 무슬림인의 살해를 명령받았을 때 "나는 참가하고 싶지 않다. 상관, 당신은 정상입니까?"라고 소리를 높여 항의했으나, 상관으로부터 "싫으면 너도 저쪽에 가서 서라"는 말을 들었다. 당시는 명령에 따르지 않는 부하를 상관이 즉결처형해도 무방한 상황이라 에르데모비치는 숲으로 도망칠 생각도 했으나 도망치기도 전에 사살될 가능성도 있었고, 만약 도주가 가능해도 처자식의 신변에 무슨 일이 벌어질 지 알 수 없었으며 또한 다른 병사가 명령에 따를 것이 틀림없으므로 하는 수 없이 명령에 복종했다. 또 에르데모비치는 크로아티아인임에도 불구하고 세르비아인이 대다수인 스르프스카 공화국의 주민이었기 때문에, 처자식을 부양하기 위해서 부득이하게 VRS(세르비아군)에 가담한 사정이 있었다.

협박 내지 강제라는 항변은 인정할 수 있는가?

本件은 ICTY 초기판례로 이러한 점이 공소심에서 쟁점이 되어 인정할 수 없다는 코먼로(common law) 계통 국가 출신 판사 2명과 인정할 수 있다는 대륙법 계통 국가 출신 판사 2명의 의견이 대립되어, 결국 중국인 판사가 결정권을 행사해 그가 코먼로 계통 국가 출신 판사의 의견에 찬성했기 때문에 그것이 다수의견이 되었다.

다수의견은 에르데모비치는 상관의 명령에 따르지 않으면 살해될 현실 가능성에 직면하고 있었다는 사실을 인정하면서도, 다음과 같은 이유로 결론적으로 그러한 면책의 항변은 인정할 수 없다고 했다.

코먼로 국가의 종전 사례에서는 살인에 대하여 협박 내지 강제를 완전한 면책이유로 삼고 있지 않다. 그것은 협박 내지 강제를 완전한 면책의 항변으로 인정함으로써 야기되는 사회적 위험을 피해야 마땅하다는 의식이 배경에 깔려있기 때문이다.

전쟁범죄의 경우는 살인 등의 일반범죄보다도 보다 한층 국제법의 규범성을 중시해야 마땅하며, 협박 내지 강제를 완전한 면책의 항변으로 인정함으로써 사회적 위험을 피해야 마땅하다. 또한 에르데모비치는 군인인 이상 일반인과는 다르고, 죽을 각오를 하고 있었으므로 살해된다는 현실의 가능성에 직면하고 있었다는 사실을 과대시해서는 안된다. 계급이 높은 병사라면 죽을 각오는 하위직 군인보다 더 강했을 것이므로 면책의 항변은 애당초 성립하지 않는다.

따라서 제노사이드죄가 문제되는 본건에 관해서는 협박 내지 강제에 의한 범행으로 면책되는 것이 아니라, 형의 감경사유로 고려되는데 지나지 않는다. 면책의 항변사유로 인정되지 않음으로써 피고인이 과대한 형벌을 받게 되어 피고인에 대한 정의가 실현 불가능할 때는 量刑으로 刑期를 조정하면 된다.

소수의견도 에르데모비치는 상관의 명령에 따르지 않으면 살해될 현실 가능성에 직면하고 있었다는 사실을 인정하여 다음과 같은 이유로 그러한 면책의 항변을 인정할 수 있는 경우가 있다고 하였다.

대륙법에서는 무고한 민간인을 살해하는 것과 같은 중대사건에 대해서는 협박 내지 강제에 의한 범행이라는 취지의 항변은 쉽게 인정할 수는 없지만, 매우 엄격한 조건을 충족할 때는 완전한 면책의 항변으로 인정하고 있다. 다수의견은 코먼로 국가에서는 협박 내지 강제를 완전한 면책이유로 인정한 사례는 없다고 하지만, 과거 사례는 자신이 범행을 행하지 않으면 피해자를 구할 수 있는 경우밖에 취급하지 않아 정의의 관점에서 범행을 행할 정도라면 범인 자신이 죽음을 선택해야 마땅했다고 생각할 수 있는 경우뿐이다. 본건처럼 자신이 범행을 행하지 않아도 다른 자가 행할 것이 확실하고, 어떻게든 제노사이드죄는 완수된 사안에 대해서는 과거에 취급한 사례가 없다.

결국 공소심 판결에서는 협박 내지 강제에 의한 면책의 항변은 인정되지 않았으나, 刑期는 1심의 구금형 10년에서 5년으로 감경되었다.

5. 상관명령 항변의 오늘날의 의의

상관명령의 항변은 군대의 규율을 중시하는 제1차 세계대전 당시에는 독자적인 의미를 지니고 있었다. 제2차 세계대전 이후는 보편적 정의에 중점이 놓이게 되어 위법한 상관명령에 따라 범죄를 저지른 부하는 상관명령이 위법함을 모른다는 점에 합리성이 있을 때만 면책된다고 해석하게 되었다.

따라서 상관명령은 ①고의, ②착오, ③책임조각사유 등을 고려하여 문제를 해결할 수 있으며 특단의 규정을 둘 필요는 없다는 견해도 있다. 이처럼 조직의 상부로부터 명령을 받았다고 하여 일반사회와는 다른 면책의 항변이 성립하는 것이 아니라, 조직 내의 사정은 각 사건에서 구체적 사정으로서 고려되는데 지나지 않게 된 것이다.

그런데 오사라기 지로(大仏次郎)는 『敗戰日記』에서 전시중의 사람들에 대해 언급하며, '자신에게 부여된 임무에만 눈이 어두워져 있는 것처럼 지도를 받아……' '국가 그 자체의 방향이 어떻게 되어 있는가 하는 중요한 것은 보지 않고, 각자에게 부여된 좁은 세계에 틀어박혀 있다'고 기술하고 있는데, 보편적 윤리(양심)는 버리고 조직의 논리에 휘둘린다는 사고·행동 패턴은 현대에 있어서도 사회나 조직 중에 살아있는 것으로 생각된다. 그것은 기업의 조직적 범죄, 즉 상사와 부하가 운명공동체로서의 기업논리에 따라 법률을 위반하고 사회일반에 피해를 주는 행위에 넓게 퍼져있고, '전시중의 망령은 조직이나 사회 속에 살아있다'고 해도 과언이 아니다.

상관명령이 시대가 변하면서 조직편중에서 보편적 정의로 발전해 왔다는 사실(그렇게 느끼는 감정)은 조직에 매몰된 인간의 결함을 다시 돌이켜보는 계기를 제공해 준다.

제5장 付論 : NATO의 폭격은 인도적 개입인가?

제1절 인도적 개입이란 무엇인가?

　코소보분쟁에서 NATO는 인도적 개입이라는 명분으로 세르비아를 폭격했다.

　인도적 개입이란 ①인도에 반한 죄 등이 대규모로 행해져 주민이 희생될 때, ②개입을 받는 국가의 동의나 국제연합 안전보장이사회의 결의에 기초하지 않고, ③타국이나 NATO 등의 군사동맹이, ④공격을 방지하고 희생자를 구제할 목적으로, ⑤무력으로 개입하는 행위이다. 다만, 인도적 개입에 대한 확정적 정의는 존재하지 않기 때문에 위 정의는 임시적인 것에 지나지 않는다.

　과연 NATO의 폭격은 인도적 개입이었는가? 그 결론은 위의 임시적 정의에 비추어 NATO의 폭격을 검증해야 얻을 수 있다. NATO의 폭격이 ②, ③ 및 ⑤를 충족시키는 것은 분명하다. ①에 관해서도 후술하는 바와 같이 무력개입을 정당화할 정도였는지에 대해 의문이 있긴 하지만, 알바니아인 희생자가 다수 발생했던 점은 사실이다. 따라서 가장 문제가 되는 것은 ④의 NATO 폭격의 목적이 무엇이었는가 하는 것이다. 이와 관련하여서는 '공표된 목적을 신뢰할 수 있는가'와 '은폐된 진짜 목적은 없었는가?'라는 양 측면에서 검토할 필요가 있다. 그리고 NATO의 폭격이 어떻게 이루어졌는가? 즉, 공격을 방지하고 희생자를 구제할 목적에 부합하는 방법으로 이루어졌는가를 검토한다면 '공표된 목적을 신뢰할 수 있는가', '은폐된 진짜 목적은 없었는가?'도 저절로 명백해질 것이다.

제2절 라차크 사건이란 무엇인가?

1. 라차크 사건의 보도

NATO 폭격은 코소보의 라차크 마을에서 발생한 1999년 1월 15일의 라차크 사건을 계기로 시작되었다. 클린턴 정권은 세르비아 치안부대(군경 연합부대)의 무저항 알바니아인 민간인에 대한 학살이라고 단정하고, 이를 비난하는 국제여론을 배경으로 '이러한 학살을 국제사회가 묵과할 수는 없다'면서 NATO 폭격을 개시했다.

그런데 여기서의 문제는 역사적 사실은 무엇인가? 즉, 동 사건이 세르비아 치안부대에 의해 학살이 행해졌는지, 그렇지 않으면 코소보 해방군(Kosovo Liberation Army(KLA). 코소보의 독립을 목적으로 한 과격파 게릴라 부대. 당초에는 코소보 외에 알바니아 본국 등 알바니아인 거주지역을 합쳐 大알바니아 건설을 목적으로 하고 있었다. 大알바니아는 1912년에 선언된 알바니아인의 목표이다)에 의해 연출된 것인지, 무엇이 진실인지는 역사의 판단을 기다리는 수밖에 없고, 그 책임이 밀로세비치에게 있는지의 여부는 라차크 사건을 재판하고 있는 ICTY의 재판부가 판단해야 할 일이다. 문제는 NATO 폭격 시, 라차크 사건이 어떻게 취급되었는가 하는 점이다. 이하에서는 이를 검토하고자 한다.

과연 라차크 사건이란 무엇이었는가에 관해서는 국제적으로 신뢰성이 있는 미디어를 포함하여 상반된 엄청난 양의 정보가 넘쳐났다. 예를 들면, 1999년 1월 28일자 『워싱턴 포스트』는 "세르비아인은 학살을 은폐하려 하고 있다."라는 제목에서 "45명의 알바니아인 민간인을 살해한 라차크 공격은 세르비아인이 이끄는 베오그라드정부 고위층의 명령으로 행해졌다. 그들은 국제적인 비난이 야기되자 사건을 은폐하려고 기를 쓰고 있다. 이러한 사실은 서방측 정부의 통신감청에 따른 것으로 확실하다"고 전하고 있다.

이에 대하여 1999년 1월 20일자 프랑스의 대중지 『피가로』 및 同月 23일자 BBC summary는 AP통신 정보를 인용하여 "AP통신의 기자가 현장에서 사건을 목격했다. 그 기자가 목격한 바에 따르면, 라차크 주변에서 세르비아 치안부대가 KLA 게릴라부대를 공격하여 전투가 격렬해졌으나 KLA 병사 20명이 전선을 이탈했다. 사건 다음 날, 그 기자가 현장을 검증했을 때 탄피는 아주 조금밖에 발견되지 않았다. KLA는 야간 전투의 패배를 정치적 승리로 바꾸기 위해 피비린내 나는 학살을 조작했다"라고 전하고 있다.

> 또한 라차크 사건에 관해서는 코소보정전감시단(Kosovo Verification Mission : KVM)내에서도 견해가 대립되었다. 미국의 견해는 KVM의 단장이었던 워커의 견해를 바탕으로 하고 있다. 워커는 밀로세비치 재판의 증인이었는데, 위의 『피가로』지의 보도를 언급하면서 "『피가로』에 정보를 흘린 것은 KVM에서 부단장이었던 프랑스의 케라 대사가 아닌가 하고 KVM내에서는 의심하고 있다." 라고 증언하였다.

2. 배경과 단서

라차크 사건이 일어난 당시의 상황 및 라챠크 사건의 단서를 밀로세비치 재판의 증언을 종합해보면 다음과 같다.

라차크는 KLA의 전략상 요충지로 KLA의 기지가 있었다. 그런데 코소보분쟁은 1998년 가을 미국대사 홀브룩의 중개로 KLA와 세르비아 치안부대 간에 정전협정이 성립되었다. 그 직후 정전감시를 위해서 워커를 단장으로 하는 KVM이 들어와 있었다.

워커는 주 엘살바도르 대사로서 좌익반란군을 진압하고 엘살바도르 정부를 지원한 경력이 있는 CIA와 긴밀한 관계를 지닌 인물로 당시 국무장관 올브라이트의 임명으로 KVM의 단장이 되었다.

정전협정은 난민 약 10만 명을 본래의 주거지로 되돌아가게 하는 등의 효과는 있었으나, 협정위반 사례는 끊이지 않았다. KLA도 알바니아에서 외인부대로부터 군사훈련을 받고 무기·탄약을 들여오는 등의 전투준비를 갖추는 등 영속적인 휴전이라고는 도저히 말할 수 없었다.

그러나 라차크 사건이 일어난 당시의 상황은 민족정화라고 부를 수 있는 상황에는 도달하지 않은 상태였다. 당시 분쟁의 전형적인 패턴은 KLA가 사건을 일으키면, 이에 대해 세르비아 치안부대가 보복하는 것이었으며, 건수로서는 KLA가 일으키는 사건이 월등히 많았고, 피해규모로는 세르비아 치안부대의 과잉보복이 앞서 있었다. 라차크 사건이 일어나기 수 일 전인 1999년 1월 11일에는 세르비아인 경찰관 수 명이 KLA에 저격당한 후 사체가 방치되는 사건과 세르비아 치안부대 병사가 납치당하는 사건이 발생했다. 또 라차크 사건 전일에는 세르비아 치안부대와 KLA 양자가 충돌해 격렬한 전투가 벌어져 세르비아 경찰관 2명이 살해되었다. 이에 대하여 세르비아 치안부대의 보복이 행해져 KLA에 9명의 사망자와 약 9명의 부상자가 발생하였다.

그런데 워커가 라차크 사건의 제1보를 접한 것은 그의 세르비아측 카운터 파트너로 밀로세비치가 임명한 랭커장군으로부터였으며, 제1보의 내용은 "라차크에서 KLA와 세르비아 치안부대가 충돌해 KLA의 병사 15명이 사망했다"는 것이었다. 한편, KLA는 그날 밤 워커에게 KLA가 알고 있는 정보를 알려주러 갔다가 전투가 있던 현장으로 돌아가 KLA 병사의 사체를 수습해 철수하였다.

또한 일반적으로 온건한 알바니아 시민은 KLA의 과격노선을 혐오하여 KLA가 들어오면 위험이 증가하므로 이들의 개입을 반기지 않았다. 워커도 코소보 시의회 부의장 보야니치가 테러리스트에게 살해되는 등 KLA가 온건파나 밀고자로 의심하는 알바니아인을 살해하고 있다는 점을 알고 있었다.

3. 라차크 사건은 어떻게 다루어졌는가?

라차크 사건에 관해서는 현장검증이나 사체의 해부 등 사실규명을 위한 통상절차가 종료되기 전에 KVM의 단장이었던 워커에 의해 학살이라고 결정되고, 이러한 결정이 국제적으로 선전되어 NATO 폭격의 계기에 이용되었다 그 경위를 밀로세비치 사건 증인의 증언으로부터 모아보면 다음과 같다.

사건 다음날 워커는 보도진을 동반하여 현장 확인에 나섰으나 현장검증 등 진위를 구별할 수 있는 통상의 절차를 거치지 않은 채 NATO 본부와 미국대사 홀브루크에게 전화를 걸어 세르비아 치안부대에 의한 알바니아인 민간인 학살사건이 있었다는 사실을 통보했다. 특히, 당시 NATO사령관으로 미국대통령 민주당 예비선거에 출마한 클라크는 밀로세비치 사건의 증인으로 증언하면서 워커로부터 "학살이 있었다. 나는 지금 그 현장에 있다. 나는 피해자의 사체를 보고 있다"고 들었다고 증언했다.

워커는 OSCE(Organization for Security and Cooperation in Europe, 유럽 안보협력기구) 구성국들에도 부하에게 지시하여 재빨리 학살이 있었던 사실을 전했다.

워커가 예상한 대로 사건은 세계 각국에 큰 반향을 불러일으켜 세르비아 치안부대의 비도덕성을 중단시켜야 한다는 국제여론이 들끓었다.

그런데 소위 공식루트로는 EU가 랜터를 수장으로 하는 핀란드 팀을 파견하여 현장검증과 함께 사체를 해부하는 등 라차크 사건의 진실규명에 노력했다. 그러나 랜터가 현장을 검증한 것은 사건 10개월 후인 1999년 11월이며, 사체해부가 이루어진 것은 6일후였다. 피해자가 과연 비무장인 민간인이었는지를 조사하기 위하여 폭약 소지 여부를 검사하였으나, 사건 3~6시간 이내에 검사하지 않으면 유효한 결과를 얻을 수 없다. 랜터는 밀로세비치사건을 심리한 ICTY 법정에서 라차크 사건이 과연 민간인 학살인가에 관하여 질문을 받고, "분명히 말할 수 있는 것은 극히 한정되어 있어 비무장 민간인이 살해되었는지 여부는 당시의 주변상황을 고려하지 않으면 뭐라고 말할 수 없고 결국은 정치적으로 판단할 수밖에 없다"라고 증언하였다.

그래서 도대체 무엇 때문에 라차크 사건의 진상을 끝까지 확인하지 않고 사건직후 세르비아 치안부대에 의한 학살사건이라고 결론내리고 국제적으로 선전하여 NATO로 하여금 폭격토록 했을까? 이하에서 이를 검토해보자.

제3절 은폐된 진짜 목적은 없었는가?

1. 서방측의 밀로세비치에 대한 시각

크로아티아분쟁 당시, 미국을 비롯한 서방측 국가들은 독일을 제외하고 크로아티아 독립에 강하게 반대하고 있었다. 그 때문에 밀로세비치가 크로아티아분쟁에 개입하여 독립을 저지하는데 지나침이 있어도 독립저지는 유고붕괴의 위기를 벗어나기 위해서는 필요하다고 판단, 문제 삼을 마음은 없었다. 밀로세비치는 보스니아의 강제수용소가 신문에 폭로되어 전범재판이 처음으로 논의된 런던회의에서도 ICTY(구유고 국제형사재판소)의 설립에 극히 적극적·협력적이었고 자신을 평화의 건설자로 자임하고 있었는데, 많은 서방측의 지도자들도 전향이 빠른 밀로세비치가 크로아티아분쟁의 수습책이 논의되었을 때 강경파를 누르고 반스안을 수락한 점이나 보스니아분쟁에서도 반스·오엔안의 수락에 적극적이었던 점, 최종적으로 보스니아 분쟁을 종식시킨 데이튼 합의에 협력한 점에 당혹해하면서도 영어를 할 수 있다는 점 등 표면적인 판단에 치중해 밀로세비치를 고르바쵸프와 같은 인물로 오해하고 있었다. 이러한 견해가 변화게 된 것은 데이튼 합의 이후였다.

서방측의 견해가 변화하게 된 계기의 하나는 밀로세비치가 민주화에 적극적인 스르프스카 공화국의 플라브시치 대통령과 대립하여 그의 정책에 반대하는 등 데이튼 합의 시행의 저해요인임을 확실히 한 점이며, 또 하나는 밀로세비치가 세르비아 민족주의를 선동하여 코소보분쟁을 확대시킨 점이다.

데이튼합의 이후 스르프스카 공화국의 플라브시치 대통령(1930년생인 생물학자로 사라예보대학의 학부장이었으나, 보스니아에서 복수정당에 의한 선거가 치러진 1990년 세르비아인 민족주의정당 Serbian Democratic Party(SDS)로부터 추천을 받아 정치가가 되었다. 보스니아분쟁 중에 세르비아 민족주의를 선동했다는 이유로 전범으로 기소되어 ICTY에서 11년 구금형을 선고받고 현재 스웨덴의 형무소에서 복역중임)은 대통령을 역임한 약 2년간 온건노선으로 전향하고 서방측 국가와 협력하여 사회 인프라를 정비하고, 실업자가 50%를 넘는 경제를 힘겹게 궤도에 올려 민족융화를 추진하고 부패청산에 노력하는 등 큰 성과를 올렸다.

그러나 밀로세비치는 과격노선을 취하는 카라지치를 지원하고 데이튼합의를 지지하는 플라브시치의 정책을 사사건건 반대했다.

예를 들면, 서로 다른 민족의 아동을 함께 교육시키는 것은 미래의 민족협력의 핵심이었으며, 보스니아에서는 수출입이 부정축재의 일반적인 부패패턴이었던 점에서 세관을 여러 민족이 공동으로 관리하는 일은 반드시 필요한 개혁이었지만, 밀로세비치는 플라브시치의 이러한 정책을 서방측의 요구에 따른 것이라며 공격대상으로 삼고 반대했다.

다른 한편, 밀로세비치의 권력은 1996년 11월의 베오그라드 시장선거에서 반대정당에 패한 것을 시작으로 그림자가 드리우기 시작했다. 세르비아인의 마음은 깨어있었다. 그들은 밀로세비치가 고무하는 大세르비아주의가 단지 그의 권력욕과 금전욕에서 나왔다는 것을 꿰뚫고 있었고, 무엇보다도 경제적 곤궁에 찌들어있었다. 밀로세비치가 베오그라드 시장 선거에 부정이 있었다고 하여 헌법재판소의 역전 판결을 받아내어 시장자리에 눌러 앉자 이를 반대하는 데모가 베오그라드에 넘쳐났는데, 참가자는 8만 명까지 늘어났다.

이러한 사태에 직면하여 밀로세비치는 코소보에 일격을 가하면 알바니아인은 뿔뿔이 흩어져 굴복할 것이고, 세르비아인의 민족감정이 고양되어 차기 대통령 선거에서의 승리를 부동의 것으로 만들 수 있다고 보았다. 그것은 1989년에 '코소보 전투 600주년 기념집회'를 개최하고 반대파를 숙청하여 권력을 규합할 수 있었던 것과 동일한 밀로세비치 특유의 방법이었다. 밀로세비치의 도박은 결국 실패했는데 코소보분쟁이 시작되자 당장은 세르비아인의 민족감정이 고양되고 코소보의 알바니아인에 대한 공격이 확대되었다.

이러한 사태에 직면하여 올브라이트는 1998년 봄 "세르비아가 이미 보스니아에서 행한 덮어둘 수 없는 일을 다시 코소보에서 행하는 것을 묵인하거나 모른 척 할 수는 없다"고 했다. 그리고 1998년에 미국의 反밀로세비치 입장이 분명히 표명되기에 이르렀다. 예를 들면, 올브라이트는 몬테네그로 대통령 튜카노비치를 만나서 그가 탁월한 민주적 지도자라는 점에 감동했음을 밝힌 후, 밀로세비치에 대해 언급하면서 "세르비아인의 민주주의에 대한 희망을 지원해야 한다. 밀로세비치가 문제를 해결해 주리라는 환상을 버려야 한다. 많은 문제가 밀로세비치로부터 생기고 있다"고 했으며, 국무성 대변인도 "밀로세비치가 구유고 위기의 원흉이다. 민주주의는 선거가 치러지는 것만으로 충분한 것은 아니다. 반대파 정치가의 투옥을 금지하고 미디어의 독립을 보장하는 것이 중요하며, 미국은 그것을 지원한다. 밀로세비치를 지원할 생각은 없다"는 등의 성명을 발표했다. 그리고 상원도 "밀로세비치를 전범으로 ICTY에서 재판할 것"이라는 권고적 결의를 채택하였다.

그러나 올브라이트는 즉각 무력에 호소하지 않고 외교노력으로 코소보분쟁의 해결을 시도했다. 랑부예 평화회의가 그것이다. 그러나 밀로세비치는 1999년 3월 18일 랑부예 평화안을 거부했다.

그래서 올브라이트는 공폭으로 밀로세비치에게 위협을 가하면 단번에 물러나리라고 판단하여 라차크사건에 관한 보고를 받고, "이제 코소보에 개입할 수 있다"고 반기며, "유럽의 동맹국을 끌어들이기 위해 라차크 사건을 계기로 불안을 고조시킬 필요가 있다"고 했다.

당시 워커 휘하에서 활동하고 있던 캐나다군의 KVM 장교도 "여러 가지 정보로 판단할 때 올브라이트는 전쟁을 바라고 있었다"고 증언했다.

이리하여 밀로세비치에게 코소보 공격을 중단시켜 평화안을 받아들이도록 강제하기 위하여 NATO 폭격(Operation Roots)이 개시된 것이었다.

2. NATO 폭격은 어떻게 행해졌는가?

NATO의 폭격(Operation Roots)은 랑부예 평화교섭이 결렬된 직후인 1999년 3월 24일에 개시되었다. NATO 폭격 결과 약 500명의 민간인이 사망하고, 중국대사관을 비롯해 여객열차나 방송국 등 많은 민간시설이 파괴되었다. 무엇보다도 큰 결과는 코소보분쟁의 희생자를 구제하기는커녕 반대로 방대한 난민을 양산한 것이다. 독일 사회민주당(Party of Democratic Socialism in Germany)은 1999년 4월 8일에 NATO 폭격에 관한 보고서를 발표하여, "NATO의 폭격은 세르비아를 공격하여 다수의 난민을 양산하는 것을 목표로 급수소 등을 공격하였다. 세르비아의 악행을 선전하기 위하여 마케도니아나 알바니아의 난민 캠프에서는 거주지에서 쫓겨난 알바니아인의 비참한 상황을 찍은 사진이 있으면 20만 달러에 사겠다고 선전하였다"고 전했다.

과연 NATO의 폭격이 다수의 난민을 양산하는 것을 목표로 이루어졌는지 여부는 NATO 내부의 증언을 얻을 수 없는 이상 단정할 수는 없다. 그러나 NATO의 폭격에 의해 난민이 극적으로 증가한 점은 사실이다. KVM 대원도 "KVM이 있는 동안에 난민은 발생하지 않았다. NATO의 폭격으로 죽는 것을 두려워하여 다수가 피난하고 이것이 최초로 발생한 난민이었다."고 증언했다.

난민의 수는 입장의 차이에 따라 현저하게 차이가 나지만 국제연합난민고등판무관 사무소(UNHCR)의 통계에 따르면, NATO폭격이 시작되기 전인 1998년에는 거주지에서 쫓겨난 자의 합계는 25만 7,000명(정전합의로 본래의 주거지에 돌아온 10만 명을 차감한 수)이며, 그 중 알바니아인은 18만 명이고 나머지 대부분은 세르비아인이다. 이에 비해 NATO 폭격 후에는 86만 3000명이 난민이며, 그 대부분이 세르비아 주변의 마케도니아 등으로 도주하고, 8만 명은 40개국에서 받아들였다.

그러나 알바니아인이 "비록 내 자식이 희생되어도 세르비아인을 공격하는 NATO의 폭격을 기뻐했다"고 증언한 바와 같이, 알바니아인은 NATO 폭격을 난민이 되던지, 자식이 희생되던지 간에 증오하는 적에게 피해를 주는 행위로 환영한 것이다.

국가의 배상책임을 발생시키는 의미에서의 **침략전쟁**에 관한 係爭사건은 국제사법재판소(ICJ)가 관할권을 갖는다. 신유고(세르비아와 몬테네그로)는 1999년 4월 29일, 미국 · 영국 · 프랑스 등을 상대로 타국에 대한 무력행사 금지의무에 위반했다고 하여 그러한 취지의 확인 선언과 손해배상을 요구해 NATO 폭격의 책임을 追及하려했으나, ICJ는 2004년 12월 15일 관할권 없음을 선언해 신유고의 요구를 기각했다.

3. 목적은 달성되었는가?

NATO 폭격은 78일간에 걸쳐 행해졌으며, 1999년 6월 9일에 끝났다. 미국은 NATO 폭격으로 밀로세비치를 공격하려고 하였으나, 힘으로 세르비아를 굴복시키는 방법은 오히려 세르비아인의 반발심을 키웠다. 세르비아 급진당의 당수 겸 부수상으로 민족정화의 실행부대였던 민병대장 셰셰이는 "NATO가 폭격하면 단 한명의 알바니아인도 남겨두지 않겠다."고 호언하고 있었는데, 그 말대로 NATO폭격이 시작되자 전투는 확대되어 갔다.

NATO의 공폭 시작으로 경제적 타격이 컸으며, 세르비아의 일반시민이 밀로세비치에게 뿐만 아니라 전쟁에도 완전히 질렸다는 점 외에 국내에서 밀로세비치의 지도력이 약화되었으며 무엇보다도 러시아의 옐친대통령이 세르비아를 후원하지 않겠다고 결심했다.

그리고 NATO 폭격으로 인한 정전 합의 내용은 세르비아 치안부대의 철수와 코소보의 경찰 · 재판권의 회복을 인정하고 있지만 코소보는 여전히 세르비아내에 있는 것으로 되어있다. 거기에는 3년 후 주민투표로 코소보의 미래를 결정하겠다는 항목도 없어 랑부예 평화안보다 세르비아에게 일보 양보한 것 밖에 안 되었다.

그래서 밀로세비치는 이것을 빌미로 삼아 임기가 끝나기 1년 전인 2000년 9월에 선거로 치고 나왔다. 밀로세비치는 낙선했으나 그것은 NATO 폭격 때문이 아니라 그의 인기가 땅에 떨어져 있었기 때문이었다.

또 NATO폭격은 세르비아군에게 거의 타격을 입히지 못했다. 애초부터 구유고는 지하공항을 비롯한 지하병사, 지하보급로, 허위 표적 사용, 군대의 분산, 대포나 전차를 은폐하는 기술 등 가상적국인 소련에 대항하기 위한 장비와 훈련을 거듭해 온 유럽에서도 손꼽히는 막강한 군대였다. 결국 4만 7,000명의 세르비아군은 거의 피해를 입지 않고 그대로 후퇴했다.

반면에 NATO 폭격의 가장 큰 결과는 전술한 바와 같이 많은 난민을 양산한 점, 세르비아 치안부대가 후퇴한 곳에 KLA가 세력을 확장해 알바니아인과 세르비아인의 반목이 한층 강화되었다는 점, 아직 16만 명의 세르비아 난민이 귀환할 수 없는 처지에 있다는 점이었다.

그런데 미국 국무성내에서는 NATO 폭격은 '올브라이트의 전쟁'(Albright's War)이라고 불리고 있었다. 유대계 체코인으로 히틀러에 의해 조국에서 쫓겨난 경험을 갖고 있는 올브라이트는 밀로세비치를 히틀러와 비교하여 그를 축출하는 일에 개인적인 집념을 불태우고 있었기 때문이었다.

이러한 의견을 대표하는 것이 국제관계 및 무력협력위원회(International Relations and Armed Services Committees)의 회원인 맥킨리 의원으로, 그는 "처음에는 코소보만이라고 말했는데 세르비아 전체로 전선을 확대했다. 처음에는 밀로세비치에게 랑부예 평화안을 수용토록 하기 위함이라고 했었는데 밀로세비치를 축출시키기 위한 것이 되었다. 처음에는 코소보의 자치를 지키기 위함이라고 했으나 독립을 지원하기 위한 것이 되었다. 밀로세비치의 폭력은 중지시켜야 하지만, 그것은 힘이 아닌 외교로 해야 마땅하며 발칸을 유럽의 화약고로 만들어서는 안 된다."(2000년 12월)면서 올브라이트 정책의 일관성 결여를 비판한 바 있다.

미 의회 상원에 대한 코헨 및 셀톤의 코소보에 관한 공동성명(Joint Statement of William S. Cohen Secretary of Defense and General Henry H. Shelton Chairman of the Joint Chiefs of Staff Senate Armed Services Committe Hearing on Kosovo After Action Review, October 14, 1999)은 NATO 폭격을 긍정하면서 목격의 목적은 ①NATO가 진지하게 세르비아의 침략행위에 반대하고 있고, ②밀로세비치로 하여금 공격의 계속의사를 중단토록 하고, ③물리적으로도 전쟁의 계속을 곤란하게 하는 것이라고 하였다.

KVM(코소보정전감시단)의 단장이었던 워커는 미국의 알바니아인 평의회(the National Albanian American Council) 회원으로 "올브라이트는 코소보에 NATO의 입구를 만들었으며, …… 밀로세비치의 폭정으로부터 코소보를 구한 위대한 공적이 있다"(2002년 6월 10일)고 했다.

이러한 올브라이트의 방식은 아주 최근까지 미국의 발칸정책에 영향을 끼쳤다. 코소보의 국제기관에서 활동하고 있었던 자의 증언에 따르면 州都 프리슈티나에 위치한 미국의 코소보 사무소장은 2001년 7월 4일의 미국 독립기념일에 국제기관의 대표와 코소보 시민을 모아 "현재의 코소보 상황은 미국의 13개 주가 영국으로부터 독립을 선언했던 당시 상황과 동일하다. 미국도 독립선언부터 헌법을 제정하여 완전히 독립하기까지 약 10년의 지난한 역사를 밟아왔다"는 등 어디까지나 코소보의 독립을 지원하는 듯한 연설을 하였다. 그러나 최근 들어 그러한 발언은 들을 수 없게 되었다. 미국도 국경을 다시 획정하는 것이 얼마나 위험한지를 이해한 것이라고 생각된다.

제4절　라차크 사건의 주요 증인의 증언 요지

1. 윌리엄 워커의 증언

나는 1998년 10월 22일 코소보에 정식으로 부임하였으나 1999년 3월에 세르비아로부터 persona non grata(비우호적 인물)로 낙인찍혀 코소보를 떠나 마케도니아에 입국했다. 코소보를 떠날 때 KVM이 보유하고 있던 장비는 모두 두고 갔다(필자주 : 휴대전화 등이 KLA에 남겨져 NATO폭격의 목표지점 연락 등에 사용되었다고 의심받고 있다).

나는 KVM의 단장으로서 알바니아인 과격파 KLA와 세르비아 치안부대 쌍방에 대해 1998년 10월 16일에 성립된 정전협정에 반한 행위를 중지하도록 설득과 감시에 임하고 있었다. 나는 코소보 부임 전 베오그라드의 밀로세비치에게 인사하러 갔을 때 밀로세비치도 동슬라베니아 작전에서 친교가 있었던 랭커장군을 카운터파트로 배정해 주었다.

라차크 사건에 관한 첫 번째 소식은 랭커장군으로부터 전해 들었으며 1999년 1월 15일 오후, 몬테네그로에서 KVM사무소로 돌아온 후였다. 그 소식은 '라차크에서 KLA와 세르비아 치안부대가 충돌하여 KLA의 병사 15명이 사망했다'는 내용이었다.

그날은 춥고 눈이 오는 날이었음에도 불구하고 현장에 나가, 날이 저물기 시작하는 가운데 계곡에서 2, 3명의 사체를 확인했으나, 마을 사람들로부터도 그 이상의 새로운 정보는 없었기 때문에 일찌감치 현장을 철수했다.

다음날 랭커장군측은 현장에 갈 예정이 없다고 하였으므로, 나는 보도진을 동반하여 다시 한 번 본격적인 확인에 나섰다. 그러자 전날 확인한 곳에서 상당히 떨어진 험준한 계곡의 개천에서 45명의 사체를 발견했다. 그들은 모두 민간인 복장을 착용하고 있었으며, 여성 1명과 어린이 1명 외에 노인도 있어 KLA의 병사라고는 생각할 수 없었다. KLA와 세르비아 치안부대가 라차크 부근에서 충돌했다는 것을 알고 있었으나, 세르비아 치안부대가 떠난 후 라차크가 KLA에 의해 점령되었다는 정보는 얻지 못한 상태였다. 그밖에 나는 세르비아 치안부대보다도 KLA가 빈번하게 정전협정을 위반하는 사건을 일으키고 있다는 사실, KLA는 자치에서 독립으로 궤도수정한 자신들의 노선을 지지하지 않는다는 이유로 동포인 알바니아인 온건파 일반시민을 체포하여 지하 감옥에 감금하고 있다는 사실은 일반적 정보를 통해 알고 있었다. 다만 사건의 규모를 비교하면 세르비아 치안부대가 더 큰 사건을 자행하고 있었다고 생각한다.

라차크에서 KVM사무소로 돌아와 언론과 회견했다. 그 때 나는 "무저항 민간인 45명이 세르비아 치안부대에게 학살된 것을 발견했다"고 발표했다. 언론과 회견하기 전에 내가 "OSCE 본부, NATO 본부 및 미국대사 홀브루크에게 전화했는지는 기억나지 않는다. 그러나 그들은 신뢰할 수 있는 사람들이므로 '라차크 현장에서 걸려온 전화를 받았다"고 말했다면 그것은 사실일 것이라고 생각 한다(필자주 : 이 점에 관해서는 OSCE 본부, NATO 본부, 미국대사 홀브루크 등의 인터뷰에서 '라차크 현장에서 학살 전화를 받았다'고 말하는 비디오가 남겨져 있다. 특히 'NATO군 사령관을 역임하고 있던 클라크대장은 "학살이 있었다. 나는 지금 그 현장에 있다. 나는 피해자의 사체를 직접 보고 있다"라는 윌리엄 워커의 말을 인용하고 있다. 또한 미국대사 홀브루크는 "윌리엄 워커는 라차크에서 휴대전화로 내게 전화했다"고 증언했다).

2. 헬레나 랜터의 증언

라차크 사건에 관해서는 세르비아, 백러시아(벨라루시), 핀란드의 3개

팀이 협력하여 현장의 상세한 검증과 사체해부에 임했다.

EU는 나를 리더로 하는 핀란드팀을 파견하였다. 현장 검증을 위해 내가 사체가 발견된 장소에서 토사를 채취한 것은 사건 발생 10개월 후인 1999년 11월이며, 사체를 검시한 것은 사건 발생 6일 후였다. 그렇지만 45구의 사체 중 해부에 맡겨진 것은 어떤 이유에서인지 여성 1명, 어린이 1명, 노인 수명을 포함하는 40구의 사체였으며, 그 중 16구의 사체에 대해서는 핀란드 팀의 검시 전에 세르비아 팀이 폭약이 발견되었는지 여부를 확인하기 위해 파라핀 검사를 이미 시행한 후였다.

현장 검시 결과 판명된 점은 아래와 같다.

① 현장의 토사로부터 피해자의 이빨과 일치하는 이빨 조각이 발견되고 총탄 흔적의 입구 및 출구와 의복을 관통한 흔적이 일치했다. 따라서 다른 장소에서 살해된 사체를 운반해 위장공작이 행해졌을 가능성이 거의 없어 그 장소에서 살해되었으며 의복을 갈아입히지는 않았다는 것을 알 수 있었다.

그러나 피해자를 관통한 것으로 볼 수 있는 총탄은 발견되었지만, 총탄에 부착되어 있던 살점에 대한 DNA 감정은 실패해 모든 피해자가 발견된 현장에서 살해되었다는 점이 물증에 의해 증명된 것은 아니다. 휘어진 사체는 고문의 흔적인지, 로프로 사체를 운반했기 때문인지 또는 피해자를 확인하기 위해서 사체를 뒤집었기 때문인지 확실한 것은 알 수가 없었다.

② 피해자가 KLA 병사는 아닌지, 전투에 의해 사망한 것은 아닌지라는 의문에 관해서는 세르비아팀이 손의 파라핀 검사를 하여 초연반응(nitrates, 니트로아민)을 확인한 결과 40명중 37명에게서 플러스 반응을 나타났다. 그러나 파라핀검사는 어떠한 산화물에도 반응하고 오류가 많아 1968년의 INTERPOL(국제형사경찰기구)의 검사방법에서 제외된 역사적 유물인데다가, 파라핀검사는 사건 3~

6시간 이내에 하지 않으면 의미가 없지만 실제 검사는 2일 후에 이루어진 것이므로 신뢰성이 결여된 것이었다.

내가 팀장을 역임한 핀란드팀은 의복과 뼈를 검사하여 피해자가 폭약을 쥐고 있었는가를 검사했으나, 이들 검사결과는 모두 음성반응이었다. 그러나 이 검사결과도 6일 후에 이루어졌기 때문에 신뢰성이 부족하다. 즉, 피해자가 전투행위를 하고 있었다는 증거는 얻을 수 없었으나, 이 결과만으로 폭약을 지니고 있지 않았다고 결론을 내릴 수도 없다. 좀 더 빨리 과학적으로 검증된 검사를 했었다면 양성반응 결과를 얻었을지도 모른다.

③ 피해자는 민간인의 옷을 입고 있었다. 그러나 이것으로 민간인이라고 단정할 수는 없다. 왜냐하면 KLA가 사용하고 있던 속옷을 입은 자도 있었고, 일부 사체는 검증시 맨발이어서 KLA의 군용물이었던 부츠를 누군가가 사전에 벗겼다고도 볼 수 있다. 피해자 중 2명은 16발 이상의 총탄 흔적이 있었고 6명은 1발의 총탄 흔적밖에 없었으나, 그것은 전투에 의한 총탄 흔적으로 이해하는 편이 나을 듯하다.

종합적으로 판단할 때, 비무장 민간인이 살해되었을 가능성도 부정할 수 없는 동시에 전투에 의한 피해자일 가능성도 부정할 수 없다. 어떻게 사건을 이해하는가는 당시의 주변상황을 배경으로 이루어져야 하고, 최종적으로는 정치적 판단에 따르는 수밖에 없다.

3. 슈크리·부야(KLA지휘관)의 증언

코소보의 알바니아인은 밀로세비치의 코소보 탄압 때문에 이유도 없이 투옥되고 일자리를 잃었으며 거리에서 폭행을 당하기도 했다. 나는 당시 학생이었으나 이러한 소행에 반대하여 1989년에 개최된 알바니아

ㄴ 집회에 참가했다. 데모에 참가한 것뿐인데 세르비아 치안부대에 체
ㅍ 되어 1994년까지 감옥에 갇혔다. 석방된 후 스위스로 도주하였으나
다시 알바니아 본국으로 돌아와 프랑스 외인부대의 용병들과 함께 크
로아티아에서의 전투경험이 있는 장교들로부터 군사훈련을 받고, 1998
년 32살 때 무기·탄약을 휴대하고 여성 1명, 나중에 랑부예 회의에서
알바니아 대표를 역임한 하심·터치를 포함한 30명의 동지와 함께 알
바니아 국경을 넘어 코소보에 들어가 KLA 라차크 지역의 지휘관이 되
었다. 지휘관이 되고 나서도 KLA 병사를 군사훈련 목적으로 알바니아
에 보내고 알바니아로부터 무기·탄약을 들여왔다.

KLA는 1993년에 창설되었다. 당시는 코소보 외에 세르비아, 마케도
니아, 몬테네그로의 알바니아인 거주지역도 힘을 합쳐 알바니아 본국
과 함께 무장투쟁을 통한 승리를 통해 大알바니아를 쟁취하려고 했으
나, 그것은 초기 목적에 지나지 않았고 나중에는 코소보의 해방만을 지
향했다.

라차크는 KLA 본부와 활동거점을 연결하는 동시에 병참보급로이기
도 한 전략상의 요충지로서 KLA 기지가 있었다. 참호를 만들고 1998년
최초의 라차크 전투에서 많은 알바니아인 시민들이 퇴거해 빈 집이 된
민가를 병사의 식당 겸 휴식장소로 사용하고 있었다.

1998년 가을 정전협정이 성립되었고, 정전감시를 위해 워커를 단장
으로 하는 정전감시단이 들어왔다. 그러나 정전협정 위반은 끊이지 않
았다. KLA도 정전기간을 이용하여 전투준비를 했다. 1999년 1월 15일
라차크 사건 전일에는 양자가 충돌해 격렬한 전투가 벌어졌고, 세르비
아인 경찰관 2명이 살해되었다. 이러한 사건이 벌어지면 보복조치가 일
상사였으므로 라차크 주민들에게 퇴거를 권유하는 한편, KLA의 라차크
부대도 다른 지역으로부터 80명의 병사를 지원받아 싸웠다. 세르비아
치안부대와의 전투는 아침부터 오후 3시경까지 계속되어 KLA에는 9명

의 사망자 및 이와 비슷한 수의 부상자가 발생했다. 세르비아 치안부대는 박격포와 수류탄 그리고 자동소총으로 공격하였고, KLA도 박격포와 수류탄 그리고 자동소총으로 응전했다. KLA 기지와 라차크는 인접하고 있었지만, 험준한 산길을 가야하고 내려다 볼 수 있는 지형은 아니었으므로 라차크 주민이 살해된 것을 안 것은 다음날 현장을 보러 갔을 때였다. KLA 병사 중에는 60세를 넘은 병사도 있었으나 살해된 주민은 모두 민간인이었다.

전투 당일 세르비아 치안부대가 오후 4시경 철수하고 나서 죽은 병사의 사체를 수색하러 현장에 나가 사체를 수습하였으나, 어둡고 추웠기 때문에 계속 현장에 머물기에는 무리였다. 전투 당일 밤, KLA의 Fehmi Mujota는 OSCE에 KLA가 알고 있는 정보를 알려주러 간 상태였다. 라차크 사건 다음 날, 현장에서 워커를 만났을 때, 그가 별도의 장소에서 이야기를 하고 싶다고 해 그 날 워커와 회합을 가졌다. 사체검시를 위해 세르비아의 트럭에 사체를 실으려고 해 KLA가 박격포로 공격해 세르비아인 병사 17명을 살해했다. 1월 18일에도 라차크에 인접한 Rance에서 세르비아 치안부대와 충돌해 세르비아인 병사 20명을 살해했다.

검시 후 라차크 사건의 피해자의 사체를 반환받아 1999년 2월 모스크에서 장례가 치렀는데 워커는 이 장례식에도 참가했었다. NATO의 폭격개시와 함께 알바니아 일반시민에게 KLA에 참가할 것을 호소하여 KLA 수는 후방지원부대를 포함하여 1만 4,000명이 되었고, 전투가 격화되어 알바니아인 부상자도 증가하였다. 그러나 NATO의 폭격은 알바니아인에게 보다 좋은 생활을 제공해 줄 것이라고 환영받았다. 나는 이유도 없이 투옥되거나 일자리를 잃는 일이 없어질 미래를 기대하고 있었다. KLA는 국제사회(NATO)의 개입을 유도한 원동력이 된 셈이며, 건설적인 역할을 적극적으로 담당했다고 생각한다.

자 료

1. 국제군사재판소조례(뉴른베르그조례)

Ⅰ. 국제군사재판소의 구성

제1조

영국과 북아일랜드 정부, 미국 정부, 프랑스 공화국의 임시정부, 그리고 소련 정부에 의하여 1945년 8월 8일 서명된 협정에 따라, 유럽 추축국의 주요 전범들에 대한 공정하고 신속한 재판과 처벌을 위하여 국제 군사 재판소(이후 '재판소'라 칭함)가 설립된다.

제2조

본 법원은 4명의 재판관으로 구성되고 그 각각은 대리인을 가진다. 1명의 재판관과 대리인은 각각의 조약체결국으로부터 임명되어야 한다. 대리인은 가능한 한 모든 법정에 참석해야 한다. 재판관들은 건강상 이유 또는 다른 합당한 이유가 있는 경우에는 교체할 수 있으나 재판도중에는 사전에 지명된 대리인 이외의 사람으로 교체할 수 없다.

제3조

재판소나 재판관이나, 대리인도 기소자, 피고, 변호사측으로부터 거부당하지 (challenged) 않는다. 각 조약체결국은 재판소의 재판관이나 그의 대리인을 건 강이나 다른 적절한 이유—대리인에 의한 것 이외는 재판중에 공석이 발생하 는 것 제외—교체할 수 있다.

제4조

(a) 4명의 재판관 혹은 재판관의 부재시 대리자의 출석이든 4명 전원이 참석해 야 한다.

(b) 재판전 합의로 재판관 중에서 재판장을 선임한다. 재판장은 당해 재판동안 그 직무를 수행하며 연속되는 재판에서는 교대로 재판장직을 수행한다. 만 일 군사법원이 4개의 체결국 중 한 곳에서 열리게 될 때 그 국가의 대표자 가 의장이 된다.

(c) 전술한 바와 같이 재판은 다수결에 의하여 결정된다. 투표가 가부동수인 경우에는 재판장이 결정권을 가진다. 그러나 유죄판결 및 형의 선고는 최 소한 3명 이상의 재판관이 찬성한 때에만 부과한다.

제5조

재판과정에서 발생되는 문제들은 본 조례에 따라 적용받는다.

II. 사법권 및 일반규정

제6조

유럽 추축국들의 주요 전범들에 대한 재판과 처벌을 위하여 본문 제1조에 언 급된 협정에 의하여 설립된 재판소는, 유럽 추축국들의 이익을 위하여 개인으 로서든 조직의 구성원으로서든 다음 범죄들 중 여하한 것이라도 범한 사람들 을 재판하고 처벌하는 권한을 가진다.

다음의 행위들 또는 그 중 여하한 것은, 개인적으로 책임을 지우는, 재판소의 사법권 내에 있는 범죄이다;

(a) 평화에 대한 죄

침략전쟁 또는 국제조약, 협정 및 서약에 위반한 전쟁을 계획하고, 준비하고, 개시하고 실행하거나 이러한 행위를 달성하기 위한 공동의 계획이나 모의에 참가하는 것을 말한다.

(b) 전쟁 범죄

전쟁의 법이나 관습의 위반. 그러한 위반은 점령지역 내의 민간인들의 살해, 부당한 취급, 또는 강제 노역이나 여타의 목적을 위한 강제이송, 전쟁 포로나 해상에 있는 사람의 살해 또는 부당한 취급, 인질의 살해, 공공 또는 사유 재산의 약탈, 도시나 마을의 부당한 파괴, 또는 군사적 필요에 의하지 않은 유린 등을 포함하나 그에 국한되지는 않는다.

(c) 인도에 반한 죄

전쟁 이전 또는 진행중에 민간인을 대상으로 자행된 살인, 몰살, 노예화, 강제이송, 그리고 여타의 비인간적 행위들, 또는 재판소의 사법권 내의 여하한 범죄의 실행이나 그것과의 연계에 있어서 정치적, 인종적 또는 종교적 이유로 자행된 박해로서, 범죄가 자행된 국가의 국내법 위반 여부와 무관하다.

앞에 열거된 범죄들 중 여하한 것을 범하기 위한 공동의 계획이나 모의의 결성이나 실행에 참여한 지도자, 조직자, 선동자 그리고 공범자들은 그러한 계획의 실행 중 여하한 사람에 의하여 취하여진 모든 행위에 대하여 책임을 진다.

제7조

피고인들의 공식적인 지위는, 국가의 수반이든 정부 부서의 책임있는 관리이든, 그들의 책임을 면제시키거나 처벌을 경감시키는 것으로 간주되어서는 안된다.

제8조

피고인이 그의 정부 또는 상급자의 명령에 따라 행동했다는 사실이 그의 책임을 면제시키지는 않은, 만일 재판소가 정당성이 있다고 결정할 경우 처벌의 경감을 고려할 수 있다.

제9조

여하한 단체나 조직의 여하한 개인 구성원의 재판에 있어서 재판소는 그 개인
이 구성원이 된 그 단체나 조직이 범죄 조직이었음을(그 개인이 유죄 판결을
받은 여하한 행위와 연계하여) 선언할 수 있다.

고소장의 수령 후 재판소는 적절하다고 판단할 경우 기소의 의도는 재판소가
그렇게 선언하도록 요청하는 것이라는 통고를 발하며 그 조직의 여하한 구성
원은 그 조직의 범죄적 성격에 대한 질문에 대하여 재판소가 청문할 수 있도록
재판소에 출석을 지원한다. 재판소는 그러한 지원을 수락 또는 거절할 권한을
가진다. 지원이 수락된 경우 재판소는 지원자가 어떠한 방법으로 출석하여 청
문 받을지를 지시할 수 있다.

제10조

어떤 단체나 조직이 재판소에 의하여 범죄적이라 선언된 경우, 여하한 서명국
의 관할 국가 기관은 그것들의 구성원이었다는 이유로 개인들을 국가, 군사 또
는 점령 재판정에서 재판에 회부할 권리를 가진다. 그런 여하한 경우에 있어서
그 단체나 조직의 범죄적 성격은 입증되어 의심의 여지가 없어야 한다.

제11조

재판소에 의하여 유죄 판결을 받은 여하한 사람은 본 헌장 제10조에 명시된
국가, 군사 또는 점령 재판정에서 범죄 단체나 조직에 가입한 것 이외의 범죄
로 기소될 수 있으며 그러한 법정은, 그에게 유죄 판결을 내린 후, 그러한 단체
나 조직의 범죄 활동에 가담한 것으로 재판소가 부여한 처벌과 무관하게 그리
고 추가적으로 처벌을 부과할 수 있다.

제12조

재판소는 본 헌장 제6조에 규정된 범죄로 부재중 기소된 자에 대하여, 그가
발견 되지 않았거나 또는 여하한 이유에서건 재판소가 정의를 위하여 그의 부
재중이라도 청문을 실시할 필요성이 있다고 판단하면, 재판 절차를 진행할 권
한을 가진다.

제13조

재판소는 자체 절차 규정들을 제정한다. 이 규정들은 본 헌장의 조항들과 일관성을 유지해야 한다.

Ⅲ. 주요 전범의 조사 및 기소 위원회

제14조

미국, 영국, 프랑스, 소련 4개국은 중요 전범자의 조사와 기소를 위해 각각 수석 검사를 임명한다. 수석 검사는 아래의 목적을 위해 위원회로서 활동한다.

(a) 각 수석검사들과 그의 간부들의 개별적 작업내용에 대한 합의

(b) 재판에 의하여 주요전범의 최종적 지명

(c) 제출된 기소장과 증거서류들의 승인

(d) 기소장과 증거서류들의 제출

(e) 13조에 의한 소송절차 관련 규칙초안작성 및 법원에 제출

위원회는 상기 사항들을 다수결에 의한 방법으로 수행하고 교체 규칙과 편의에 따라 의장을 교대로 임명한다. 재판에 회부될 피고인의 선정 또는 그에게 적용될 범죄에 관한 합의 결과가 가부동수인 경우에는 기소할 피고인을 제한하거나 또한 피고인에게 유리한 방향으로 범죄사실을 제한한 측의 제안을 채택한다.

제15조

수석검사는 개별적으로 또는 협력하며 다음의 의무를 진다.

(a) 재판에 필요한 증거의 조사, 수집 및 제출

(b) 위원회의 동의 에 따른 기소장 준비

(c) 증인과 피고인에 대한 예비조사

(d) 재판에서의 검사로서 활동

(e) 임무를 양도받아 수행할 대표자 임명

(f) 재판의 지속적인 진행과 준비를 목적으로 대표자들에게 임무부여

Ⅳ. 피고인에 대한 공정한 재판

제16조

피고인에 대한 공정한 재판을 보증하기 위하여 다음 절차가 준수 된다:

(a) 고소장은 피고인에 대한 혐의를 상세히 밝히는 모든 구체적 사항들을 포함한다. 고소장 및 그것과 함께 제출된 모든 문서의 사본은, 피고인이 이해하는 언어로 번역 되어, 재판이 시작되기 전 적절한 시기에 그에게 제공된다.

(b) 피고인에 대한 여하한 사전 조사 또는 재판 기간 동안 그는 그에 대하여 부과된 혐의에 대하여 여하한 설명을 제시할 권리를 가진다.

(c) 피고인에 대한 사전 조사와 재판은 그가 이해하는 언어로 또는 그렇게 통역되어 실시된다.

(d) 피고인은 재판소에서 자신에 대하여 변호하거나 변호의 도움을 받을 권리를 가진다.

(e) 피고인은 자기 자신 또는 자신의 변호인을 통하여 자신의 변론을 뒷받침하는 증거를 재판소에 제출하고 기소인에 의하여 소환된 여하한 증인도 반대심문할 권리를 가진다.

Ⅴ. 재판소의 권한과 재판의 실시

제17조

재판부는 다음의 권한을 가진다.

(a) 재판을 위해 증인을 소환하는 것과 출석과 증언을 요구하고 또한 그를 신문하는 것

(b) 피고인에 대한 심문

(c) 문서 혹은 기타 증거자료의 제출요구

(d) 증인에게 선서를 시키는 것

(e) 본 재판소가 지시하는 사무를 수행하기 위한 직원을 임명하는 것과 증거조사를 他에 위탁하는 것

제18조

본 재판소는 아래 각 항을 준수하여야 한다.

(a) 심리를 기소사실에 대해 발생한 쟁점의 신속한 취조에 엄격히 한정하는 것

(b) 부당히 심리를 지연시키는 행위를 방지하기 위하여 엄중한 수단을 취하고 또한 그 종류 여하를 불문하고 기소사실에 관계없는 쟁점 및 진술을 배제하는 것.

(c) 심리에 있어서 질서를 도모하고 법정에 있어서의 불복종행위에 대하여 이를 즉결하며 또한 그 후의 심리의 전부 또는 일부에 대하여 피고인 도는 그 변호인의 퇴정을 명하는 등 적장한 제재를 과하는 것. 단, 이로 인하여 기소사실에 대한 판정이 편파적이어서는 안 된다.

제19조

본 재판소는 증거에 관한 기술적 법칙에 구속됨이 없다. 본 재판소는 신속하며 機宜의 절차를 최대한도로 채용하고 또한 적용할 것이며 본 재판소에서 증명력이 있다고 인정되는 한 어떠한 증거라도 채용된다.

제20조

본 재판소는 증거의 관련성의 유무를 판정하기 위하여 증거의 제출전 증거의 성질에 대하여 설명을 받을 수 있다.

제21조

본 재판소는 공지의 사실 내지 어떤 국가의 공식의 문서 및 보고서의 진실성 내지 어떤 구제연합가맹국의 군사기관 도는 기타기관이 작성한 조서, 기록 및 결정서의 진실성에 대해서는 구체적 입증을 요하지 않는다.

제22조

본 재판소는 영구적으로 베를린에 위치한다. 재판관들과 수석검사들의 첫 회의는 독일관리이사회(Control Council for Germany)가 지정하는 베를린내의 한 장소에서 개최된다. 첫 번째 재판은 뉘른베르크에서 열리고 그 다음의 재판은 재판소가 결정하는 장소에서 이를 행한다.

제23조

한 명 혹은 그 이상의 수석 검사들은 각 재판의 검사로 참여하여야 한다. 각각
의 수석검사의 직무는 수석검사 자신, 혹은 다른 사람, 혹은 자신에 의해 권한
을 부여받은 사람에 의해 수행된다. 피고를 위한 변호인의 직무는 재판소에
의해 권한을 부여받은 사람이나 피고의 요청에 의해 한정적으로 선정된 피고
인 소속국적인에 의해 수행된다.

제24조

(a) 기소장은 법정에서 낭독한다.

(b) 재판소는 가 피고인에 대하여 '유죄' 또는 '무죄'의 어느 것을 주장하느냐를
　　질문한다.

(c) 검사와 각 피고인은 간단한 모두진술을 할 수 있다.

(d) 검사는 증거의 제출을 할 수 있고 재판소는 각 증거의 채택여부를 결정한다.

(e) 검사측 증인에 대한 심문이 있은 후에 변호인측 증인에 대한 심문을 한다.
　　그 후에 재판소는 양측으로부터 반박할 수 있는 기회를 준다.

(f) 재판소는 증인과 피고측에 대하여 언제든지 질문할 수 있다.

(g) 검사와 변호인은 증언하는 상대측 증인과 피고인을 신문할 수 있다.

(h) 변호인은 재판소에 의견을 진술할 수 있다.

(i) 검사는 재판소에서 의견을 진술할 수 있다.

(j) 각 피고인은 재판소에 의견을 진술할 수 있다.

(k) 재판소는 유죄·무죄의 판결을 내리고 형을 선고한다.

제25조

생산된 모든 공식문서와 재판의 모든 진행은 영어, 프랑스어, 러시아어 및 피
고의 언어로 생산되고 진행된다. 기록과 변론은 재판이 진행되고 있는 국가의
언어로 번역된다.

VI. 판결 및 선고

제26조

재판소가 피고인에 대한 유죄 혹은 무죄의 선고는 최종적이며 상소제도는 인

정되지 않는다.

제27조

재판소는 피고인의 유죄의 판결, 사형, 기타 타당성있는 형벌을 부과할 수 있다.

제28조

재판소는 피고인이 탈취한 재산에 대하여도 처벌할 수 있는데, 유죄가 인정된 자는 그 탈취 재산을 몰수당하며 독일관리이사회에 보내도록 명한다.

제29조

유조의 경우 선고된 형은 독일관리이사회의 지시에 따라 수행되며 관리위원회는 피고인의 선고형을 감경하거나 형의 종류를 변경할 수 있으나 형을 가중시킬 수는 없다. 만일 피고인에 대한 유죄 및 형의 선고가 끝난 이후에 새로운 범죄 증거가 추가로 밝혀졌을 경우 독일관리이사회는 이를 본 조례의 제14조에 언급하였던 위원회에 보고하여 적절하게 정의 실현의 차원에서 조치를 취할 수 있도록 한다.

Ⅶ. 경비

제30조

본 재판소에서 사용되는 비용은 독일관리이사회의 유지를 위해 각 국가에 할당된 자금으로 충당한다.

2. 극동국제군사재판소조례(동경조례)

제1장 재판소의 구성

제1조(재판소의 설치)

극동에 있어서 중대전쟁범죄인의 공정하고 신속한 심리 및 처벌을 위하여 극동군사재판소를 설치한다. 재판소의 상설지는 동경으로 한다.

제2조(재판관)

본 재판소는 항복문서의 서명국과 인도, 필리핀에 의하여 제출된 인명중에서 연합국최고사령관이 임명하는 6명이상 11명 이내의 재판관으로써 구성한다.

제3조(상급직원 및 서기관)

① 재판장 : 연합국최고사령관은 재판관 중의 1명을 재판장으로 임명한다.
② 서기과
    ⓐ 재판소 서기과는 연합국최고사령관의 임명에 관계하는 서기 장외에 필요한 수의 부서기장, 서기, 통역, 기타의 직원으로써 구성한다.
    ⓑ 서기장은 서기과의 사무를 편성하고 이를 지휘한다.
    ⓒ 서기과는 본 재판소에 보낸 일체의 문서를 수리하고 재판소의 기록을 보관하며 재판소 및 재판관에 대하여 필요한 서기사무를 제공하고 기타 재판소의 지시하는 직무를 수행한다.

제4조(개정 및 정원수, 투표 및 결석)

① 개정 및 정원수: 재판관 6명이 출정한 때 재판소의 정식개정을 선언할 수 있다. 전재판관의 과반수의 출석으로써 정원수의 설립요건으로 한다.
② 투표: 유죄의 인정 및 형의 양정, 기타 본 재판소가 하는 일체의 결정과 재판은 출석재판관의 투표의 과반수로써 결정된다.
③ 결석: 재판관으로서 만일 결석함이 있더라도 그 후 출석할 수 있는 경우에 있어서는 그 후의 모든 심리에 참가한 것으로 한다. 단 공개의 법정에서 그의 결석중 행하여진 심리에 通曉되지 않음을 이유로 하여 자기의 무자격을 선언한 경우에 있어서는 그러하지 아니하다.

제2장 관리 및 일반규정

제5조(人과 犯罪에 관한 관할)

본 재판소는 평화에 대한 죄를 포함하는 범죄에 대하여 개인으로서 또는 단체 구성원으로서 訴追된 극동전쟁범죄인을 심리하고 처벌하는 권한을 갖는다. 다음에 게기한 1 또는 수개의 행위는 개인책임이 있는 것으로 하고 본 재판소의 관할에 속하는 범죄로 한다.

① 평화에 대한 죄 : 즉 선전포고 또는 포고치 않은 침략전쟁 혹은 국제법, 조약, 협정 또는 보증에 위반된 전쟁의 계획, 준비, 개시 또는 실행 혹은 상기 제행위의 어느 것을 단정하기 위한 공동의 계획 또는 공동모의에의 참가

② 통례의 전쟁범죄 : 즉 전쟁법규 또는 전쟁관례의 위반

③ 인도에 대한 죄 : 즉 전쟁전 또는 전쟁중 행한 살육, 절멸, 노비적 혹사, 추방 기타의 비인도적 행위 혹은 범행지의 국내법의 위반여부를 불문하고 본 재판소의 관할에 속하는 범죄의 수행으로서 또는 이에 관련하여 행한 정치적 또는 인종적 이유에 의한 박해행위, 상기범죄의 어느 것을 범하고자 하는 공동계획 또는 공동모의의 입안 또는 실행에 참가한 지도자, 조직자, 교사자 및 공범자는 그러한 계획의 수행상 행하게 된 일체의 행위에 대하여 그 어느 누구에 의하여 행사되었던가를 불문하고 책임이 있다.

제6조(피고인의 책임)

何時를 불문하고 피고인이 보유한 공무상의 지위 혹은 피고인이 자기의 정부 또는 상사의 명령에 따라 행동한 사실은 어느 것이나 그 자체 당해피고인으로 하여금 그의 문의된 범죄에 대하여 책임을 면함에 足하지 않는 것으로 한다. 단, 그러한 사정은 본 재판소에서 정의의 요구상 필요가 있다고 인정되는 경우에 있어서는 형의 경감을 위하여 고려할 수 있다.

제7조(절차규정)

본 재판소는 본 조례의 기본규정에 준거하여 절차규정을 제정하며 또한 이를 수정할 수 있다.

제8조(검찰관)

① 수석검찰관: 연합국최고사령관의 임명에 의한 수석검찰관은 본 재판소의 관할에 속하는 전쟁범죄인에 대한 피의사실의 조사 및 소추를 행할 직책을 가지는 것이고 또한 최고사령관에 대하여 적당한 법률상의 조력을 하는 것이다.

② 참여검찰관: 일본국과 전쟁상태에 있는 각 국제연합가맹국은 수석검찰관을

보좌하기 위하여 참여검찰관 1명을 임명할 수 있다.

제3장 피고인에 대한 공정심리

제9조(공정한 심리를 위한 절차)

피고인에 대한 공정한 심리를 확보하기 위하여 다음의 절차를 준수할 것으로 한다.

① 기소장: 기소장에는 평이, 간단, 적절히 각 기소사실의 기재를 한다. 각 피고인은 방어를 위하여 충분한 시간에 피고인이 이해할 수 있는 국어로써 기재된 기소장 및 그 수정문과 본 조례의 각 사본이 교부된다.

② 용어: 심리와 이와 관련된 절차는 영어 및 피고인의 국어로써 행한다.

③ 피고인을 위한 변호인: 각피고인은 그의 선택에 따라 변호인에 의하여 대리될 권리를 갖는다. 단, 본 재판소는 언제든지 해당변호인을 부인할 수 있다. 피고인은 본 재판소의 서기장에게 그의 변호인의 성명을 届出한다. 만약 피고인으로서 변호인에 의하여 대리됨이 없고 또한 공개의 법정에서 변호인의 임명을 요구하는 경우에 있어서는 본 재판소는 만약 그러한 任命이 공정한 재판을 행하는 데 필요하다고 인정되는 때에는 피고인을 위하여 변호인을 선임할 수 있다.

④ 방어를 위한 증거: 피고인은 스스로 또는 변호인에 의하여(단, 양자에 의하지 못한다) 모든 증인을 신문하는 권리를 포함하며 방어를 행할 권리가 있다. 단, 재판소가 정한 바 적당한 제한이 따른다.

⑤ 방어를 위한 증거의 顯出: 피고인은 본 재판소에 대하여 서면으로써 증인 또는 문서의 顯出을 신청할 수 있다. 동신청서에는 증인 또는 문서의 소재로 사료되는 장소를 기재한다. 또한 동갑신청에는 증인 또는 문서에 의하여 입증코자 하는 사실과 각 사실과 방어와의 관련성을 기재한다. 본 재판소가 동 신청서를 허가한 경우에 있어서는 본 재판소는 각 증거의 현출을 얻는 데 정황상 필요한 조력을 부여한다.

제10조(심리전에 있어서의 신청 또는 동의)

심리의 개시에 앞서 본 재판소에 대하여 행한 동의, 신청 기타의 청구는 모두 서면으로 할 것이며 또한 본 재판소의 결정을 얻기 위하여 이를 본 재판소 서 기장에게 제출한다.

제11조(권한)

본 재판소는 다음의 권한을 갖는다.

① 증인을 소환하기 위하여 그 출정 및 증언을 명하고 또한 그를 신문하는 것.

② 각 피고인을 신문하고 또 피고인이 신문에 대한 답변을 거부한 경우에 그 거부에 관해 소송관계인의 논평을 허가하는 것.

③ 문서 기타의 증거자료의 제출을 명하는 것.

④ 각 증인에 대하여 선서, 서언 또는 그의 본국의 관습에 의한 선언을 할 것을 명하고 또한 선서를 집행하는 것.

⑤ 본 재판소가 지시하는 사무를 수행하기 위한 직원을 임명하는 것과 증거조 사를 타에 촉탁하는 것.

제12조(심리의 집행)

본 재판소는 아래 각 항을 준수하여야 한다.

① 심리를 기소사실에 대해 발생한 쟁점의 신속한 취조에 엄격히 한정하는 것.

② 부당히 심리를 지연케 함과 같은 행위를 방지하기 위하여 엄중한 수단을 취하고 또한 그 종류여하를 불문하고 기소사실에 관계없이 쟁점 및 진술을 배제하는 것.

③ 심리에 있어서의 질서를 도모하고 법정에 있어서의 불복종행위에 대하여 이를 즉결하며 또한 그 후의 심리의 전부 또는 일부에 대하여 피고인 또는 그 변호인의 퇴정을 명하는 등 적당한 제재를 과하는 것. 단, 이로 인하여 기소 사실의 판정에 대하여 편파취급을 하여서는 아니 된다.

④ 피고인에 대하여 심리에 응할 정신적 및 육체적 능력의 유무를 결정하는 것.

제13조(증거)

① 증거능력: 본 재판소는 증거에 관한 기술적 법칙에 구속됨이 없다. 본 재판 소는 신속하며 機宜의 절차를 최대한도로 채용하고 또한 적용할 것이며 본 재판소에서 증명력이 있다고 인정되는 한 어떠한 증거라도 채용된다. 피고

인이 표시한 승인 또는 진술은 모두 증거로서 채용할 수 있다.

② 증거의 관련성: 본 재판소는 증거의 관련성의 유무를 판정하기 위하여 증거의 제출전 증거의 성질에 대하여 설명을 받을 수 있다.

③ 채용할 수 있는 구체적 증거의 예시 : 다음에 게기된 것은 어느 것이든지 증거로서 채용할 수 있다.

    ⓐ 기밀상 종별 여하를 불구하고 또한 발행 혹은 서명에 관한 증명의 무를 불문하고 어떤 정부의 군대에 속하는 장교, 관청, 기관 내지 구성원의 발행 또는 서명에 관계되는 것이라고 본 재판소에서 관계되는 문서

    ⓑ 국제적십자사 또는 그 사원, 의사 또는 의무종사자, 조사원 또는 정보관, 기타 당해보고서에 기재된 사항을 직접 知得한다고 본 재판소에서 인정자의 서명 또는 발행에 관계한 것이라고 본 재판소에서 인정된 보고서

    ⓒ 선서시말서, 청취서, 기타 서명 있는 진술서

    ⓓ 본 재판소에서 기소사실에 관계있는 자료를 포함한 것으로 인정되는 일기, 書狀 혹은 선서 또는 비선서 진술을 포함한 기타의 문서

    ⓔ 원본을 즉시 제출할 수 없는 경우에는 문서의 사본, 기타 원본의 내용을 제2차적으로 증명하는 증거물

④ 재판소에 顯出한 사항 : 본 재판소는 공지의 사실 내지 어떤 국가의 공식의 문서 및 보고서의 진실성 내지 어떤 국제연합가맹국의 군사기관 또는 기타 기관이 작성한 조서, 기록 및 결정서의 진실성에 대해서는 입증을 요하지 않는다.

⑤ 기록, 증거물 및 문서 : 조서의 정본 및 재판소에 제출된 증거물 및 문서는 본 재판의 서기장에서 교부되며 소송기록의 일부를 구성한다.

제14조(재판의 장소)

최초의 재판은 동경에서 이를 행하게 되고, 그 후에 행하게 되는 재판은 본 재판소가 결정하는 장소에서 이를 행한다.

제15조(재판절차의 진행)

본 재판에 있어서의 절차는 다음의 과정을 거친다.

① 기소장은 법정에서 낭독한다. 단, 피고인 전원이 그 생략에 동의한 때는 그 러하지 아니하다.

② 재판소는 각 피고인에 대하여 "유죄" 또는 "무죄"의 어느 것을 주장하느냐를 질문한다.

③ 검찰관과 각 피고인(代理되는 경우에는 변호인에 한하여)은 간단한 모두진술을 할 수 있다.

④ 검찰관 및 피고인측은 증거의 제출을 할 수 있고 재판소는 당해증거의 채택 여부를 결정한다.

⑤ 검찰관과 각 피고인(대리되고 있는 때에는 변호인에 한하여)은 각 증인 및 증언을 하는 각 피고인을 신문할 수 있다.

⑥ 피고인(대리되고 있는 때에는 변호인 한하여)은 재판소에 대하여 의견을 진술할 수 있다.

⑦ 검찰관은 재판소에 대하여 의견을 진술 할 수 있다.

⑧ 재판소는 유죄·무죄의 판결을 내리고 형을 선고한다.

제5장 유죄·무죄의 판결 및 형의 선고

제16조(형벌)

본 재판소는 유죄의 인정을 한 경우에 있어서는 피고인에 대하여 사형 또는 기타 본 재판소가 公正하다고 인정하는 형벌을 과하는 권한을 갖는다.

제17조(판결 및 심사)

판결은 공개의 법정에서 선고되며 또한 이에 판결이유를 附한다. 재판의 기록은 속히 연합국최고사령관에 대하여 심사를 받기 위하여 송부된다. 선고형은 연합국최고사령관의 지령에 따라 집행될 것이며 연합국 최고사령관은 언제든지 선고형에 대하여 이를 경감하거나 변경을 가할 수 있다.

3. 뉴른베르그 조례 및 재판에서 승인된 국제법 일반원칙(뉴른베르그원칙)

원칙 1

국제법상 범죄를 구성하는 행위를 한 모든 사람은 이에 대해 책임을 지고 또한 처벌된다.

원칙 2

국제법상의 범죄를 구성하는 행위에 대해 국내법이 형벌을 과하지 않았다는 사실이 당해 행위를 행한 자의 국제법상 책임을 해제하지는 않는다.

원칙 3

국제법상의 범죄를 구성하는 행위를 행한 자가 국가원수 또는 정부의 책임 있는 관리로서 행동했다 하더라도 그 자의 국제법상 책임을 해제하지 않는다.

원칙 4

정부 또는 상관의 명령에 따라 행동했다 하더라도 그 자의 도덕적 선택이 실제로 가능했다고 생각되는 경우에는 국제법상 책임을 해제할 수 없다.

원칙 5

국제법상의 범죄를 범한 이유로 책임을 추궁 받고 있는 모든 사람은 사실과 법에 의해 공정한 재판을 받을 권리가 있다.

원칙 6

아래에 정해진 범죄는 국제법상의 범죄로서 처벌된다.

① 평화에 대한 죄:

(가) 침략전쟁 또는 국제조약, 협정 또는 서약에 위배되는 전쟁의 계획·준비·개시 또는 수행(遂行).

(나) (가)에서 언급된 행위의 어느 것이든 그것을 달성하기 위한 공동의 계획 또는 공동모의에의 참가.

② 전쟁범죄

전쟁의 법규 또는 관례의 위반, 점령지에 있는 민간인의 살인 · 학대 또는 노예노동 기타 목적을 위한 강제적 이송, 포로 또는 공해상에서의 민간인의 살인 또는 학대, 인질(人質)의 살해, 공사(公私) 재산의 약탈, 도시와 농촌의 자의적인 파괴 또는 군사적 필요에 의해 정당화될 수 없는 황폐(荒廢)를 포함한다. 그러나 위에 열거한 범죄에만 국한되지는 않는다.

③ 인도(人道)에 대한 죄

모든 민간인에 대한 살인 · 대량살인 · 노예화 · 강제적 이송 기타 비인도적 행위 또는 정치적 · 인종적 · 종교적 이유에 의한 박해로서 이와 같은 행위 또는 박해가 평화에 대한 죄 또는 전쟁범죄의 수행으로서 또는 이에 관련하여 행하여졌을 때.

원칙 7

원칙 6에 규정된 평화에 대한 죄, 전쟁범죄 또는 인도에 대한 죄를 범한 공범(共犯)은 국제법상의 범죄이다. 이 정식화에서 하나의 주목을 끄는 점은 위원회의 성명(聲明)에 나타난 바와 같이 인도에 대한 죄의 개념을 재판소 조례에 규정되어 있던 '전쟁(즉 제2차 세계대전) 이전 또는 그 사이에'라는 요건을 삭제함으로써 일반화되고 확대되었다는 사실이다.

4. 구유고 국제형사재판소 규정

국제연합헌장 제 7장에 의거하여 행동하는 안전보장이사회에 의해 창설된, 1991년 이래 구 유고의 영토상에서 범해진 국제인도법의 중대한 위반에 대해 혐의 있는 자들을 재판하기 위한 국제재판소(이하 '국제재판소'라 칭한다)는 본 규정에서 정한 바에 따라 권한을 행사한다.

제1조 국제법원의 권한

국제재판소는 본 규정에 정한 바에 따라, 1991년 이래 구 유고의 영토상에서 범해진 국제인도법의 중대한 위반의 혐의 있는 자들을 재판할 권한을 가진다.

제2조 1949년 제네바협약의 중대한 위반

국제재판소는 1949년 제네바협약의 중대한 위반, 즉 제네바협약의 규정에 의해 보호받는 사람 또는 재산에 대해 다음과 같은 행위를 하거나 이를 명령한 자들을 소추할 권한을 가진다.

a) 의도적 살해

b) 생체 실험을 포함한 고문 및 비인도적인 대우

c) 의도적으로 신체 및 건강에 중대한 고통을 가하거나 심각한 타격을 주는 행위

d) 군사적 필요성에 의해 정당화될 수 없으며 또한 위법적이고 자의적인 방법으로 광범위하게 집행된 재산의 파괴 및 몰수

e) 전쟁포로 또는 민간인에 대해 적국의 군대에서 복무하도록 강요하는 행위

f) 전쟁포로 또는 민간인에 대해 적법하고 공평하게 재판받을 권리를 박탈하는 행위

g) 민간인의 추방 또는 불법적 이동 또는 그 불법적 억류

h) 민간인의 인질억류

제3조 전쟁법 및 전쟁관습의 위반

국제재판소는 전쟁에 관한 법 및 관습을 위반한 자들을 소추할 권한을 가진다. 이러한 위반은 특히 다음의 행위를 포함한다.

a) 중독성 무기 및 그 외에 불필요한 고통을 야기한 것으로 인정되는 무기의 사용

b) 도시 및 촌락의 이유 없는 파괴 또는 군사적 요구에 의해 정당화될 수 없는 황폐화

c) 방수되지 않은 도시, 촌락, 주거지역 또는 건물들에 대해 가한 모든 종류의 공격 및 폭격

d) 종교, 박애, 교육, 예술 및 과학에 이용되는 건축물 및 역사적 기념물, 그리고 예술작품 및 과학적 성격의 작품에 해당하는 건축물의 고의적 포획, 파괴 또는 훼손

e) 공공재산 및 사유재산의 약탈

제4조 집단살해

1. 국제재판소는 본 조 제 2항에서 정의된 집단살해 또는 본조 제 3항에 열거되어 있는 행위들 중 하나를 범한 자들을 소추할 권한을 가진다.

2. 집단살해는 특정의 민족적, 인종적, 인류학적, 또는 종교적 집단을 전체적 또는 부분적으로 파괴할 의도로서 범해지는 다음의 행위들 중 하나를 뜻한다.
   a) 집단 구성원의 살해
   b) 집단 구성원의 신체 또는 정신에 대한 중대한 타격
   c) 집단을 전체적 또는 부분적으로 그 물리적 파괴를 야기할 상황으로 몰아 넣는 것
   d) 집단내의 출산을 방해하는 조치
   e) 한 집단에서 다른 집단으로 아동들을 강제 이주시키는 것.

3. 다음의 행위들은 처벌된다.
   a) 집단살해
   b) 집단살해를 위한 협력
   c) 집단살해의 직접적 및 공적 교사
   d) 집단살해의 미수
   e) 집단살해에의 가담

제5조 인도에 반한 죄

국제재판소는 국제적 성격이든 국내적 성격이든 간에 모든 무력분쟁에 있어서 여하한 민간인에 대하여도 다음과 같은 행위를 범한 혐의가 있는 자들을 기소할 권한을 가진다.

a) 암살, b) 몰살, c) 노예화, d) 추방, e) 감금, f) 고문, g) 강간, h) 정치적, 인종적 및 종교적 이유로 인한 박해, I) 기타 비인도적 행위.

제6조 인적 관할권

국제재판소는 본 규정에서 정한 바에 따라, 자연인들에 대해 관할권을 가진다.

제7조 개인적 형사책임

1. 본 규정 제 2조에서 제 5조에 걸쳐 언급된 범죄를 계획하였거나, 범하도록

교사하였거나, 지시하였거나 또는 다른 방법으로도 이의계획, 준비 또는 집행을 원조하거나 장려한 여하한 자도 그러한 범죄에 대해 개인적으로 책임을 진다.

2. 피고가 국가원수이든 정부수반이든 또는 고급공무원이든, 그 공식적지위로 인하여 그의 형사책임이 면제되지 않으며, 또한 이로 인해 형벌이 감면되지 아니한다.

3. 본 규정 제 2조에서 제 5조에 걸쳐 언급된 행위가 하급자에 의해 범하여진 경우, 상급자는 하급자가 그러한 행위를 범하려고 하였거나 범하였다는 사실을 알았거나 알 수 있는 상황에 있었음에도 불구하고 그러한 행위가 범해지지 않도록 방지하거나 그 행위자를 처벌하기 위해 필요하고 합리적인 조치를 취하지 않았다면, 그의 형사책임이 면제되니 아니한다.

4. 피고가 정부 또는 상급자의 지시를 이행함으로서 그러한 범죄를 범하였다는 사실로서 그의 형사책임이 면제되지 않는다. 그러나 이러한 사실은 국제재판소가 정당하다고 판단하는 경우 형벌의 감면사유로 고려 될 수 있다.

제8조 장소적 관할권 및 시간적 관할권

국제재판소의 장소적 관할건은 구 유고슬라비아 사회주의 연방공화국의 영토에 미치며, 이는 그 영토공간, 영공 및 영해를 포함한다. 국제재판소의 시간적 관할권은 1991년 1월 1일 이후부터의 시간에 미친다.

제9조 관할권의 경합

1. 국제재판소와 국내재판소는 1991년 1월 1일 이후에 구 유고의 영토상에서 범해진 제인도법의 중대한 위반의 혐의 있는 자의 재판에 대해 경합적으로 관할권을 가진다.

2. 국제재판소는 국내재판소와의 관계에서 우선권을 가진다. 소송의 여하한 단계에 있어서도 국제재판소는 본 규정과 그 규칙에 의거하여 국내재판소에 대해 관할권을 포기할 것을 공식적으로 요구할 수 있다.

제10조 일사부재리의 원칙

1. 국제재판소에 의해 본 규정상의 국제인도법의 중대한 위반을 구성하는 행

위로 이미 판결을 받은 여하한 행위도 국내재판소에서 동일한 범죄로서 재
판받을 수 없다.
 2. 국제인도법의 중대한 위반을 구성하는 행위로 국내재판소에 의해 재판받은
   자는 다음의 경우를 제외하고는 국제재판소에서 다시 재판받을 수 없다.
    a) 재판을 받게 된 행위가 보통범죄를 구성하는경우
    b) 국내재판소의 재판이 공정하고 독립적으로 이루어지지 않았거나, 재판
      절차가 피고의 국제형사책임을 면제하여 주기 위한 것이었거나 또는 소
      추가 적절히 이루어지지 않은 경우
 3. 본 규정상의 범죄를 이유로 유죄로 판정된 자에 대해 부과할 형벌을 결정함
   에 있어서, 국제재판소는 피고가 동일 범죄를 이류로 국내재판소에 의해 부
   과된 모든 형벌을 이미 마친 경우에는 이를 고려한다.

제11조 국제재판소의 조직
국제재판소는 다음의 기관을 포함한다.
a) 재판부, 즉 두개의 원심 재판부와 하나의 항소 재판부
b) 검찰관 그리고
c) 상기 재판부와 검찰관에 공통된 서기국

제12조 재판부의 구성
재판부들은 독립적이고 각기 국적이 다른 11명의 재판관으로 구성된다. 이들 중,
a) 각각 3명이 두 개의 원심 재판부에 배치되며,
b) 5명이 항소 재판부에 배치된다.

제13조 재판관의 자격 및 선출
1. 재판관들은 각기 소속국에서 최고법관으로 임명되는 데 필요한 자격을 가
   진 고도의 윤리성과 공정성 그리고 청렴성을 갖춘 인사라야 한다. 재판부
   의 전체적 구성에 있어서 형법과 특히 국제인도법 및 인권법에 대한 국제
   법 분야에 있어서의 재판간의 경험을 고려하여야 한다.
2. 국제재판소의 재판관은 다음의 절차에 따라, 안전보장이사회에 의해 제출된
   명단 중의 인사들 중에서 총회에 의해 선출된다.

    a) 사무총장은 국제연합회원국 및 국제연합 본부에 상설 대표부를 갖고 있 는 비회원국들에게 후보자 명단을 제출할 것을 요청한다.

    b) 사무총장의 요청이 있은 후 60일 이내에, 각국은 제1항에서 정한 조건 을 충족시키며 동일한 국적을 갖지 않는 두 명 이내의 인사를 후보자로 서 그 명단을 제출할 수 있다.

    c) 사무총장은 이들 후보자의 명단을 안전보장이사회에 제출한다. 이러한 후보자의 명단을 기초로 하여, 안정보장이사회는 세계의 주요 법체계 를 적절히 대표하여야 할 필요성을 고려하여 22명 이상 33명 이하의 후보자 명단을 작성한다.

    d) 안정보장이사회 의장은 이 명단을 총회 의장에게 제출한다. 총회는 이 명단에 기초하여 11명의 국제재판소 재판관을 선출한다. 이 선출에서 국제연합 회원국 및 국제연합 본부에 상설 대표부를 갖고 있는 비회원 국의 과반수표를 얻은 인사는 선출된 것으로 한다. 동일국적을 가진 두 명의 후보자가 과반수표를 얻을 경우, 이들 중 최다수표를 얻은 후보자 가 선출된 것으로 한다.

3. 하나의 재판부의 재판관이 공석이 되는 경우, 사무총장은 안전보장이사회 의장과 총회 의장과의 협의 후, 제1항에서 정한 조건을 충족시키는 한 명 의 인사를 임명하여 전임자의 잔임 기간 동안 재판관으로 근무할 수 있도록 할 수 있다.

4. 재판관들은 4년의 임기로 선출된다. 그 임용조건은 국제사법재판소의 재판 관과 동일한 것으로 한다. 이들은 재선될 수 있다.

제14조 사무조직 및 재판부의 구성

1. 국제재판소의 재판관은 한명의 소장을 선출한다.
2. 국제재판소의 소장은 항소 재판부의 구성원이 되며 이를 주재한다.
3. 소장은 재판관들과 협의 후, 이들을 항소 재판부 또는 원심 재판부에 배치 한다. 재판관들은 각기 배치된 재판부에만 착석할 수 있다.
4. 각 원심 재판부의 재판관들은 재판부의 모든 소송을 지휘할 한 명의 재판장 을 선출한다.

제15조 재판소의 규칙

국제재판소의 재판관들은 변론의 전단계, 변론 및 상소, 증거의 채택, 피해자와 증인의 보호 및 그 밖의 필요한 문제들을 다룰 규칙을 채택한다.

제16조 검찰관

1. 검찰관은 1991년 1얼 1일 이후 구 유고의 영토상에서 범해진 국제인도법의 중대한 위반의 혐의자에 대한 소송서류의 심리 및 기소의 책임을 진다.
2. 검찰관은 국제재판소의 하나의 독립된 기관이며 완전히 독립적으로 행동한다. 검찰관은 여하한 정부로부터 그리고 여하한 다른 곳으로부터도 지시를 요청하거나 받을 수 없다.
3. 검찰관실은 검찰관과 필요한 자격을 갖춘 기타 직원으로 구성된다.
4. 검찰관은 사무총장의 제의에 따라 안전보장이사회에 의해 임명된다. 검찰관은 고도의 윤리성과 탁월한 능력을 보유하고, 형사사건의 지휘 및 기소에 충분한 경험을 갖춘 인사여야 한다. 그의 임기는 4년으로 하며, 재선될 수 있다. 그의 임용조건은 국제연합 사무차장(Under Secretary General)과 동일한 것으로 한다.
5. 검찰관실의 직원은 검찰관의 추천에 따라 사무총장에 의해 임명된다.

제17조 서기국

1. 서기국은 국제재판소의 행정 및 사무를 총괄한다.
2. 서기국은 한명의 서기와 필요한 기타 직원들로 구성된다.
3. 서기는 국제재판소의 소장과의 협의 후 사무총장에 의해 임명된다. 임기는 4년으로 하며 재임할 수 있다. 서기의 임용조건은 국제연합 사무차장보(Assistant Secretary General)와 같은 것으로 한다.
4. 서기국 직원은 서기의 추천에 따라 사무총장이 임명한다.

제18조 조사 및 공소장의 작성

1. 검찰관은 직권에 의하여 또는 각국의 정부, 국제연합의 기관들 또는 기타 정부 간 기구 및 비정부간 기구들을 비롯하여 모든 출처로부터 입수된 정보에 의해 조사에 착수할 수 있다. 검찰관은 입수된 정보들을 평가하고 공소

를 제기를 할 것인지의 여부를 선언한다.

2. 검찰관은 피의자, 피해자 및 증인을 심문하고, 증거를 수집하며 현장조사를 할 수 있다. 이러한 임무를 수행함에 있어서, 검찰관은 필요한 경우 관계국의 당국에 대해 협조를 요청할 수 있다.

3. 모든 피의자는 자신이 선택하는 변호인의 조력을 받을 권리를 가지며, 변호인을 고용할 재정적 능력이 없는 경우 무료로 변호인을 선임 받을 권리를 가진다. 또한, 피의자는 필요한 경우 자신이 말하고 이해할 수 있는 언어로의, 그리고 그러한 언어로부터의 통역을 사용할 수 있다.

4. 검찰관은 추정에 의해 공소를 제기할 필요가 있다고 결정하는 경우, 공소사실과 본 규정상의 죄명이 간략히 기재된 공소장을 작성한다. 공소장은 언심 재판부의 재판관에게 제출된다.

제19조 공소장의 검토

1. 공소장을 제출받은 원심 재판부의 재판관은 이를 검토한다. 재판관은 검찰관이 추정에 의해 공소를 제기할 필요가 있다고 결정하였다고 판단하는 경우 공소를 인준하며, 그렇지 않은 경우 이를 기각한다.

2. 공소장을 인준하는 경우, 담당재판관은 검찰관의 요구에 의해 피의자의 체포, 구금, 송치 또는 인도의 명령 및 영장을 발부하며, 소송 진행을 위해 필요한 기타의 명령을 발한다.

제20조 소송의 개시 및 진행

1. 원심 재판부는 소송이 공정하고 신속하도록 하여야 하며, 재판이 소송절차 및 증거절차에 따라하여 이루어지도록 하여야 한다. 또한, 피고인의 권리는 전적으로 존중되어야 하며 피해자와 증인의 보호도 적절히 확보되어야 한다.

2. 모든 피고인은 국제재판소에 의해 발부된 명령과 영장에 따라 구금되며, 자신에 대해 공소가 제기되어 국제재판소에 고발된 범죄사실을 즉각 통지받아야 한다.

3. 원심 재판부는 공소장을 낭독하고, 피고의 권리가 존중되고 있음을 확인하며, 피고가 공소장의 내용을 이해함을 확인한 후, 피고로 하여금 공소사실을 승복할 것인가의 여부를 결정하도록 명령한다. 이러한 절차가 끝난 후, 원심

재판부는 공판일자를 결정한다.

4. 변론은 원심 재판부가 그 소송절차 및 증거 절차에 따라 이를 비밀로 할 것을 결정하지 않는 한, 공개된다.

제21조 피고의 권리

1. 국제재판소의 법정에서는 모두가 평등하다.

2. 모든 피고인은 본 규정 제 22조에서 정한 바를 제외하고는, 스스로를 방어하기 위한 진술이 공정하고 공개적으로 청취되도록 보장받을 권리를 가진다.

3. 모든 피고인은 본 규정에서 정한 바에 따라 그 범죄사실이 확인될 때까지 무죄로 추정된다.

4. 모든 피고인은 전적으로 평등하게 최소한 다음의 권리를 보장받는다.

   a) 자신에 대해 제기된 공소의 성격과 이류를 가능한 신속하게 자신이 이해하는 언어로 그리고 상세하게 통지받을 권리

   b) 자신의 방어를 준비하기 위해 필요한 시간 및 편의를 이용하고 자신이 선택한 변호인과 의사소통을 할 권리

   c) 지나친 지체 없이 재판받을 권리

   d) 재판에 출두하여 자신을 방어하거나, 자신이 선택한 변호인의 조력을 받을 권리, 그리고 스스로 변호인을 갖지 않은 경우 이를 가질 수 있는 권리가 있음을 통보받으며 재판상 필요함에도 불구하고 변호인을 고용할 재정적 능력이 없는 경우 무료로 관선변호인을 선임 받을 권리

   e) 자신에게 불리한 증인을 심문하고 신문하도록 요구하며, 불리한 증인과 동일한 조건으로 유리한 증인의 출두와 신문을 요구할 권리

   f) 변론에 사용되는 언어를 이해하지 모하거나 말하지 못하는 경우 무료로 통역을 지원받을 권리

   g) 자신에게 불리한 증언을 하거나 유죄를 인정하기를 강요받지 아니할 권리

제22조 피해자 및 증인의 보호

국제재판소는 절차 및 증거에 관한 규칙에서 피해자 및 증인의 보호를 위한 조치를 규정한다. 보호조치는 특히 비공개와 피해자의 신원보호를 포함한다.

제23조 판결

1. 원심재판부는 국제인도법의 중대한 위반이 입증된 자에 대해 판결을 언도하며 형벌과 제재를 부과한다.
2. 판결은 공개정에서 원심재판부의 재판관 과반수의 찬성으로 언도된다. 판결은 서면으로 작성되며, 판결이유가 기재되어야 하고, 개별적 의견 및 반대 의견이 첨부될 수 있다.

제24조 형벌

1. 원심재판부는 금고형만을 부과할 수 있다. 금고의 조건을 결정함에 있어, 원심재판부는 구 유고의 법정에 의해 적용되는 금고형의 일반 조건을 적용한다.
2. 모든 형벌을 부과함에 있어, 원심재판부는 법위반의 중대성 및 피고의 개인적 상황 등의 요소를 고려한다.
3. 금고형의 부과이외에도, 원심재판부는 피고에 대해 강제 등 위법적인 방법으로 취득한 모든 재산 및 지원을 그 정당한 소유자에게 반환할 것을 명령할 수 있다.

제25조 항소

1. 항소재판부는 원심재판부에 의해 유죄로 판결 받은 자 또는 검찰관에 의해 다음과 같은 이유로서 제기된 항소를 심리한다.
   a) 원심재판부의 결정을 무효로 하는 법률상의 착오가 있는 경우 또는
   b) 재판의 거부를 야기한 사실의 착오가 있는 경우.
2. 항소재판부는 원심재판부의 결정을 확정하거나, 취소하거나, 수정할 수 있다.

제26조 재심

원심 또는 항소심의 재판 중 알려지지 않았던 것으로서 판결의 결정적 요소가 될 수 있었던 새로운 사실이 발견되는 경우, 피고 또는 검찰관은 재판소에 대해 재심을 청구할 수 있다.

제27조 형벌의 집행

금고형은 유죄판결을 받은 자를 접수할 의사가 있음을 안전보장이사회에 통보

한 국가들의 명단 중에서 재판소가 지정하는 국가에서 집행된다. 징역은 국제재판소의 통제하여 관계국의 국내법에 의한다.

제28조 사면 및 감형

복역 중인 자가 금고형이 집행되고 있는 국가의 법에 의해 사면 또는 감형을 받을 수 있게 되는 경우, 이 국가는 재판소에 이를 통보하여야 한다. 재판소의 소장은 재판관들과의 협의를 거쳐 사법상의 정의와 법의 일반원칙에 따라 이를 결정한다.

제29조 사법공조

1. 국가들은 국제인도법의 중대한 위반으로 기소된 자의 수색 및 재판을 위해 재판소와 협조한다.
2. 국가들은 특히 다음 사항과 관련된 원심재판부의 지원요청 및 모든 명령에 대해 지체 없이 협조하여야 한다.
   a) 문제인물의 신원확인 및 수색
   b) 증언의 수집 및 증거의 제출
   c) 서류의 송부
   d) 문제인물의 체포 또는 억류
   e) 피기소인의 재판소에의 인도 또는 이송.

제30조 국제재판소의 지위, 특권 및 면제

1. 1946년 2월 13일의 국제연합의 특권과 면제에 관한 협약은 국제재판소, 재판관, 검찰관, 및 그 직원 그리고 서기 및 서기국 직원에 대해 적용된다.
2. 재판관, 검찰관 및 서기는 국제법에 의해 외교관에게 부여되는 특권및 면제, 그리고 편의를 향유한다.
3. 검찰관과 서기에 수반되는 직원들은 본조 제 1항에 언급된 협약 제 5조 및 7조에 의해 국제연합 직원들에게 부여되는 특권 및 면제를 향유한다.
4. 피고인을 포함하여, 국제재판소의 법정에 출두가 요구되는 모든 사람은 국제재판소의 원활한 기능을 보장하기 위해 필요한 대우를 받는다.

제31조 국제재판소의 소재지

국제재판소는 헤이그에 위치한다.

제32조 국제재판소의 비용

국제재판소의 비용은 국제연합헌장 제 17조에 따라 국제연합의 통상예산에서 지출된다.

제33조 사용언어

국제재판소의 사용언어는 영어와 프랑스어로 한다.

재34조 연간보고서

국제재판소의 소장은 안전보장이사회와 총회에 대해 매년 국제재판소의 보고서를 제출한다.

5. 국제형사재판소(ICC) 설립 규정

전 문

이 규정의 당사국들은,

모든 국민들은 공동의 유대로 결속되어 있으며, 그들의 문화는 공유의 유산으로 서로 결합되어 있다는 점을 의식하고, 이러한 섬세한 모자이크는 어느 때라도 깨질 수 있음을 우려하며,

금세기동안 수백만의 아동·여성 및 남성이 인류의 양심에 깊은 충격을 주는 상상하기 어려운 잔학 행위의 희생자가 되어 왔음에 유념하며,

그러한 중대한 범죄가 세계의 평화·안전과 복지를 위협하고 있음을 인식하며,

국제공동체 전체의 관심사인 가장 중대한 범죄는 처벌되지 않아서는 안 되며, 그러한 범죄에 대한 실효적 기소는 국내적 수준에서 조치를 취하고 국제협력을 제고함으로써 확보되어야 함을 확인하며,

이러한 범죄를 범한 자들이 처벌받지 않는 상태를 종식시키고, 이를 통하여 그
러한 범죄의 예방에 기여하기로 결정하며,

국제범죄에 책임이 있는 자들에 대하여 형사관할권을 행사함이 모든 국가의
의무임을 상기하며,

국제연합헌장의 목적과 원칙, 특히 모든 국가는 다른 국가의 영토보전이나 정
치적 독립을 저해하거나 또는 국제연합의 목적과 양립하지 아니하는 다른 어
떠한 방식으로도 무력의 위협이나 무력의 사용을 삼가야 한다는 것을 재확인
하며,

이와 관련하여 이 규정의 어떠한 조항도 어느 국가의 국내문제 또는 무력충돌
에 간섭할 권한을 당사국에게 부여하는 것으로 해석되어서는 안 된다는 점을
강조하며,

이러한 목적과 그리고 현재와 미래의 세대를 위하여, 국제연합 체제와의 관계
속에서 국제공동체 전체의 관심사인 가장 중대한 범죄에 대하여 관할권을 갖
는 독립적인 상설 국제형사재판소를 설립하기로 결정하며,

이 규정에 따라 설립되는 국제형사재판소는 국가의 형사관할권을 보충하는 것
임을 강조하며,

국제정의에 대한 지속적인 존중과 그 집행을 보장할 것을 결의하며,

다음과 같이 합의하였다.

제1부 재판소의 설립

제1조 재판소

국제형사재판소(이하 '재판소'라 한다)를 이에 설립한다. 재판소는 상설적 기
구이며, 이 규정에 정한 바와 같이 국제적 관심사인 가장 중대한 범죄를 범한
자에 대하여 관할권을 행사하는 권한을 가지며, 국가의 형사관할권을 보충한
다. 재판소의 관할권과 기능은 이 규정에 정한 바에 의하여 규율된다.   '

제2조 재판소와 국제연합과의 관계

재판소는 이 규정의 당사국총회가 승인하고 그 후 재판소를 대표하여 재판소

장이 체결하는 협정을 통하여 국제연합과 관계를 맺는다.

제3조 재판소의 소재지

1. 재판소의 소재지는 네덜란드(이하 '소재지국'이라 한다)의 헤이그로 한다.
2. 재판소는 당사국총회가 승인하고 그 후 재판소를 대표하여 재판소장이 체
   결하는 본부 협정을 소재지국과 맺는다.
3. 재판소는 이 규정에 정한 바에 따라 재판소가 바람직하다고 인정하는 때에
   는 다른 장소에서 개정할 수 있다.

제4조 재판소의 법적 지위와 권한

1. 재판소는 국제적 법인격을 가진다. 또한 재판소는 그 기능의 행사와 목적
   달성에 필요한 법적 능력을 가진다.
2. 재판소는 모든 당사국의 영역에서는 이 규정에 정한 바와 같이, 그리고 다
   른 여하한 국가의 영역에서는 특별협정에 의하여 자신의 기능과 권한을 행
   사할 수 있다.

제2부 관할권, 재판적격성 및 적용법규

제5조 재판소의 관할범죄

1. 재판소의 관할권은 국제공동체 전체의 관심사인 가장 중대한 범죄에 한정
   된다. 재판소는 이 규정에 따라 다음의 범죄에 대하여 관할권을 가진다.
   가. 집단살해죄
   나. 인도에 반한 죄
   다. 전쟁범죄
   라. 침략범죄

2. 제121조 및 제123조에 따라 침략범죄를 정의하고 재판소의 관할권 행사 조
   건을 정하는 조항이 채택된 후, 재판소는 침략범죄에 대한 관할권을 행사한

다. 그러한 조항은 국제연합헌장의 관련 규정과 부합되어야 한다.

제6조 집단살해죄

이 규정의 목적상 '집단살해죄'라 함은 국민적, 민족적, 인종적 또는 종교적 집단의 전부 또는 일부를 그 자체로서 파괴할 의도를 가지고 범하여진 다음의 행위를 말한다.

가. 집단 구성원의 살해

나. 집단 구성원에 대한 중대한 신체적 또는 정신적 위해의 야기

다. 전부 또는 부분적인 육체적 파괴를 초래할 목적으로 계산된 생활조건을 집단에게 고의적으로 부과

라. 집단내의 출생을 방지하기 위하여 의도된 조치의 부과

마. 집단의 아동을 타집단으로 강제 이주

제7조 인도에 반한 죄

1. 이 규정의 목적상 '인도에 반한 죄'라 함은 민간인 주민에 대한 광범위하거나 체계적인 공격의 일부로서 그 공격에 대한 인식을 가지고 범하여진 다음의 행위를 말한다.

   가. 살해

   나. 절멸

   다. 노예화

   라. 주민의 추방 또는 강제이주

   마. 국제법의 근본원칙을 위반한 구금 또는 신체적 자유의 다른 심각한 박탈

   바. 고문

   사. 강간, 성적 노예화, 강제매춘, 강제임신, 강제불임, 또는 이에 상당하는 기타 중대한 성폭력

   아. 이 항에 규정된 어떠한 행위나 재판소 관할범죄와 관련하여, 정치적·인종적·국민적·민족적·문화적 및 종교적 사유, 제3항에 정의된 성별 또는 국제법상 허용되지 않는 것으로 보편적으로 인정되는 다른 사유에 근거하여 어떠한 동일시될 수 있는 집단이나 집합체에 대한 박해

   자. 사람들의 강제실종

차. 인종차별범죄

카. 신체 또는 정신적·육체적 건강에 대하여 중대한 고통이나 심각한 피
해를 고의적으로 야기하는 유사한 성격의 다른 비인도적 행위

2. 제1항의 목적상,

가. '민간인 주민에 대한 공격'이라 함은 그러한 공격을 행하려는 국가나
조직의 정책에 따르거나 이를 조장하기 위하여 민간인 주민에 대하여
제1항에 규정된 행위를 다수 범하는 것에 관련된 일련의 행위를 말한다.

나. '절멸'이라 함은 주민의 일부를 말살하기 위하여 계산된, 식량과 의약품
에 대한 접근 박탈과 같이 생활조건에 대한 고의적 타격을 말한다.

다. '노예화'라 함은 사람에 대한 소유권에 부속된 어떠한 또는 모든 권한의
행사를 말하며, 사람 특히 여성과 아동을 거래하는 과정에서 그러한 권
한을 행사하는 것을 포함한다.

라. '주민의 추방 또는 강제이주'라 함은 국제법상 허용되는 근거 없이 주민
을 추방하거나 또는 다른 강요적 행위에 의하여 그들이 합법적으로 거
주하는 지역으로부터 강제적으로 퇴거시키는 것을 말한다.

마. '고문'이라 함은 자신의 구금 하에 있거나 통제 하에 있는 자에게 고의
적으로 신체적 또는 정신적으로 고통이나 괴로움을 가하는 것을 말한
다. 다만, 오로지 합법적 제재로부터 발생하거나, 이에 내재되어 있거
나 또는 이에 부수하는 고통이나 괴로움은 포함되지 아니한다.

바. '강제임신'이라 함은 주민의 민족적 구성에 영향을 미치거나 또는 국제
법의 다른 중대한 위반을 실행할 의도로 강제적으로 임신시킨 여성의
불법적 감금을 말한다. 이러한 정의는 임신과 관련된 각국의 국내법에
어떠한 영향을 미치는 것으로 해석되지 아니한다.

사. '박해'라 함은 집단 또는 집합체와의 동일성을 이유로 국제법에 반하는
기본권의 의도적이고 심각한 박탈을 말한다.

아. '인종차별범죄'라 함은 한 인종집단의 다른 인종집단에 대한 조직적 억
압과 지배의 제도화된 체제의 맥락에서 그러한 체제를 유지시킬 의도
로 범하여진, 제1항에서 언급된 행위들과 유사한 성격의 비인도적인
행위를 말한다.

자. '사람들의 강제실종'이라 함은 국가 또는 정치조직에 의하여 또는 이들

의 허가·지원 또는 묵인을 받아 사람들을 체포·구금 또는 유괴한
후, 그들을 법의 보호로부터 장기간 배제시키려는 의도하에 그러한 자
유의 박탈을 인정하기를 거절하거나 또는 그들의 운명이나 행방에 대
한 정보의 제공을 거절하는 것을 말한다.

3. 이 규정의 목적상, '성별'이라는 용어는 사회적 상황에서 남성과 여성의 양
성을 지칭하는 것으로 이해된다. '성별'이라는 용어는 위와 다른 어떠한 의
미도 표시하지 아니한다.

제8조 전쟁범죄

1. 재판소는 특히 계획이나 정책의 일부로서 또는 그러한 범죄의 대규모 실행
의 일부로서 범하여진 전쟁범죄에 대하여 관할권을 가진다.

2. 이 규정의 목적상 '전쟁범죄'라 함은 다음을 말한다.

　　가. 1949년 8월 12일자 제네바협약의 중대한 위반, 즉 관련 제네바협약의 규
정하에서 보호되는 사람 또는 재산에 대한 다음의 행위 중 어느 하나

　　　　(1) 고의적 살해

　　　　(2) 고문 또는 생물학적 실험을 포함한 비인도적인 대우

　　　　(3) 고의로 신체 또는 건강에 커다란 괴로움이나 심각한 위해의 야기

　　　　(4) 군사적 필요에 의하여 정당화되지 아니하며 불법적이고 무분별하
게 수행된 재산의 광범위한 파괴 또는 징수

　　　　(5) 포로 또는 다른 보호인물을 적국의 군대에 복무하도록 강요하는
행위

　　　　(6) 포로 또는 다른 보호인물로부터 공정한 정식 재판을 받을 권리를
고의적으로 박탈

　　　　(7) 불법적인 추방이나 이송 또는 불법적인 감금

　　　　(8) 인질행위

　　나. 확립된 국제법 체제 내에서 국제적 무력충돌에 적용되는 법과 관습에
대한 기타 중대한 위반, 즉 다음 행위중 어느 하나

　　　　(1) 민간인 주민 자체 또는 적대행위에 직접 참여하지 아니하는 민간
인 개인에 대한 고의적 공격

　　　　(2) 민간 대상물, 즉 군사 목표물이 아닌 대상물에 대한 고의적 공격

(3) 국제연합헌장에 따른 인도적 원조나 평화유지임무와 관련된 요원,
시설, 자재, 부대 또는 차량이 무력충돌에 관한 국제법에 따라 민
간인 또는 민간 대상물에게 부여되는 보호를 받을 자격이 있는 한
도에서 그들에 대한 고의적 공격

(4) 예상되는 구체적이고 직접적인 제반 군사적 이익과의 관계에 있어
서 명백히 과도하게 민간인에 대하여 부수적으로 인명의 살상이나
상해를, 민간 대상물에 대하여 손해를, 또는 자연환경에 대하여 광
범위하고 장기간의 중대한 피해를 야기한다는 것을 인식하고서도
의도적인 공격의 개시

(5) 어떤 수단에 의하든, 방어되지 않고 군사 목표물이 아닌 마을·촌
락·거주지 또는 건물에 대한 공격이나 폭격

(6) 무기를 내려놓았거나 더 이상 방어수단이 없이 항복한 전투원을
살해하거나 부상시키는 행위

(7) 사망 또는 심각한 신체적 상해를 가져오는, 제네바협약상의 식별
표장뿐만 아니라 휴전 깃발, 적이나 국제연합의 깃발 또는 군사표
식 및 제복의 부적절한 사용

(8) 점령국이 자국의 민간인 주민의 일부를 직접적 또는 간접적으로
점령지역으로 이주시키거나, 피점령지 주민의 전부 또는 일부를
피점령지내 또는 밖으로 추방시키거나 이주시키는 행위

(9) 군사 목표물이 아닌 것을 조건으로, 종교·교육·예술·과학 또는
자선 목적의 건물, 역사적 기념물, 병원, 병자와 부상자를 수용하
는 장소에 대한 고의적 공격

(10) 적대 당사자의 지배하에 있는 자를 당해인의 의학적·치과적 또
는 병원적 치료로서 정당화되지 아니하며 그의 이익을 위하여 수
행되지 않는 것으로서, 당해인의 사망을 초래하거나 건강을 심각
하게 위태롭게 하는 신체의 절단 또는 여하한 종류의 의학적 또는
과학적 실험을 받게 하는 행위

(11) 적대국 국가나 군대에 속한 개인을 배신적으로 살해하거나 부상
시키는 행위

(12) 항복한 적에 대하여 구명을 허락하지 않겠다는 선언

(13) 전쟁의 필요에 의하여 반드시 요구되지 아니하는 적의 재산의 파괴 또는 몰수

(14) 적대 당사국 국민의 권리나 소송행위가 법정에서 폐지, 정지 또는 불허된다는 선언

(15) 비록 적대 당사국 국민이 전쟁개시 전 교전국에서 복무하였을지라도, 그를 자신의 국가에 대한 전쟁 수행에 참여하도록 강요하는 행위

(16) 습격에 의하여 점령되었을 때라도, 도시 또는 지역의 약탈

(17) 독이나 독성 무기의 사용

(18) 질식가스, 유독가스 또는 기타 가스와 이와 유사한 모든 액체·물질 또는 장치의 사용

(19) 총탄의 핵심부를 완전히 감싸지 않았거나 또는 절개되어 구멍이 뚫린 단단한 외피를 가진 총탄과 같이, 인체 내에서 쉽게 확장되거나 펼쳐지는 총탄의 사용

(20) 과도한 상해나 불필요한 괴로움을 야기하는 성질을 가지거나 또는 무력충돌에 관한 국제법에 위반되는 무차별적 성질의 무기, 발사체, 장비 및 전투방식의 사용. 다만, 그러한 무기, 발사체, 장비 및 전투방식은 포괄적 금지의 대상이어야 하며, 제121조와 제123조에 규정된 관련 조항에 따른 개정에 의하여 이 규정의 부속서에 포함되어야 한다.

(21) 인간의 존엄성에 대한 유린행위, 특히 모욕적이고 품위를 손상시키는 대우

(22) 강간, 성적 노예화, 강제매춘, 제7조제2항바호에 정의된 강제임신, 강제불임 또는 제네바협약의 중대한 위반에 해당하는 여하한 다른 형태의 성폭력

(23) 특정한 지점, 지역 또는 군대를 군사작전으로부터 면하도록 하기 위하여 민간인 또는 기타 보호인물의 존재를 이용하는 행위

(24) 국제법에 따라 제네바협약의 식별표장을 사용하는 건물, 장비, 의무부대와 그 수송수단 및 요원에 대한 고의적 공격

(25) 제네바협약에 규정된 구호품 공급의 고의적 방해를 포함하여, 민

간인들의 생존에 불가결한 물건을 박탈함으로써 기아를 전투수단
으로 이용하는 행위

(26) 15세 미만의 아동을 군대에 징집 또는 모병하거나 그들을 적대행
위에 적극적으로 참여하도록 이용하는 행위

다. 비국제적 성격의 무력충돌의 경우 1949년 8월 12일자 제네바 4개 협약
공통 제3조의 중대한 위반, 즉 무기를 버린 군대 구성원과 질병·부
상·억류 또는 기타 사유로 전투능력을 상실한 자를 포함하여 적대행
위에 적극적으로 가담하지 않은 자에 대하여 범하여진 다음의 행위 중
어느 하나

(1) 생명 및 신체에 대한 폭행, 특히 모든 종류의 살인, 신체절단, 잔혹
한 대우 및 고문

(2) 인간의 존엄성에 대한 유린행위, 특히 모욕적이고 품위를 손상키
는 대우

(3) 인질행위

(4) 일반적으로 불가결하다고 인정되는 모든 사법적 보장을 부여하는
정규로 구성된 법원의 판결 없는 형의 선고 및 형의 집행

라. 제2항다호는 비국제적 성격의 무력충돌에 적용되며, 따라서 폭동이나
국지적이고 산발적인 폭력행위 또는 이와 유사한 성격의 다른 행위와
같은 국내적 소요나 긴장사태에는 적용되지 아니한다.

마. 확립된 국제법 체제 내에서 비국제적 성격의 무력충돌에 적용되는 법
과 관습에 대한 여타의 중대한 위반으로 다음의 행위 중 어느 하나

(1) 민간인 주민 자체 또는 적대행위에 직접 참여하지 않는 민간인 개
인에 대한 고의적 공격

(2) 국제법에 따라 제네바협약의 식별표장을 사용하는 건물, 장비, 의
무부대와 그 수송수단 및 요원에 대한 고의적 공격

(3) 국제연합헌장에 따른 인도적 원조나 평화유지임무와 관련된 요원,
시설, 자재, 부대 또는 차량이 무력충돌에 관한 국제법에 따라 민
간인 또는 민간 대상물에 대하여 부여되는 보호를 받을 자격이 있
는 한도에서 그들에 대한 고의적 공격

(4) 군사 목표물이 아닌 것을 조건으로 종교·교육·예술·과학 또는

자선 목적의 건물, 역사적 기념물, 병원, 병자와 부상자를 수용하는 장소에 대한 고의적 공격

(5) 습격에 의하여 점령되었을 때라도, 도시 또는 지역의 약탈

(6) 강간, 성적 노예화, 강제매춘, 제7조제2항바호에서 정의된 강제임신, 강제불임 또는 제네바 4개 협약 공통 제3조의 중대한 위반에 해당하는 여하한 다른 형태의 성폭력

(7) 15세 미만의 아동을 군대 또는 무장집단에 징집 또는 모병하거나 그들을 적대행위에 적극적으로 참여하도록 이용하는 행위

(8) 관련 민간인의 안전이나 긴요한 군사적 이유상 요구되지 않음에도 불구하고, 충돌과 관련된 이유로 민간인 주민의 퇴거를 명령하는 행위

(9) 상대방 전투원을 배신적으로 살해하거나 부상시키는 행위

(10) 항복한 적에 대하여 구명을 허락하지 않겠다는 선언

(11) 충돌의 타방당사자의 지배하에 있는 자를 당해인의 의학적·치과적 또는 병원적 치료로서 정당화되지 아니하며 그의 이익을 위하여 수행되지도 않는 것으로서, 당해인의 사망을 초래하거나 건강을 심각하게 위태롭게 하는 신체의 절단이나 또는 여하한 종류의 의학적 또는 과학적 실험을 받게 하는 행위

(12) 충돌의 필요에 의하여 반드시 요구되지 않는 적의 재산의 파괴 또는 몰수

바. 제2항마호는 비국제적 성격의 무력충돌에 적용되며, 따라서 폭동이나 국지적이고 산발적인 폭력행위 또는 이와 유사한 성격의 다른 행위와 같은 국내적 소요나 긴장사태에는 적용되지 아니한다. 제2항마호는 정부당국과 조직화된 무장집단간 또는 무장집단들간에 장기적인 무력충돌이 존재할 때, 그 국가의 영역에서 발생하는 무력충돌에 적용된다.

3. 제2항다호와 마호의 어떠한 조항도 모든 합법적 수단에 의하여 그 국가 내에서 법과 질서를 유지 또는 재확립하거나 또는 그 국가의 통일과 영토적 일체성을 보호하려는 정부의 책임에 영향을 미치지 아니한다.

제9조 범죄구성요건

1. 범죄구성요건은 재판소가 제6조, 제7조 및 제8조를 해석하고 적용하는 것을 보조한다. 이는 당사국총회 회원국의 3분의 2의 다수결에 의하여 채택된다.
2. 범죄구성요건에 대한 개정은 다음에 의하여 제안될 수 있다.
   가. 당사국
   나. 절대과반수의 재판관
   다. 소추관
   그러한 개정은 당사국총회 회원국의 3분의 2의 다수결에 의하여 채택된다.
3. 범죄구성요건과 그 개정은 이 규정에 부합되어야 한다.

제10조

이 부의 어느 조항도 이 규정과 다른 목적을 위한 기존의 또는 발전중인 국제법 원칙을 결코 제한하거나 침해하는 것으로 해석되지 아니한다.

제11조 시간적 관할권

1. 재판소는 이 규정의 발효 후에 범하여진 범죄에 대하여만 관할권을 가진다.
2. 어느 국가가 이 규정의 발효 후에 규정의 당사국이 되는 경우, 그 국가가 제12조제3항에 따른 선언을 하지 않는 한, 재판소는 이 규정이 당해 국가에 대하여 발효된 이후에 범하여진 범죄에 대하여만 관할권을 행사할 수 있다.

제12조 관할권 행사의 전제조건

1. 이 규정의 당사국이 된 국가는 이에 의하여 제5조에 규정된 범죄에 대하여 재판소의 관할권을 수락한다.
2. 제13조가호 또는 다호의 경우, 다음 중 1개국 또는 그 이상의 국가가 이 규정의 당사국이거나 또는 제3항에 따라 재판소의 관할권을 수락하였다면 재판소는 관할권을 행사할 수 있다.
   가. 당해 행위가 발생한 영역국, 또는 범죄가 선박이나 항공기에서 범하여진 경우에는 그 선박이나 항공기의 등록국
   나. 그 범죄 혐의자의 국적국
3. 제2항에 따라 이 규정의 당사국이 아닌 국가의 수락이 요구되는 경우, 그

국가는 사무국장에게 제출되는 선언에 의하여 당해 범죄에 대한 재판소의 관할권 행사를 수락할 수 있다. 그 수락국은 제9부에 따라 어떠한 지체나 예외도 없이 재판소와 협력한다.

제13조 관할권의 행사

재판소는 다음의 경우 이 규정이 정한 바에 따라 제5조에 규정된 범죄에 대하여 관할권을 행사할 수 있다.

가. 1개 또는 그 이상의 범죄가 범하여진 것으로 보이는 사태가 제14조에 따라 당사국에 의하여 소추관에게 회부된 경우

나. 1개 또는 그 이상의 범죄가 범하여진 것으로 보이는 사태가 국제연합헌장 제7장에 따라 행동하는 안전보장이사회에 의하여 소추관에게 회부된 경우

다. 소추관이 제15조에 따라 그러한 범죄에 대하여 수사를 개시한 경우

제14조 당사국에 의한 사태의 회부

1. 당사국은 재판소 관할권에 속하는 하나 또는 그 이상의 범죄의 범행에 대하여 1인 또는 그 이상의 특정인이 책임이 있는지 여부를 결정하기 위하여 그러한 범죄가 범하여진 것으로 보이는 사태를 수사하도록 소추관에게 요청하여, 재판소 관할권에 속하는 하나 또는 그 이상의 범죄가 범하여진 것으로 보이는 사태를 소추관에게 회부할 수 있다.

2. 회부시에는 가능한 한 관련 정황을 명시하고 그 사태를 회부한 국가가 입수할 수 있는 증빙문서를 첨부한다.

제15조 소추관

1. 소추관은 재판소 관할범죄에 관한 정보에 근거하여 독자적으로 수사를 개시할 수 있다.

2. 소추관은 접수된 정보의 중대성을 분석한다. 이러한 목적을 위하여 소추관은 국가, 국제연합의 기관, 정부간 또는 비정부간 기구, 또는 소추관이 적절하다고 여기는 다른 믿을 만한 출처로부터 추가 정보를 구할 수 있으며, 재판소의 소재지에서 서면 또는 구두의 증언을 접수할 수 있다.

3. 소추관이 수사를 진행시킬 만한 합리적인 근거가 있다고 판단하는 경우, 수

집된 증빙자료와 함께 수사허가요청서를 전심재판부에 제출한다. 피해자는
절차 및 증거규칙에 따라 전심재판부에서 진술할 수 있다.

4. 전심재판부가 수사허가요청서와 증빙자료를 검토한 후, 수사를 진행시킬만
한 합리적인 근거가 있고 당해 사건이 재판소의 관할권에 속한다고 판단하
는 경우, 동 재판부는 수사의 개시를 허가한다. 다만, 이 허가는 사건의 관
할권과 재판적격성에 관한 재판소의 추후 결정에 영향을 미치지 아니한다.

5. 전심재판부의 수사허가 거부는 소추관이 동일한 사태에 관한 새로운 사실
이나 증거에 근거하여 추후 요청서를 제출하는 것을 배제하지 아니한다.

6. 제1항과 제2항에 규정된 예비조사 후 제공된 정보가 수사를 위한 합리적인
근거를 구성하지 않는다고 결론짓는 경우, 소추관은 정보를 제공한 자에게
이를 통지한다. 이는 소추관이 동일한 사태에 관하여 자신에게 제출된 추가
정보를 새로운 사실이나 증거로 검토하는 것을 배제하지 아니한다.

제16조 수사 또는 기소의 연기

안전보장이사회가 국제연합헌장 제7장에 따라 채택하는 결의로 재판소에 수사
또는 기소의 연기를 요청하는 경우 12개월의 기간 동안은 이 규정에 따른 어떠
한 수사나 기소도 개시되거나 진행되지 아니한다. 그러한 요청은 동일한 조건
하에서 안전보장이사회에 의하여 갱신될 수 있다.

제17조 재판적격성의 문제

1. 전문 제10항과 제1조를 고려하여 재판소는 다음의 경우 사건의 재판적격성
이 없다고 결정한다.

  가. 사건이 그 사건에 대하여 관할권을 가지는 국가에 의하여 수사되고 있
      거나 또는 기소된 경우. 단, 그 국가가 진정으로 수사 또는 기소를 할
      의사가 없거나 능력이 없는 경우에는 그러하지 아니하다.

  나. 사건이 그 사건에 대하여 관할권을 가지는 국가에 의하여 수사되었고,
      그 국가가 당해인을 기소하지 아니하기로 결정한 경우. 단, 그 결정이
      진정으로 기소하려는 의사 또는 능력의 부재에 따른 결과인 경우에는
      그러하지 아니하다.

  다. 당해인이 제소의 대상인 행위에 대하여 이미 재판을 받았고, 제20조제3

항에 따라 재판소의 재판이 허용되지 않는 경우

라. 사건이 재판소의 추가적 조치를 정당화하기에 충분한 중대성이 없는 경우

2. 특정 사건에서의 의사부재를 결정하기 위하여, 재판소는 국제법에 의하여 인정되는 적법절차의 원칙에 비추어 적용 가능한 다음 중 어느 하나 또는 그 이상의 경우가 존재하는지 여부를 고려한다.

　　가. 제5조에 규정된 재판소 관할범죄에 대한 형사책임으로부터 당해인을 보호할 목적으로 절차가 취해졌거나, 진행중이거나 또는 국내적 결정이 내려진 경우

　　나. 상황에 비추어, 당해인을 처벌하려는 의도와 부합되지 않게 절차의 부당한 지연이 있었던 경우

　　다. 절차가 독립적이거나 공정하게 수행되지 않았거나 수행되지 않고 있으며, 상황에 비추어 당해인을 처벌하려는 의도와 부합되지 않는 방식으로 절차가 진행되었거나 또는 진행중인 경우

3. 특정 사건에서의 능력부재를 결정하기 위하여, 재판소는 당해 국가가 그 국가의 사법제도의 전반적 또는 실질적 붕괴나 이용불능으로 인하여 피의자나 필요한 증거 및 증언을 확보할 수 없는지 여부 또는 달리 절차를 진행할 수 없는지 여부를 고려한다.

제18조　재판적격성에 관한 예비결정

1. 사태가 제13조가호에 따라 재판소에 회부되어 소추관이 수사를 개시할 합리적인 근거가 있다고 결정하였거나 소추관이 제13조다호와 제15조에 따라 수사를 개시한 경우, 소추관은 모든 당사국과 이용 가능한 정보에 비추어 당해 범죄에 대하여 통상적으로 관할권을 행사할 국가에게 이를 통지한다. 소추관은 그러한 국가에게 비밀리에 통지할 수 있으며 또한 소추관이 어느 자를 보호하거나 증거의 인멸을 방지하거나 또는 어느 자의 도주를 방지하기 위하여 필요하다고 믿는 경우, 국가에게 제공되는 정보의 범위를 제한할 수 있다.

2. 그러한 통지를 접수한 후 1개월 내에, 국가는 제5조에 규정된 범죄를 구성하며 자국에 대한 통지에서 제공된 정보와 관련된 범죄행위에 대하여, 자국

의 관할권 내에 있는 자국민 또는 기타의 자를 수사하고 있다거나 수사하였음을 재판소에 통지할 수 있다. 전심재판부가 소추관의 신청에 따라 수사를 허가하기로 결정하지 아니하는 한, 소추관은 당해 국가의 요청이 있으면 당해인에 대한 그 국가의 수사를 존중한다.

3. 국가의 수사 존중에 따른 소추관의 보류는 보류일로부터 6개월 후 또는 그 국가의 수사를 수행할 의사 또는 능력의 부재에 근거한 중대한 사정변경이 있는 때에는 언제든지 소추관에 의하여 재검토된다.

4. 당해 국가 또는 소추관은 전심재판부의 결정에 대하여 제82조에 따라 상소심재판부에 상소할 수 있다. 상소는 신속하게 심리될 수 있다.

5. 소추관이 제2항에 따라 수사를 보류한 경우, 소추관은 당해 국가가 정기적으로 수사 및 후속 기소의 진전 상황에 대하여 통지하여 줄 것을 요청할 수 있다. 당사국은 부당한 지체 없이 그 요청에 응하여야 한다.

6. 전심재판부의 결정이 계류중이거나 또는 소추관이 이 조에 따라 수사를 보류한 때에는 언제든지, 소추관은 중요한 증거를 확보할 유일한 기회가 있는 경우 또는 그러한 증거를 이후에는 입수할 수 없게 될 중대한 위험이 있는 경우에는 예외적으로 증거를 보전하기 위하여 필요한 수사상의 조치를 취하기 위한 허가를 전심재판부에 요청할 수 있다.

7. 이 조에 따른 전심재판부의 결정에 이의를 제기한 국가는 추가적인 중대한 사실 또는 중대한 사정변경을 근거로 제19조에 따라 사건의 재판적격성에 대한 이의를 제기할 수 있다.

제19조 재판소의 관할권 또는 사건의 재판적격성에 대한 이의제기

1. 재판소는 자신에게 회부된 모든 사건에 대하여 재판소가 관할권을 가지고 있음을 확인하여야 한다. 재판소는 직권으로 제17조에 따라 사건의 재판적격성을 결정할 수 있다.

2. 제17조의 규정에 근거한 사건의 재판적격성에 대한 이의제기 또는 재판소의 관할권에 대한 이의제기는 다음에 의하여 이루어질 수 있다.

　가. 피의자 또는 제58조에 따라 체포영장이나 소환장이 발부된 자

　나. 사건을 수사 또는 기소하고 있거나 또는 수사 또는 기소하였음을 근거로 그 사건에 대하여 관할권을 갖는 국가

　　다. 제12조에 따라 관할권의 수락이 요구되는 국가

　3. 소추관은 관할권 또는 재판적격성의 문제에 관하여 재판소의 결정을 구할 수 있다. 관할권 또는 재판적격성에 관한 절차에 있어서는 피해자뿐만 아니라 제13조에 따라 사태를 회부한 자도 재판소에 의견을 제출할 수 있다.

　4. 사건의 재판적격성 또는 재판소의 관할권에 대한 이의는 제2항에 규정된 자 또는 국가에 의하여 1회에 한하여 제기될 수 있다. 이의제기는 재판이 시작되기 전 또는 시작되는 시점에 이루어져야 한다. 예외적인 상황에서 재판소는 1회 이상 또는 재판시작 이후의 이의제기를 허가할 수 있다. 재판이 시작되는 시점에서 또는 재판소의 허가를 받아 그 후에 행하는 사건의 재판적격성에 대한 이의제기는 오직 제17조제1항다호에 근거하여 할 수 있다.

　5. 제2항나호와 다호에 규정된 국가는 가능한 한 신속하게 이의제기를 한다.

　6. 공소사실의 확인 이전에는 사건의 재판적격성 또는 재판소의 관할권에 대한 이의제기는 전심재판부에 회부된다. 공소사실의 확인 이후에는 이의제기가 1심재판부에 회부된다. 관할권 또는 재판적격성에 관한 결정에 대하여 제82조에 따라 상소심재판부에 상소할 수 있다.

　7. 제2항나호 또는 다호에 규정된 국가가 이의제기를 한 경우, 소추관은 재판소가 제17조에 따라 결정을 내릴 때까지 수사를 정지한다.

　8. 재판소의 결정이 계류중인 동안, 소추관은 재판소로부터 다음의 허가를 구할 수 있다.

　　가. 제18조제6항에 규정된 종류의 필요한 수사 조치의 수행

　　나. 증인으로부터의 진술이나 증언의 취득 또는 이의제기를 하기 전에 시작된 증거의 수집 또는 조사의 완료

　　다. 관련 국가들과 협력하여, 소추관이 제58조에 따라 이미 체포영장을 신청한 자의 도주 방지 조치

　9. 이의제기는 이의제기 이전에 소추관이 수행한 여하한 행위 또는 재판소가 발부한 여하한 명령이나 영장의 효력에 영향을 미치지 아니한다.

10. 재판소가 제17조에 따라 사건의 재판적격성이 없다고 결정하였더라도, 소추관은 그 사건이 제17조에 따라 재판적격성이 없다고 판단되었던 근거를 부정하는 새로운 사실이 발생하였음을 충분히 확인한 때에는 그 결정에 대

한 재검토 요청서를 제출할 수 있다.

11. 소추관이 제17조에 규정된 사항을 고려하여 수사를 보류하는 경우, 소추관은 관련국이 절차 진행에 관한 정보를 제공하여 줄 것을 요청할 수 있다. 그 정보는 관련 국가의 요청이 있으면 비밀로 한다. 소추관이 그 후 수사를 진행하기로 결정하는 경우, 소추관은 자신이 보류하였던 절차에 관하여 해당 국가에게 통지 한다.

제20조 일사부재리

1. 이 규정에 정한 바를 제외하고, 누구도 재판소에 의하여 유죄 또는 무죄판결을 받은 범죄의 기초를 구성하는 행위에 대하여 재판소에서 재판받지 아니한다.

2. 누구도 재판소에 의하여 이미 유죄 또는 무죄판결을 받은 제5조에 규정된 범죄에 대하여 다른 재판소에서 재판받지 아니한다.

3. 제6조, 제7조 또는 제8조상의 금지된 행위에 대하여 다른 재판소에 의하여 재판을 받은 자는 누구도, 그 다른 재판소에서의 절차가 다음에 해당하지 않는다면 동일한 행위에 대하여 재판소에 의하여 재판받지 아니한다.

　　가. 재판소 관할범죄에 대한 형사책임으로부터 당해인을 보호할 목적이었던 경우

　　나. 그 밖에 국제법에 의하여 인정된 적법절차의 규범에 따라 독립적이거나 공정하게 수행되지 않았으며, 상황에 비추어 당해인을 처벌하려는 의도와 부합하지 않는 방식으로 수행된 경우

제21조 적용법규

1. 재판소는 다음을 적용한다.

　　가. 첫째, 이 규정, 범죄구성요건 및 절차및증거규칙

　　나. 둘째, 적절한 경우 무력충돌에 관한 확립된 국제법 원칙을 포함하여 적용 가능한 조약과 국제법상의 원칙 및 규칙

　　다. 이상이 없는 경우 적절하다면 범죄에 대하여 통상적으로 관할권을 행사하는 국가의 국내법을 포함하여 세계의 법체제의 국내법들로부터 재판소가 도출한 법의 일반원칙. 다만, 그러한 원칙은 이 규정, 국제법 및 국제적으로 승인된 규범 및 기준과 저촉되어서는 아니 된다.

2. 재판소는 재판소의 기존 결정속에서 해석된 법의 원칙과 규칙을 적용할 수 있다.
3. 이 조에 따른 법의 적용과 해석은 국제적으로 승인된 인권과 부합되어야 하며, 제7조제3항에서 정의된 성별, 연령, 인종, 피부색, 언어, 종교 또는 신념, 정치적 또는 기타 견해, 국민적·민족적 또는 사회적 출신, 부, 출생 또는 기타 지위와 같은 사유에 근거한 어떠한 불리한 차별도 없어야 한다.

제3부 형법의 일반원칙

제22조 범죄법정주의

1. 누구도 문제된 행위가 그것이 발생한 시점에 재판소 관할범죄를 구성하지 않는 경우에는 이 규정에 따른 형사책임을 지지 아니한다.
2. 범죄의 정의는 엄격히 해석되어야 하며 유추에 의하여 확장되어서는 아니된다. 범죄의 정의가 분명하지 않은 경우, 정의는 수사·기소 또는 유죄판결을 받는 자에게 유리하게 해석되어야 한다.
3. 이 조는 이 규정과는 별도로 어떠한 행위를 국제법상 범죄로 성격지우는 데 영향을 미치지 아니한다.

제23조 형벌법정주의

재판소에 의하여 유죄판결을 받은 자는 이 규정에 따라서만 처벌될 수 있다.

제24조 소급효 금지

1. 누구도 이 규정이 발효하기 전의 행위에 대하여 이 규정에 따른 형사책임을 지지 아니한다.
2. 확정판결 전에 당해 사건에 적용되는 법에 변경이 있는 경우, 수사중이거나 기소중인 자 또는 유죄판결을 받은 자에게 보다 유리한 법이 적용된다.

제25조 개인의 형사책임

1. 재판소는 이 규정에 따라 자연인에 대하여 관할권을 갖는다.

2. 재판소의 관할범죄를 범한 자는 이 규정에 따라 개인적으로 책임을 지며 처벌을 받는다.

3. 다음의 경우에 해당하는 자는 재판소의 관할범죄에 대하여 이 규정에 따른 형사책임을 지며 처벌을 받는다.

　가. 개인적으로, 또는 다른 사람이 형사책임이 있는지 여부와는 관계없이 다른 사람과 공동으로 또는 다른 사람을 통하여 범죄를 범한 경우

　나. 실제로 일어났거나 착수된 범죄의 실행을 명령·권유 또는 유인한 경우

　다. 범죄의 실행을 용이하게 할 목적으로 범행수단의 제공을 포함하여 범죄의 실행이나 실행의 착수를 방조, 교사 또는 달리 조력한 경우

　라. 공동의 목적을 가지고 활동하는 집단에 의한 범죄의 실행 또는 실행의 착수에 기타 여하한 방식으로 기여한 경우. 그러한 기여는 고의적이어야 하며, 다음 중 어느 하나에 해당하여야 한다.

　　(1) 집단의 범죄활동 또는 범죄목적이 재판소 관할범죄의 실행과 관련되는 경우, 그러한 활동 또는 목적을 촉진시키기 위하여 이루어진 것

　　(2) 집단이 그 범죄를 범하려는 의도를 인식하고서 이루어진 것

　마. 집단살해죄와 관련하여 집단살해죄를 범하도록 직접적으로 그리고 공공연하게 타인을 선동한 경우

　바. 실질적인 조치에 의하여 범죄의 실행에 착수하는 행위를 함으로써 범죄의 실행을 기도하였으나 본인의 의도와는 무관한 사정으로 범죄가 발생하지 아니한 경우. 그러나 범행의 실시를 포기하거나 또는 달리 범죄의 완성을 방지한 자는 자신이 범죄 목적을 완전히 그리고 자발적으로 포기하였다면 범죄미수에 대하여 이 규정에 따른 처벌을 받지 아니한다.

4. 개인의 형사책임과 관련된 이 규정의 어떠한 조항도 국제법상의 국가책임에 영향을 미치지 아니한다.

제26조 18세 미만자에 대한 관할권 배제

재판소는 범행 당시 18세 미만자에 대하여 관할권을 가지지 아니한다.

제27조 공적 지위의 무관련성

1. 이 규정은 공적 지위에 근거한 어떠한 차별 없이 모든 자에게 평등하게 적

용되어야 한다. 특히 국가 원수 또는 정부 수반, 정부 또는 의회의 구성원, 선출된 대표자 또는 정부 공무원으로서의 공적 지위는 어떠한 경우에도 그 개인을 이 규정에 따른 형사책임으로부터 면제시켜 주지 아니하며, 또한 그 자체로서 자동적인 감형사유를 구성하지 아니한다.

2. 국내법 또는 국제법상으로 개인의 공적 지위에 따르는 면제나 특별한 절차 규칙은 그 자에 대한 재판소의 관할권 행사를 방해하지 아니한다.

제28조 지휘관 및 기타 상급자의 책임

재판소의 관할범죄에 대하여 이 규정에 따른 형사책임의 다른 근거에 추가하여,

가. 다음과 같은 경우, 군지휘관 또는 사실상 군지휘관으로서 행동하는 자는 자신의 실효적인 지휘와 통제하에 있거나 또는 경우에 따라서는 실효적인 권위와 통제하에 있는 군대가 범한 재판소 관할범죄에 대하여 그 군대를 적절하게 통제하지 못한 결과로서의 형사책임을 진다.

   (1) 군지휘관 또는 사실상 군지휘관으로서 행동하는 자가 군대가 그러한 범죄를 범하고 있거나 또는 범하려 한다는 사실을 알았거나 또는 당시 정황상 알았어야 하고,

   (2) 군지휘관 또는 사실상 군지휘관으로서 역할을 하는 자가 그들의 범행을 방지하거나 억제하기 위하여 또는 그 사항을 수사 및 기소의 목적으로 권한 있는 당국에 회부하기 위하여 자신의 권한 내의 모든 필요하고 합리적인 조치를 취하지 아니한 경우

나. 가호에 기술되지 않은 상급자와 하급자의 관계와 관련하여 다음의 경우 상급자는 자신의 실효적인 권위와 통제하에 있는 하급자가 범한 재판소 관할범죄에 대하여 하급자를 적절하게 통제하지 못한 결과로서의 형사책임을 진다.

   (1) 하급자가 그러한 범죄를 범하고 있거나 또는 범하려 한다는 사실을 상급자가 알았거나 또는 이를 명백히 보여주는 정보를 의식적으로 무시하였고,

   (2) 범죄가 상급자의 실효적인 책임과 통제 범위 내의 활동과 관련된 것이었으며,

   (3) 상급자가 하급자의 범행을 방지하거나 억제하기 위하여 또는 그 문제

를 수사 및 기소의 목적으로 권한 있는 당국에 회부하기 위하여 자신의
권한 내의 모든 필요하고 합리적인 조치를 취하지 아니한 경우

제29조 시효의 부적용

재판소의 관할범죄에 대하여는 어떠한 시효도 적용되지 아니한다.

제30조 주관적 요소

1. 달리 규정되지 않는 한, 사람은 고의와 인식을 가지고 범죄의 객관적 요소를
   범한 경우에만 재판소 관할범죄에 대하여 형사책임을 지며 처벌을 받는다.
2. 이 조의 목적상 다음의 경우 고의를 가진 것이다.
   가. 행위와 관련하여, 사람이 그 행위에 관여하려고 의도한 경우
   나. 결과와 관련하여, 사람이 그 결과를 야기하려고 의도하였거나 또는 사건
       의 통상적인 경과에 따라 그러한 결과가 발생할 것을 알고 있는 경우
3. 이 조의 목적상 '인식'이라 함은 어떠한 상황이 존재한다는 것 또는 사건의
   통상적인 경과에 따라 어떠한 결과가 발생할 것이라는 것을 알고 있음을
   말한다. '인식하다' 및 '인식하고서'는 이에 따라 해석된다.

제31조 형사책임 조각사유

1. 이 규정에서 정한 여타의 형사책임 조각사유에 더하여, 행위시 다음의 경우
   에 해당되면 형사책임을 지지 아니한다.
   가. 사람이 자신의 행위의 불법성이나 성격을 평가할 수 있는 능력이나 자
       신의 행위를 법의 요건에 따르도록 통제할 수 있는 능력을 훼손시키는
       정신적 질환 또는 결함을 겪고 있는 경우
   나. 사람이 자신의 행위의 불법성이나 성격을 평가할 수 있는 능력이나 자
       신의 행위를 법의 요건에 따르도록 통제할 수 있는 능력을 훼손시키는
       중독 상태에 있는 경우. 다만, 중독의 결과로서 자신이 재판소 관할범
       죄를 구성하는 행위에 관여하게 될 것임을 인식하였거나 또는 그 위험
       을 무시하고 자발적으로 중독된 경우는 그러하지 아니하다.
   다. 사람이 급박하고 불법적인 무력사용으로부터 자신이나 다른 사람을 방
       어하기 위하여 또는 전쟁범죄의 경우 자신이나 다른 사람의 생존을 위

하여 필수적인 재산이나 군사적 임무를 달성하는데 필수적인 재산을 방어하기 위하여 자신이나 다른 사람 또는 보호되는 재산에 대한 위험의 정도에 비례하는 방식으로 합리적으로 행동한 경우. 군대가 수행하는 방어 작전에 그 자가 관여되었다는 사실 자체만으로는 이 호에 따른 형사책임 조각사유를 구성하지 아니한다.

라. 재판소의 관할범죄를 구성하는 것으로 주장된 행위가 자신 또는 다른 사람에 대한 급박한 사망 또는 계속적이거나 급박한 중대한 신체적 위해의 위협으로부터 비롯된 강박에 의하여 야기되었고, 그러한 위협을 피하기 위하여 합리적으로 행동한 경우. 다만, 그 자가 피하고자 하는 것보다 더 큰 위해를 초래하려고 의도하지 않아야 한다. 그러한 위협은,

(1) 다른 사람에 의한 것이거나, 또는

(2) 그 사람의 통제범위를 넘어서는 기타 상황에 의하여 형성된 것일 수도 있다.

2. 재판소는 이 규정에 정한 형사책임 조각사유가 재판소에 제기된 사건에 적용되는지 여부를 결정한다.

3. 재판소는 제1항에 규정된 것 이외의 형사책임 조각사유라도 그 사유가 제21조에 규정된 적용 가능한 법에 의하여 도출된 경우, 재판에서 이를 고려할 수 있다. 그러한 사유의 고려에 관한 절차는 절차 및 증거규칙에 규정된다.

제32조 사실의 착오 또는 법률의 착오

1. 사실의 착오는 그것이 범죄성립에 요구되는 주관적 요소를 흠결시키는 경우에만 형사책임 조각사유가 된다.

2. 특정 유형의 행위가 재판소의 관할범죄인지 여부에 관한 법률의 착오는 형사책임 조각사유가 되지 아니한다. 그러나 법률의 착오가 범죄성립에 요구되는 주관적 요소를 흠결시키는 경우나 제33조에 규정된 바와 같은 경우에는 형사책임 조각사유가 될 수 있다.

제33조 상급자의 명령과 법률의 규정

1. 어떠한 자가 정부의 명령이나 군대 또는 민간인 상급자의 명령에 따라 재판소 관할범죄를 범하였다는 사실은, 다음의 경우를 제외하고는 그 자의 형사책임을 면제시켜 주지 아니한다.

가. 그 자가 정부 또는 관련 상급자의 명령에 따라야 할 법적 의무하에 있었고,

나. 그 자가 명령이 불법임을 알지 못하였으며,

다. 명령이 명백하게 불법적이지는 않았던 경우

2. 이 조의 목적상, 집단살해죄 또는 인도에 반한 죄를 범하도록 하는 명령은 명백하게 불법이다.

제4부 재판소의 구성과 행정

제34조 재판소의 기관

재판소는 다음 기관으로 구성된다.

가. 소장단

나. 상소심부, 1심부 및 전심부

다. 소추부

라. 사무국

제35조 재판관의 복무

1. 모든 재판관은 재판소의 전임 구성원으로 선출되며, 그들의 임기가 개시되는 때로부터 그러한 방식으로 근무할 수 있어야 한다.

2. 소장단을 구성하는 재판관들은 선출된 때로부터 전임으로 근무한다.

3. 소장단은 재판소의 업무량을 기초로 구성원들과의 협의를 거쳐, 수시로 나머지 재판관들의 어느 정도를 전임으로 근무하도록 할 것인가를 결정할 수 있다. 그러한 조치는 제40조의 규정을 해하지 아니한다.

4. 전임으로 근무할 필요가 없는 재판관에 대한 재정적 조치는 제49조에 따라 이루어진다.

제36조 재판관의 자격요건, 추천 및 선거

1. 제2항의 규정을 조건으로 재판소에는 18인의 재판관을 둔다.

2. 가. 재판소를 대표하여 행동하는 소장단은 증원이 필요하고 적절하다는 사

유를 적시하여 제1항에 명시된 재판관의 증원을 제안할 수 있다. 사무
국장은 이러한 제안을 신속히 모든 당사국에 회람한다.

나. 그러한 제안은 제112조에 따라 소집되는 당사국총회의 회의에서 심의
된다. 제안은 당사국총회 회원국의 3분의 2의 투표에 의하여 승인되면
채택된 것으로 간주하며, 당사국총회가 결정하는 시점에 발효한다.

다. (1) 나호에 따라 재판관의 증원을 위한 제안이 채택된 경우, 추가되는
재판관의 선거는 제3항 내지 제8항 및 제37조제2항에 따라 당사국
총회의 다음 회기에서 실시된다.

(2) 나호와 다호(1)에 따라 재판관의 증원을 위한 제안이 채택되고 발
효한 경우, 소장단은 재판소의 업무량이 이를 정당화할 경우 그 후
언제든지 재판관의 감원을 제안할 수 있다. 다만, 재판관의 수는
제1항에 명시된 수 미만으로 감원되어서는 아니 된다. 제안은 가호
및 나호에 정하여진 절차에 따라 처리된다. 제안이 채택된 경우,
재판관의 수는 필요한 수에 도달될 때까지 재직중인 재판관의 임
기가 만료됨에 맞추어 점진적으로 감소시킨다.

3. 가. 재판관은 각 국에서 최고 사법직에 임명되기 위해 필요한 자격을 갖추
고, 높은 도덕성과 공정성 및 성실성을 가진 자 중에서 선출된다.

나. 재판관 선거 후보자는 다음을 갖추어야 한다.

(1) 형법과 형사절차에서의 인정된 능력과 판사, 검사, 변호사 또는 이와
유사한 다른 자격으로서 형사소송에서의 필요한 관련 경력. 또는,

(2) 국제인도법 및 인권법과 같은 국제법 관련 분야에서의 인정된 능력
과 재판소의 사법업무와 관련되는 전문적인 법률 직위에서의 풍부
한 경험

다. 재판관 선거 후보자는 재판소의 실무언어 중 최소한 하나의 언어에 탁
월한 지식을 갖고 이를 유창하게 구사하여야 한다.

4. 가. 재판관 선거 후보자의 추천은 이 규정의 어떠한 당사국도 할 수 있으며,
다음 중 어느 절차에 따라야 한다.

(1) 당해 국가에서 최고 사법직의 임명을 위한 후보자 추천 절차

(2) 국제사법재판소규정상 국제사법재판소에 대한 후보 추천을 정한
절차

추천에는 후보자가 제3항의 요건을 어떻게 충족하는지를 반드시 상세
하게 명시하는 설명이 첨부되어야 한다.

　나. 각 당사국은 모든 선거에서 꼭 자국민일 필요는 없으나 반드시 당사국
의 국민인 1인의 후보자를 추천할 수 있다.

　다. 당사국총회는 적절한 경우 추천에 관한 자문위원회를 설치하기로 결정
할 수 있다. 그러한 경우 위원회의 구성과 임무는 당사국총회가 정한다.

5. 선거의 목적상 다음과 같은 두 가지 후보자명부를 둔다.

제3항나호(1)에 명시된 자격요건을 갖춘 후보자의 명단을 포함하는 A명부

제3항나호(2)에 명시된 자격요건을 갖춘 후보자의 명단을 포함하는 B명부

두 개 명부 모두에 해당하는 충분한 자격요건을 갖춘 후보자는 등재될 명
부를 선택할 수 있다. 최초의 재판관 선거시 A명부로부터는 최소한 9인의
재판관이, 그리고 B명부로부터는 최소한 5인의 재판관이 선출되어야 한다.
그 후의 선거는 양 명부상의 자격요건을 갖춘 재판관들이 재판소에서 상응
하는 비율을 유지하도록 이루어져야 한다.

6. 가. 재판관은 제112조에 따라 재판관 선거를 위하여 소집되는 당사국총회의
회의에서 비밀투표로 선출된다. 제7항을 조건으로, 재판관으로 선출되
는 자는 출석하여 투표한 당사국의 3분의 2 이상의 최다득표를 한 18인
의 후보자로 한다.

　나. 제1차 투표에서 충분한 수의 재판관이 선출되지 아니한 경우, 충원될
때까지 가호에 정해진 절차에 따라 계속 투표를 실시한다.

7. 어떠한 2인의 재판관도 동일한 국가의 국민이어서는 아니 된다. 재판소 구
성의 목적상 2개 이상의 국가의 국민으로 인정될 수 있는 자는 그가 통상적
으로 시민적 및 정치적 권리를 행사하는 국가의 국민으로 간주된다.

8. 가. 당사국들은 재판관의 선출에 있어서 재판소 구성원 내에서 다음의 필요
성을 고려한다.

　　(1) 세계의 주요 법체계의 대표성

　　(2) 공평한 지역적 대표성

　　(3) 여성 및 남성 재판관의 공정한 대표성

　나. 당사국들은 여성이나 아동에 대한 폭력을 포함하되 이에 국한되지 아
니하는 특수한 문제에 대하여 법률 전문지식을 가진 재판관을 포함시

킬 필요성도 고려한다.

9. 가. 재판관은 나호를 조건으로 9년간 재직하며, 다호 및 제37조제2항을 조건으로 재선될 수 없다.

   나. 첫 번째 선거에서, 선출된 재판관의 3분의 1은 추첨으로 3년의 임기동안 복무하도록 선정되며, 또 다른 3분의 1의 재판관은 추첨으로 6년의 임기동안 복무하도록 선정되며, 나머지 재판관은 9년의 임기동안 복무한다.

   다. 나호에 따라 3년의 임기동안 복무하도록 선정된 재판관은 완전한 임기로 재선될 수 있다.

10. 제9항의 규정에도 불구하고 제39조에 따라 1심부 또는 상소심부에 배정된 재판관은 그 재판부에서 이미 심리가 개시된 1심 또는 상소심이 종결될 때까지 계속 재직하여야 한다.

제37조 재판관의 결원

1. 결원이 발생한 경우 제36조에 따라 결원을 채우기 위한 선거를 실시한다.

2. 결원을 채우기 위하여 선출된 재판관은 전임자의 잔여임기 동안 재직하며, 그 기간이 3년 이하일 경우에는 제36조에 따라 완전한 임기로 재선될 수 있다.

제38조 소장단

1. 재판소장과 제1부소장 및 제2부소장은 재판관들의 절대다수결에 의하여 선출된다. 그들은 각각 3년의 임기 또는 그들 각자의 재판관 임기의 종료중 먼저 만료되는 때까지 재직한다. 그들은 한 번 재선될 수 있다.

2. 제1부소장은 재판소장이 직무를 수행할 수 없거나 자격을 상실한 경우 재판소장의 직무를 대리한다. 제2부소장은 재판소장과 제1부소장 모두 직무를 수행할 수 없거나 자격을 상실한 경우 재판소장의 직무를 대리한다.

3. 재판소장은 제1부소장 및 제2부소장과 함께 소장단을 구성하며, 소장단은 다음에 대하여 책임을 진다.

   가. 소추부를 제외한 재판소의 적절한 운영

   나. 이 규정에 따라 소장단에 부여된 다른 기능

4. 제3항가호에 따른 책임을 수행함에 있어서 소장단은 상호 관심사인 모든 사항에 대하여 소추관과 조정하고 동의를 구한다.

제39조 재판부

1. 재판관 선거후 가능한 한 신속히, 재판소는 제34조나호에 명시된 담당부를 구성한다. 상소심부는 재판소장과 4인의 다른 재판관으로, 1심부는 6인 이상의 재판관으로, 그리고 전심부는 6인 이상의 재판관으로 구성된다. 재판관의 담당부 배정은 각 부가 수행할 기능의 성격과 선출된 재판관의 자격과 경력에 기초하여 각 부에 형법 및 형사절차와 국제법에서의 전문지식이 적절히 배합되는 방식으로 이루어져야 한다. 1심부와 전심부는 형사소송의 경력이 있는 재판관들을 위주로 구성된다.

2. 가. 재판소의 사법적 기능은 각 부의 재판부에 의하여 수행된다.

   나. (1) 상소심재판부는 상소심부의 모든 재판관들로 구성된다.

   (2) 1심재판부의 기능은 1심부의 3인의 재판관에 의하여 수행된다.

   (3) 전심재판부의 기능은 전심부의 3인의 재판관 또는 이 규정과 절차 및 증거규칙에 따라 전심부의 단독 재판관에 의하여 수행된다.

   다. 이 항의 어떠한 규정도 재판소 업무량의 효율적인 관리상 필요한 경우에 2개 이상의 1심재판부 또는 전심재판부를 동시에 구성하는 것을 배제하지 아니한다.

3. 가. 1심부와 전심부에 배정된 재판관은 그 부에서 3년간 복무하며, 그 후에도 해당부에서 이미 심리가 개시된 사건에 대하여는 그 사건 종결시까지 복무한다.

   나. 상소심부에 배정된 재판관은 그들의 전체 임기동안 그 부에서 복무한다.

4. 상소심부에 배정된 재판관은 오직 그 부에서만 근무한다. 그러나 이 조의 어떠한 규정도 소장단이 재판소 업무량의 효율적 관리상 필요하다고 판단하는 경우, 1심부에서 전심부로 또는 그 반대로 재판관을 잠정적으로 배정하는 것을 배제하지 아니한다. 다만, 어떠한 상황에서도 사건의 전심재판 단계에 참여하였던 재판관은 당해 사건을 심리하는 1심재판부에 참여할 수 없다.

제40조 재판관의 독립

1. 재판관은 그 직무를 수행함에 있어서 독립적이다.
2. 재판관은 자신의 사법적 기능에 방해가 될 수 있거나 또는 자신의 독립성에 대한 신뢰에 영향을 미칠 수 있는 어떠한 활동에도 종사하여서는 아니 된다.
3. 재판소의 소재지에서 전임으로 복무하는 재판관은 다른 영리적 성격의 직업에 종사하여서는 아니 된다.
4. 제2항과 제3항의 적용에 관한 문제는 재판관의 절대다수결에 의하여 결정된다. 그러한 문제가 재판관 개인에 관한 것인 경우 당해 재판관은 결정에 참여하지 아니한다.

제41조 재판관의 회피와 제척

1. 소장단은 재판관의 요청이 있으면 절차 및 증거규칙에 따라 당해 재판관이 이 규정상의 직무 수행을 회피하도록 할 수 있다.
2. 가. 재판관은 어떠한 사유에서든 자신의 공정성이 합리적으로 의심받을 수 있는 어떠한 사건에도 참여하지 아니한다. 특히 재판관이 전에 어떤 자격으로든 재판소에 제기된 사건에 관여하였거나 또는 현재 수사중이거나 기소중인 자가 연루된 국내 형사사건에 관여한 경우, 재판관은 이 항에 따라 그 사건으로부터 제척된다. 재판관은 절차 및 증거규칙에 규정된 다른 사유로도 제척된다.
   나. 소추관 또는 수사중이거나 기소중인 자는 이 항에 따라 재판관의 제척을 요청할 수 있다.
   다. 재판관의 제척에 관한 모든 문제는 재판관의 절대다수결에 의하여 결정된다. 이의가 제기된 재판관은 이 문제에 관한 자신의 의견을 진술할 권리가 있으나 결정에는 참여하지 아니한다.

제42조 소추부

1. 소추부는 재판소의 별개 기관으로서 독립적으로 활동한다. 소추부는 재판소에 회부되는 관할범죄와 그 범죄에 관한 구체적 정보를 접수하며, 이를 조사하고 수사하여 재판소에 기소를 제기하는데 대한 책임을 진다. 소추부

의 구성원은 외부로부터 지시를 구하거나 지시에 따라 활동하여서는 아니 된다.

2. 소추부의 장은 소추관으로 한다. 소추관은 직원, 시설 및 다른 자원을 포함 하여 소추부의 관리 및 행정에 전권을 가진다. 소추관은 이 규정에 따라 소추관에게 요구되는 모든 활동을 수행할 권한을 가지는 1인 이상의 부소 추관의 조력을 받는다. 소추관과 부소추관은 서로 다른 국적을 가져야 한 다. 그들은 전임으로 근무한다.

3. 소추관과 부소추관은 높은 도덕성과 형사사건의 기소와 재판에 있어 고도 의 능력과 풍부한 실무경력을 갖춘 자이어야 한다. 그들은 재판소의 실무언 어 중 최소한 하나의 언어에 탁월한 지식을 갖고 이를 유창하게 구사하여야 한다.

4. 소추관은 당사국총회 회원국의 비밀투표에 의하여 절대다수결로 선출된다. 부소추관은 소추관이 제시한 후보자 명부로부터 동일한 방식으로 선출된 다. 소추관은 충원될 부소추관의 각 직에 대하여 각각 3인의 후보자를 추천 한다. 선출시 더 짧은 임기로 결정되지 아니하는 한, 소추관과 부소추관은 9년의 임기동안 재직하며 재선될 수 없다.

5. 소추관과 부소추관은 자신의 소추기능에 방해가 될 수 있거나 자신의 독립 성에 대한 신뢰에 영향을 미칠 수 있는 어떠한 활동에도 종사하지 아니한 다. 그들은 다른 영리적 성격의 직업에도 종사하지 아니한다.

6. 소장단은 소추관 또는 부소추관의 요청에 따라 특정 사건을 다루는 것을 회피하도록 할 수 있다.

7. 소추관과 부소추관은 어떠한 사유에서든 자신의 공정성이 합리적으로 의심 받을 수 있는 어떠한 사건에도 참여하지 아니한다. 특히 그들이 전에 어떠 한 자격으로든 재판소에 제기된 사건에 관여하였거나 또는 현재 수사중이 거나 기소중인 자가 연루된 국내 형사사건에 관여한 경우, 그들은 이 항에 따라 그 사건으로부터 제척된다.

8. 소추관과 부소추관의 제척에 관한 모든 문제는 상소심재판부가 결정한다.

　가. 수사중이거나 기소중인 자는 언제든지 이 조에 규정된 사유에 근거하 여 소추관과 부소추관의 제척을 요청할 수 있다.

　나. 소추관과 부소추관은 적절한 경우 이 사안에 대하여 자신의 의견을 진

술할 권리가 있다.

9. 소추관은 성폭력 또는 성별 폭력 및 아동에 대한 폭력을 포함하되 이에 국한되지 아니하는 특수한 문제에 대하여 법률 전문지식을 가진 자문관을 임명한다.

제43조 사무국

1. 사무국은 제42조에 따른 소추관의 직무와 권한을 침해함이 없이 재판소의 행정과 사무의 비사법적 측면에 대하여 책임을 진다.

2. 사무국은 재판소의 수석행정관인 사무국장이 이끈다. 사무국장은 재판소장의 권위하에서 자신의 직무를 수행한다.

3. 사무국장과 사무차장은 높은 도덕성을 가진 탁월한 능력의 소유자이어야 하며, 재판소의 실무언어 중 최소한 하나의 언어에 탁월한 지식을 갖고 이를 유창하게 구사하여야 한다.

4. 재판관들은 당사국총회의 추천을 고려하여 비밀투표에 의하여 절대다수결로 사무국장을 선출한다. 필요한 경우 사무국장의 추천에 따라, 재판관들은 동일한 방식으로 사무차장을 선출한다.

5. 사무국장은 5년 임기동안 재직하며 한번 재선될 수 있고, 전임으로 근무한다. 사무차장의 임기는 5년 또는 재판관들의 절대다수결로 결정하는 더 짧은 기간으로 하며, 사무차장의 근무가 필요하다고 요구되는 경우 선출될 수 있다.

6. 사무국장은 사무국내에 피해자·증인 담당부를 둔다. 이 담당부는 소추부와 협의하여 증인, 재판소에 출석한 피해자, 그리고 그러한 증인이 행한 증언으로 인하여 위험에 처한 다른 자들을 위한 보호조치와 안전조치, 상담 및 기타 적절한 지원을 제공한다. 이 부에 성폭력 범죄와 관련된 정신장애를 포함하여 정신장애에 전문지식을 가진 직원을 포함한다.

제44조 직원

1. 소추관과 사무국장은 각각의 업무에 필요한 자격을 가진 직원을 임명한다. 소추관의 경우에는 수사관의 임명을 포함한다.

2. 직원을 채용함에 있어서, 소추관과 사무국장은 최고 수준의 효율성·능력

및 성실성을 확보하여야 하며, 제36조제8항에 규정된 기준을 준용한다.

3. 사무국장은 소장단 및 소추관의 합의를 얻어 재판소 직원의 임명, 보수 및 해고에 관한 조건들을 포함하는 직원규칙을 제안한다. 직원규칙은 당사국 총회의 승인을 받아야 한다.

4. 재판소는 예외적인 경우 재판소의 각 기관의 업무를 보조하기 위하여 당사 국, 정부간 또는 비정부간 기구가 제공하는 무보수 요원의 전문지식을 활용 할 수 있다. 소추관은 소추부를 대표하여 그러한 제공을 수락할 수 있다. 그러한 무보수 요원은 당사국총회가 제정한 지침에 따라 채용된다.

제45조 선서

재판관, 소추관, 부소추관, 사무국장 및 사무차장은 이 규정에 따른 각자의 임무를 맡기 전에 공개된 법정에서 자신의 직무를 공정하고 양심적으로 수행할 것을 각자 엄숙히 선서한다.

제46조 직의 상실

1. 재판관, 소추관, 부소추관, 사무국장 또는 사무차장은 다음의 경우에 해당하여 제2항에 따른 결정이 내려지면 그 직을 상실한다.

　가. 절차 및 증거규칙에 규정되어 있는 바와 같이 중대한 부정행위 또는 이 규정에 따른 의무의 중대한 위반을 범한 것으로 밝혀진 경우

　나. 이 규정이 요구하는 직무를 수행할 수 없는 경우

2. 제1항에 따른 재판관, 소추관 또는 부소추관의 직의 상실에 관한 결정은 당사국총회에서 비밀투표로 다음과 같이 이루어진다.

　가. 재판관의 경우, 다른 재판관들의 3분의 2의 다수결에 의하여 채택된 권고에 대하여 당사국의 3분의 2의 다수결

　나. 소추관의 경우, 당사국의 절대다수결

　다. 부소추관의 경우, 소추관의 권고에 따른 당사국의 절대다수결

3. 사무국장 또는 사무차장의 직의 상실에 관한 결정은 재판관들의 절대다수결에 의하여 이루어진다.

4. 재판관, 소추관, 부소추관, 사무국장 또는 사무차장은 자신의 행동 또는 이 규정이 요구하는 직무를 수행할 능력에 대하여 이 조에 따른 이의제기가

있는 경우, 절차 및 증거규칙에 따라 증거를 제출하거나 접수하고 의견을 개진할 충분한 기회를 가진다. 그 외에는 본인은 이 사안에 대한 심의에 참여하지 아니한다.

제47조 징계처분

제46조제1항에 규정된 것보다 덜 중대한 성격의 부정행위를 범한 재판관, 소추관, 부소추관, 사무국장 또는 사무차장은 절차 및 증거규칙에 따라 징계처분을 받는다.

제48조 특권과 면제

1. 재판소는 각 당사국의 영역에서 재판소의 목적 달성을 위하여 필요한 특권과 면제를 향유한다.

2. 재판관, 소추관, 부소추관 및 사무국장은 재판소의 업무나 그와 관련된 업무를 수행하는 경우, 외교사절의 장에게 부여되는 것과 동일한 특권과 면제를 향유하며, 임기가 만료된 후에도 그들이 공적 지위에서 행한 구두 또는 서면의 진술과 행위에 대하여 모든 종류의 법적 절차로부터 계속 면제를 부여받는다.

3. 사무차장, 소추부의 직원 및 사무국의 직원은 재판소의 특권 및 면제에 관한 협정에 따라 자신의 직무수행에 필요한 특권·면제와 편의를 향유한다.

4. 변호인, 전문가, 증인 또는 재판소에 출석이 요구되는 다른 자는 재판소의 특권 및 면제에 관한 협정에 따라 재판소의 적절한 기능수행을 위하여 필요한 대우를 부여받는다.

5. 가. 재판관 또는 소추관의 특권과 면제는 재판관들의 절대다수결에 의하여 포기될 수 있다.

나. 사무국장의 특권과 면제는 소장단에 의하여 포기될 수 있다.

다. 부소추관과 소추부 직원의 특권과 면제는 소추관에 의하여 포기될 수 있다.

라. 사무차장과 사무국 직원의 특권과 면제는 사무국장에 의하여 포기될 수 있다.

제49조 급여·수당 및 비용

재판관, 소추관, 부소추관, 사무국장 및 사무차장은 당사국총회에서 결정되는 급여·수당 및 비용을 받는다. 이러한 급여와 수당은 그들의 재직기간 동안 삭감되지 아니한다.

제50조 공식언어 및 실무언어

1. 재판소의 공식언어는 아랍어, 중국어, 영어, 프랑스어, 러시아어 및 스페인어로 한다. 재판소의 판결과 재판소에 제기된 중대한 문제를 해결하는 기타 결정은 공식언어로 공표된다. 소장단은 절차 및 증거규칙이 정한 기준에 따라 이 항의 목적상 어떠한 결정이 근본적 문제를 해결하는 것으로 되는지를 결정한다.

2. 재판소의 실무언어는 영어와 프랑스어로 한다. 절차 및 증거규칙은 다른 공식언어가 실무언어로 사용될 수 있는 경우를 결정한다.

3. 절차의 당사자 또는 절차에 참가가 허용된 국가의 요청이 있으면, 재판소는 그러한 허가가 충분히 정당화될 수 있다고 판단하는 경우에, 그 당사자나 국가가 영어 또는 프랑스어 이외의 언어를 사용할 수 있도록 허가한다.

제51조 절차 및 증거규칙

1. 절차 및 증거규칙은 당사국총회 회원국의 3분의 2의 다수결에 의한 채택으로 발효한다.

2. 절차 및 증거규칙의 개정은 다음에 의하여 제안될 수 있다.

   가. 당사국

   나. 절대과반수의 재판관

   다. 소추관

   그러한 개정은 당사국총회 회원국의 3분의 2의 다수결에 의한 채택으로 발효한다.

3. 절차 및 증거규칙의 채택 후, 그 규칙에 재판소에 제기된 특정한 사태를 다룰 규정이 없는 긴급한 경우, 재판관들은 당사국총회의 차기 정기회기 또는 특별회기에서 채택·개정 또는 거부될 때까지 적용될 임시규칙을 3분의 2의 다수결로 제정할 수 있다.

4. 절차 및 증거규칙, 그 개정 및 모든 임시규칙은 이 규정에 부합되어야 한다. 임시규칙뿐만 아니라 절차 및 증거규칙의 개정은 수사중이거나 기소중인 자 또는 유죄판결을 받는 자에게 불리하게 소급 적용되지 아니한다.
5. 이 규정과 절차 및 증거규칙이 충돌할 경우, 이 규정이 우선한다.

제52조 재판소 규칙

1. 이 규정과 절차 및 증거규칙에 따라 재판관들은 재판소의 일상적인 기능수행에 필요한 재판소 규칙들을 절대다수결로 채택한다.
2. 재판소 규칙을 제정하거나 개정하는데 있어서 소추관 및 사무국장과 협의한다.
3. 재판소 규칙이나 그 개정은 재판관들이 달리 결정하지 아니하는 한, 채택시에 발효한다. 재판소 규칙이나 그 개정은 채택 즉시 당사국의 의견수렴을 위하여 당사국에게 회람된다. 6개월 이내에 당사국의 과반수로부터 반대가 없는 한, 재판소 규칙이나 그 개정은 계속하여 효력을 가진다.

제5부 수사 및 기소

제53조 수사의 개시

1. 소추관은 자신에게 이용 가능한 정보를 평가한 후, 이 규정에 따른 절차를 진행할 합리적 근거가 없다고 판단하지 않는 한 수사를 개시하여야 한다. 수사 개시 여부를 결정함에 있어 소추관은 다음을 고려한다.
    가. 소추관에게 이용 가능한 정보가 재판소 관할범죄가 범하여졌거나 범하여지고 있다고 믿을 만한 합리적 근거를 제공하는지 여부
    나. 사건이 제17조에 따른 재판적격성이 있는지 또는 있게 될지 여부
    다. 범죄의 중대성 및 피해자의 이익을 고려하더라도, 수사가 정의에 도움이 되지 않을 것이라고 믿을 만한 상당한 이유가 있는지 여부
    소추관이 절차를 진행할 합리적 근거가 없다고 결정하고 그 결정이 오직 다호만을 근거로 한 경우, 소추관은 이를 전심재판부에 통지한다.
2. 수사 후 소추관이 다음과 같은 이유로 기소할 충분한 근거가 없다고 결정하

는 경우, 소추관은 전심재판부 및 제14조에 따라 회부한 국가 또는 제13조 나호에 따른 사건의 경우 안전보장이사회에 자신의 결정과 그 이유를 통지 한다.

　가. 제58조에 따른 영장 또는 소환장을 청구할 법적 또는 사실적 근거가 충분하지 않은 경우

　나. 사건이 제17조에 따라 재판적격성이 없는 경우

　다. 범죄의 중대성, 피해자의 이익, 피의자의 연령 또는 쇠약 정도 및 범죄 에 있어서 피의자의 역할을 포함한 모든 정황을 고려할 때, 기소가 정 의에 부합하지 아니하는 경우

3. 가. 제14조에 따른 사건 회부국 또는 제13조나호에 따른 안전보장이사회의 요청이 있으면, 전심재판부는 제1항 또는 제2항에 따른 소추관의 절차 종결 결정을 재검토할 수 있으며, 소추관에게 그 결정을 재고할 것을 요청할 수 있다.

　나. 또한 소추관의 절차종결 결정이 오직 제1항다호 또는 제2항다호만을 근거로 한 경우, 전심재판부는 직권으로 그 결정을 재검토할 수 있다. 그러한 경우 소추관의 결정은 전심재판부의 확인을 받아야만 유효하다.

4. 소추관은 새로운 사실이나 정보를 근거로 수사 또는 기소의 개시 여부에 대한 결정을 언제든지 재고할 수 있다.

제54조　수사에 관한 소추관의 의무 및 권한

1. 소추관은,

　가. 진실을 규명하기 위하여 이 규정에 따른 형사책임이 있는지 여부를 평 가하는데 관계되는 모든 사실과 증거를 수사하며, 그렇게 함에 있어서 유죄 및 무죄의 정황을 동등하게 수사한다.

　나. 재판소 관할범죄의 효과적인 수사 및 기소를 보장하기 위하여 적절한 조치를 취하며, 그렇게 함에 있어서 연령, 제7조제3항에 정의된 바와 같은 성별, 건강을 포함하여 피해자 및 증인의 이익과 개인적인 정황을 존중하고, 특히 성폭력, 성별 폭력 또는 아동에 대한 폭력이 관련된 경 우에는 범죄의 성격을 고려한다.

　다. 이 규정에 따른 개인의 권리를 충분히 존중한다.

2. 소추관은 국가의 영역에서 다음과 같이 수사를 행할 수 있다.

가. 제9부의 규정에 따라,

나. 제57조제3항라호에 따른 전심재판부의 허가를 받아

3. 소추관은,

가. 증거를 수집하고 조사할 수 있다.

나. 수사중인 자, 피해자 및 증인의 출석을 요구하고 그들을 신문할 수 있다.

다. 국가 또는 정부 간 기구나 조직의 협조를 그들 각각의 권한 및/또는 임무에 따라 구할 수 있다.

라. 국가, 정부 간 기구 또는 개인의 협조를 촉진하는데 필요한 약정 또는 협정을 맺을 수 있다. 단, 그러한 약정 또는 협정은 이 규정에 저촉되어서는 아니 된다.

마. 소추관이 비밀을 조건으로 그리고 오로지 새로운 증거를 산출할 목적으로 취득한 문서 또는 정보를, 정보제공자가 동의하지 아니하는 한 절차의 어떠한 단계에서도 공개하지 않기로 합의할 수 있다.

바. 정보의 비밀, 개인의 보호 또는 증거의 보전을 확보하기 위하여 필요한 조치를 취하거나 또는 필요한 조치가 취해지도록 요청할 수 있다.

제55조 수사중 개인의 권리

1. 이 규정에 따른 수사와 관련하여 개인은,

가. 스스로 복죄하거나 자신의 유죄를 시인하도록 강요받지 아니한다.

나. 어떠한 형태의 강요, 강박 또는 위협, 고문, 또는 다른 어떠한 형태의 잔혹하거나 비인도적이거나 굴욕적인 대우나 처벌을 받지 아니한다.

다. 자신이 충분히 이해하고 말하는 언어 이외의 언어로 신문받는 경우, 무료로 유능한 통역과 공정성의 요건을 충족시키는데 필요한 번역의 도움을 받는다.

라. 자의적인 체포 또는 구금을 당하지 아니하며, 이 규정에서 정한 근거와 절차에 따른 경우를 제외하고는 자유를 박탈당하지 아니한다.

2. 개인이 재판소 관할범죄를 범하였다고 믿을 만한 근거가 있고, 그 자가 소추관 또는 이 규정 제9부에 의한 요청에 따라 국가 당국의 신문을 받게 될 경우, 그는 신문에 앞서 자신에게 고지되어야 할 다음의 권리를 가진다.

가. 신문에 앞서 그가 재판소 관할범죄를 범하였다고 믿을 만한 근거가 있음을 고지 받을 권리

나. 침묵이 유죄 또는 무죄를 결정함에 있어서 참작됨이 없이 진술을 거부할 권리

다. 자신이 선택하는 법적 조력을 받을 권리, 또는 자신이 법적 조력을 받지 못하고 있다면 정의를 위하여 요구되는 경우에 자신에게 지정된 법적 조력을 받을 권리, 그리고 자신이 비용을 지불할 충분한 수단이 없는 경우에는 이를 무료로 제공받을 권리

라. 자신이 자발적으로 변호인의 조력을 받을 권리를 포기하지 아니하는 한 변호인의 참석하에 신문을 받을 권리

제56조 유일한 수사기회에 관한 전심재판부의 역할

1. 가. 소추관이 수사가 증인으로부터 증언이나 진술을 얻거나 증거를 조사·수집 또는 검사하기 위한 유일한 기회를 제공하며 재판을 위하여 추후에는 확보할 수 없다고 판단하는 경우, 소추관은 이를 전심재판부에 통지한다.

나. 이 경우 전심재판부는 소추관의 청구가 있으면 절차의 효율성과 일체성을 보장하고, 특히 피의자의 권리를 보호하는데 필요한 조치를 취할 수 있다.

다. 전심재판부가 달리 명하지 않는 한, 소추관은 가호에 규정된 수사와 관련하여 체포된 자 또는 소환에 응하여 출석한 자에게 자신이 관련된 사항에 관하여 진술할 수 있도록 관련 정보를 제공한다.

2. 제1항 나호에 언급된 조치는 다음을 포함할 수 있다.

가. 취하여야 할 절차에 관한 권고 또는 명령

나. 절차에 대한 기록의 작성 지시

다. 보조할 전문가의 임명

라. 체포된 자 또는 소환에 응하여 재판소에 출석한 자를 위한 변호인의 참여 허가 또는 그러한 체포나 출석이 아직 없었거나 변호인이 선정되지 아니한 경우에 참석하여 피의자측의 이익을 대변할 변호인의 임명

마. 증거의 수집 및 보전과 신문을 관찰하고 그에 관한 권고 또는 명령을

하도록 전심재판부의 구성원 중의 한 명 또는 필요한 경우에는 전심부 또는 1심부의 활용 가능한 다른 재판관의 지명

　바. 증거를 수집하거나 보전하는데 필요한 기타의 조치들

3. 가. 소추관이 이 조에 따른 조치를 구하지는 않았으나 전심재판부가 재판에서 피고인에게 필수적이라고 여기는 증거를 보전하기 위하여 그러한 조치가 필요하다고 판단하는 경우, 전심재판부는 소추관이 그러한 조치를 요청하지 않은데 상당한 이유가 있는지 여부에 관하여 소추관과 협의한다. 협의 후 소추관이 그러한 조치를 요청하지 않은 것이 부당하다고 판단하는 경우, 전심재판부는 직권으로 그러한 조치를 취할 수 있다.

　나. 이 항에 따른 전심재판부의 직권 조치 결정에 대하여 소추관은 상소할 수 있다. 상소는 신속하게 심리된다.

4. 이 조에 따라 재판을 위하여 보전되거나 수집된 증거 또는 그에 대한 기록의 증거능력은 재판시 제69조에 의해 결정되며, 1심재판부가 정하는 증명력이 부여된다.

제57조　전심재판부의 기능 및 권한

1. 이 규정에서 달리 정하지 않는 한, 전심재판부는 이 조의 규정에 따라 기능을 행사한다.

2. 가. 제15조, 제18조, 제19조, 제54조제2항, 제61조제7항 및 제72조에 따른 전심재판부의 명령 또는 결정은 그 재판부 재판관들의 과반수의 동의가 있어야 한다.

　나. 그 외의 모든 경우에 절차 및 증거규칙에 달리 규정되어 있거나 또는 전심재판부의 과반수에 의하여 달리 결정되지 않는 한, 전심재판부의 단독 재판관이 이 규정에 따른 기능을 행사할 수 있다.

3. 전심재판부는 이 규정에 따른 다른 기능 외에도,

　가. 소추관의 요청에 따라, 수사를 위하여 필요한 명령을 하고 영장을 발부할 수 있다.

　나. 체포된 자 또는 제58조에 따른 소환에 응하여 출석한 자의 요청이 있는 경우, 제56조에 규정된 것과 같은 조치를 포함하는 명령을 하거나 또는

자신의 방어준비를 하는 자를 지원하는데 필요한 협력을 제9부에 따라 구할 수 있다.

다. 필요한 경우, 피해자 및 증인의 보호와 그들의 사생활 보호, 증거 보전, 체포된 자 또는 소환에 응하여 출석한 자의 보호 그리고 국가안보 정보의 보호를 제공할 수 있다.

라. 전심재판부는 가능한 경우 언제나 당해국의 의견을 고려한 후, 당해국이 제9부에 따른 협력 요청을 이행할 권한 있는 사법당국이나 그 구성기관을 이용할 수 없음으로 인하여 협력 요청을 이행할 수 없음이 그 사건의 경우에 명백하다고 결정하는 경우, 소추관으로 하여금 제9부에 따른 당해국의 협력을 확보함이 없이 그 국가의 영역 안에서 특정한 수사조치를 취하도록 권한을 줄 수 있다.

마. 제58조에 따라 체포영장 또는 소환장이 발부된 경우, 이 규정과 절차 및 증거규칙에서 정한 바와 같이 증거가치 및 당해 당사자의 권리를 적절히 고려하여, 피해자의 궁극적 이익을 위하여 몰수 목적의 보호조치를 취하도록 제93조제1항카호에 따라 당해국의 협조를 구할 수 있다.

제58조　전심재판부의 체포영장 또는 소환장 발부

1. 전심재판부는 수사 개시 후 언제라도 소추관의 신청에 따라 소추관이 제출한 신청서 및 증거 또는 기타 정보를 검토한 후 다음이 확인되면 체포영장을 발부한다.

　가. 당해인이 재판소 관할범죄를 범하였다고 믿을 만한 합리적 근거가 있으며,

　나. 당해인의 체포가 다음을 위하여 필요하다고 판단되는 경우

　　(1) 재판 출석을 보장하기 위한 경우

　　(2) 수사 또는 재판소 절차를 방해하거나 위태롭게 하지 못하도록 보장하기 위한 경우

　　(3) 적용 가능한 경우, 당해 범행의 계속 또는 그와 동일한 상황에서 발생하는 재판소의 관할권내에 속하는 관련범행의 계속을 방지하기 위한 경우

2. 소추관의 신청서는 다음을 포함한다.

　가. 당해인의 성명 및 기타 관련 신원 정보

　나. 당해인이 범행의 혐의를 받는 재판소 관할범죄에 대한 구체적 언급

　다. 그러한 범죄를 구성하는 것으로 주장되는 사실에 대한 간결한 설명

　라. 당해인이 그러한 범죄를 범하였다고 믿을 만한 합리적 근거를 형성하
　　　는 증거 및 기타 정보의 요약

　마. 소추관이 당해인의 체포가 필요하다고 믿는 이유

3. 체포영장은 다음을 포함한다.

　가. 당해인의 성명 및 기타 관련 신원 정보

　나. 당해인의 체포사유가 되는 재판소 관할범죄에 대한 구체적 언급

　다. 그러한 범죄를 구성하는 것으로 주장되는 사실에 대한 간결한 설명

4. 체포영장은 재판소가 달리 명령할 때까지 효력을 지속한다.

5. 체포영장을 근거로 재판소는 제9부에 따라 당해인의 긴급인도구속 또는 체
포 및 인도를 청구할 수 있다.

6. 소추관은 전심재판부에 대하여 체포영장에 명시된 범죄를 수정하거나 그에
추가함으로써 체포영장을 수정할 것을 요청할 수 있다. 전심재판부는 당해
인이 수정되거나 추가된 범죄를 범하였다고 믿을 만한 합리적 근거가 있다
고 확인되는 경우 체포영장을 그와 같이 수정한다.

7. 체포영장 신청에 대한 대안으로 소추관은 당해인에 대해 소환장을 발부하
도록 요청하는 신청서를 전심재판부에 제출할 수 있다. 전심재판부는 당해
인이 범행의 혐의를 받는 범죄를 범하였다고 믿을 만한 합리적 근거가 있으
며 소환장이 그의 출석을 확보하는데 충분하다고 확인하는 경우, 국내법에
규정된 (구금 이외의) 자유를 제한하는 조건을 부가하거나 부가하지 않으
면서 당해인이 출석하도록 소환장을 발부한다. 소환장은 다음을 포함한다.

　가. 당해인의 성명 및 기타 관련 신원 정보

　나. 당해인이 출석하여야 하는 구체적 일자

　다. 당해인이 범행의 혐의를 받는 재판소 관할범죄에 대한 구체적 언급

　라. 그러한 범죄를 구성하는 것으로 주장되는 사실에 대한 간결한 설명

소환장은 당해인에게 송달된다.

제59조 구금국에서의 체포절차

1. 긴급인도구속 또는 체포 및 인도 요청을 접수한 당사국은 즉시 자국법 및 제9부의 규정에 따라 당해인을 체포하기 위한 조치를 취한다.

2. 체포된 자는 신속히 구금국의 권한있는 사법당국에 인치되어야 하며, 그 사법당국은 자국법에 따라 다음을 결정한다.

   가. 영장이 당해인에 적용되는지 여부

   나. 당해인이 적절한 절차에 따라 체포되었는지 여부

   다. 당해인의 권리가 존중되었는지 여부

3. 체포된 자는 인도될 때까지 구금국의 권한 있는 당국에 임시석방을 신청할 권리를 가진다.

4. 그러한 신청에 대하여 결정함에 있어 구금국의 권한 있는 당국은 범행의 혐의를 받는 범죄의 중대성에 비추어 임시석방을 정당화하는 긴급하고 예외적인 상황이 있는지 여부 및 구금국이 그를 재판소에 인도할 의무를 이행할 수 있도록 보장하는 필요한 안전장치가 존재하는지 여부를 검토한다. 구금국의 권한 있는 당국은 체포영장이 제58조제1항가호 및 나호에 따라 적절하게 발부되었는지 여부를 검토할 수 없다.

5. 여하한 임시석방 신청도 전심재판부에 통지되어야 하며, 전심재판부는 구금국의 권한 있는 당국에 권고를 행한다. 구금국의 권한 있는 당국은 결정을 내리기 전에 당해인의 도주를 방지하기 위한 조치에 관한 권고를 포함한 전심재판부의 권고를 충분히 고려한다.

6. 당해인에 대한 임시석방이 허가된 경우, 전심재판부는 임시석방의 상황에 대한 정기적인 보고를 요청할 수 있다.

7. 구금국의 인도명령이 내려지면 당해인은 가능한 한 신속히 재판소로 인도되어야 한다.

제60조 재판소에서의 최초 절차

1. 당해인이 재판소로 인도되거나 또는 자발적이거나 소환에 따라 재판소에 출석하였을 때, 전심재판부는 그 자가 범행의 혐의를 받는 범죄에 대하여 통지를 받았는지, 그리고 재판계속중 임시석방을 신청할 권리 등 이 규정에 따른 자신의 권리에 관하여 통지를 받았는지 확인한다.

2. 체포영장의 적용을 받는 자는 재판계속중 임시석방을 신청할 수 있다. 전심 재판부가 제58조제1항에 규정된 조건들이 충족됨을 확인한 경우, 그는 계 속 구금된다. 그와 같이 확인되지 않는 경우, 전심재판부는 조건부로 또는 조건 없이 당해인을 석방한다.

3. 전심재판부는 석방 또는 구금에 관한 결정을 정기적으로 재검토하며, 소추 관 또는 당해인의 신청이 있으면 언제든지 재검토할 수 있다. 재검토에 따 라 사정변경으로 필요하다고 인정되는 경우, 전심재판부는 구금·석방 또 는 석방조건에 대한 결정을 변경할 수 있다.

4. 전심재판부는 누구도 소추관의 변명할 수 없는 지체로 인하여 재판 전에 불합리하게 장기간 구금되지 않도록 보장한다. 그러한 지체가 발생한 경우, 재판소는 조건부로 또는 조건 없이 당해인의 석방을 고려한다.

5. 필요한 경우 전심재판부는 석방된 자의 출석을 확보하기 위하여 체포영장 을 발부할 수 있다.

제61조 재판전 공소사실의 확인

1. 제2항의 규정을 조건으로, 당해인의 인도 또는 자발적 재판소 출석 후 합리 적인 기간내에 전심재판부는 소추관이 재판을 구하고자 하는 공소사실을 확인하기 위한 심리를 행한다. 심리는 소추관과 피의자 및 피의자 변호인의 출석하에 이루어진다.

2. 전심재판부는 다음의 경우 소추관의 요청에 따라 또는 직권으로 피의자가 출석하지 않은 상태에서 소추관이 재판을 구하고자 하는 공소사실을 확인 하기 위한 심리를 할 수 있다.

　가. 당해인이 출석할 권리를 포기한 경우

　나. 당해인이 도주하였거나 소재를 알 수 없고, 그의 재판소 출석을 확보하 고 그에게 공소사실 및 그 공소사실을 확인하기 위한 심리의 개시를 통지하기 위해 모든 합리적인 조치를 취한 경우. 그러한 경우, 전심재 판부가 정의에 합당하다고 결정하는 경우 변호인이 당해인을 대리한 다.

3. 당해인은 심리 전 합리적인 기간내에,

　가. 소추관이 그를 재판에 회부하려는 공소사실을 기재한 문서의 사본을

제공받는다.

나. 소추관이 심리에서 근거로 삼고자 하는 증거를 통지받는다.

전심재판부는 심리 목적으로 정보의 공개에 관하여 명령을 내릴 수 있다.

4. 심리가 시작되기 전에 소추관은 수사를 계속할 수 있으며 공소사실을 수정 또는 철회할 수 있다. 당해인은 심리 전에 여하한 공소사실의 변경 또는 철회에 대하여 합리적인 통지를 받는다. 공소사실 철회의 경우, 소추관은 전심재판부에 철회의 사유를 통지한다.

5. 심리시 소추관은 당해인이 기소대상인 범죄를 범하였다고 믿을 만한 상당한 근거를 형성하는 충분한 증거로써 각 공소사실을 증빙하여야 한다. 소추관은 서면 증거 또는 약식 증거에 의존할 수 있으며, 재판에서 증언할 것으로 예상되는 증인을 소환할 필요는 없다.

6. 심리시 당해인은,

가. 공소사실을 부인할 수 있다.

나. 소추관이 제출한 증거에 대하여 이의를 제기할 수 있다.

다. 증거를 제출할 수 있다.

7. 전심재판부는 심리를 근거로 당해인이 기소대상인 각각의 범죄를 범하였다고 믿을 만한 상당한 근거를 형성하는 충분한 증거가 있는지를 결정한다. 그 결정에 근거하여 전심재판부는,

가. 충분한 증거가 있다고 결정한 관련 공소사실을 확인하고, 확인된 공소사실에 대한 재판을 위하여 당해인을 1심재판부에 회부한다.

나. 증거가 불충분하다고 결정한 공소사실에 대하여는 확인을 거절한다.

다. 심리를 연기하고 소추관에게 다음을 고려하도록 요청한다.

   (1) 특정한 공소사실과 관련하여 추가 증거를 제공하거나 또는 추가 수사를 행할 것, 또는

   (2) 제출된 증거가 재판소의 다른 관할범죄를 구성하는 것으로 보이므로 공소사실을 수정할 것

8. 전심재판부가 공소사실의 확인을 거절하는 경우에도, 추가 증거가 보강되면 소추관이 추후 다시 확인을 요청함에는 지장이 없다.

9. 공소사실이 확인된 후 재판이 시작되기 전, 소추관은 전심재판부의 허가를 받고 또한 피의자에게 통지한 후 공소사실을 수정할 수 있다. 소추관이 공

소사실을 추가하려고 하거나 보다 중한 공소사실로 대체하려고 하는 경우, 이 조에 따라 공소사실을 확인하기 위한 심리를 열어야 한다. 재판이 시작된 후에는, 소추관은 1심재판부의 허가를 얻어 공소사실을 철회할 수 있다.

10. 전심재판부에 의하여 확인되지 아니한 공소사실이나 소추관이 철회한 공소사실에 대하여 전에 발부된 영장은 효력을 상실한다.

11. 이 조에 따라 공소사실이 확인되면 소장단은 1심재판부를 구성한다. 동 재판부는 제9항 및 제64조제4항을 조건으로 그 후의 절차에 책임을 지며, 그 절차와 관련되는 적용 가능한 전심재판부의 모든 기능을 행사할 수 있다.

제6부 재 판

제62조 재판 장소

달리 결정되지 않는 한, 재판 장소는 재판소의 소재지로 한다.

제63조 피고인 출석하의 재판

1. 피고인은 재판하는 동안 출석하여야 한다.

2. 재판소에 출석한 피고인이 계속하여 재판을 방해하는 경우, 1심재판부는 그를 퇴정시킬 수 있으며 필요한 경우 통신기술을 이용하여 피고인이 재판정 밖에서 재판을 관찰하고 변호인에게 지시할 수 있도록 피고인을 위하여 조치를 취한다. 그러한 조치는 다른 합리적인 대안이 부적절한 것으로 확인된 후, 오직 예외적인 상황에서 엄격히 필요한 기간 동안만 취해져야 한다.

제64조 1심재판부의 기능과 권한

1. 이 조에 규정된 1심재판부의 기능과 권한은 이 규정과 절차 및 증거규칙에 따라 행사된다.

2. 1심재판부는 재판이 공정하고 신속하게, 그리고 피고인의 권리를 충분히 존중하고 피해자와 증인의 보호에 적절히 유의하여 진행되도록 보장한다.

3. 이 규정에 따라 재판을 위해 사건이 배당되면 그 사건을 처리하도록 배정된 1심재판부는 다음을 행한다.

가. 당사자들과 협의하여 공정하고 신속한 소송 진행을 촉진하기 위하여 필요한 절차의 채택

나. 재판에서 사용될 언어의 결정

다. 이 규정의 기타 관련 조항에 따라, 적절한 재판준비가 가능하도록 재판이 시작되기에 충분히 앞서 전에 공개되지 않았던 문서 또는 정보의 공개 조치

4. 1심재판부는 효율적이고 공정한 운영을 위하여 필요한 경우, 예비적인 문제를 전심재판부에 회부하거나, 필요한 경우 전심부의 다른 재판관에게 회부할 수 있다.

5. 당사자들에 대한 통지 후 1심재판부는 2인 이상의 피고인들에 대한 공소사실들에 관하여 적절한 대로 병합 또는 분리를 지시할 수 있다.

6. 재판 전 또는 재판이 진행되는 동안 그 기능을 수행함에 있어, 1심재판부는 필요한 대로 다음을 행할 수 있다.

가. 제61조제11항에 규정된 전심재판부의 기능 행사

나. 필요한 경우 이 규정이 정하는 바에 따라 국가의 지원을 받음으로써 증인의 출석 및 증언, 그리고 문서 및 기타 증거의 제공 요구

다. 비밀 정보의 보호 제공

라. 재판 전에 이미 수집되었거나 재판 중에 당사자가 제출한 증거 외의 추가 증거의 제출 명령

마. 피고인, 증인 및 피해자의 보호 조치

바. 기타 관련 문제에 대한 어떠한 결정

7. 재판은 공개로 진행된다. 그러나 1심재판부는 제68조에 기술된 목적을 위하여 또는 증거로 제출될 비밀정보나 민감한 정보를 보호하기 위한 특수상황으로 인하여 특정 절차를 비공개로 진행할 것이 요구된다고 결정할 수 있다.

8. 가. 재판이 시작되면 1심재판부는 전심재판부가 확인한 공소사실을 피고인에게 낭독한다. 1심재판부는 피고인이 공소사실의 성격을 이해하고 있음을 확인한다. 재판부는 피고인에게 제65조에 따라 유죄를 인정하거나 무죄를 주장할 기회를 부여한다.

나. 재판에서 재판장은 절차가 공정하고 공평한 방식으로 진행되도록 보장하는 것을 포함하여 절차의 진행을 위한 지시를 할 수 있다. 재판장의

지시를 조건으로, 당사자는 이 규정에 정한 바에 따라 증거를 제출할 수 있다.

9. 1심재판부는 당사자의 신청에 따라 또는 직권으로, 특히 다음 권한을 가진다.

　가. 증거능력 또는 증거의 관련성을 결정할 권한

　나. 심리 중 질서를 유지하는데 필요한 모든 조치를 취할 권한

10. 1심재판부는 절차를 정확하게 반영하는 완벽한 재판기록이 작성되고 사무국장이 이를 유지·보존할 것을 보장한다.

제65조　유죄인정에 관한 절차

1. 피고인이 제64조제8항가호에 따라 유죄를 인정하는 경우, 1심재판부는 다음을 결정한다.

　가. 피고인이 유죄인정의 성격 및 결과를 이해하고 있는지 여부

　나. 피고인이 변호인과의 충분한 협의를 거쳐 자발적으로 유죄를 인정한 것인지 여부

　다. 유죄의 인정이 다음에 포함된 사건의 사실관계에 의하여 뒷받침되고 있는지 여부

　　(1) 소추관이 제기하고 피고인이 인정한 공소사실

　　(2) 소추관이 제출하여 공소사실을 보충하고 피고인이 인정한 자료

　　(3) 증인의 증언 등 소추관 또는 피고인이 제출한 기타 증거

2. 제1항에 규정된 사항들이 갖추어졌다고 인정하는 경우, 1심재판부는 피고인의 유죄인정이 추가 제출 증거와 함께 당해 범죄를 입증하는데 요구되는 필수적인 모든 사실을 형성하는 것으로 간주하고, 피고인에게 그 범죄에 대한 유죄판결을 내릴 수 있다.

3. 제1항에 규정된 사항들이 갖추어졌다고 인정하지 않는 경우, 1심재판부는 유죄인정이 이루어지지 아니한 것으로 간주하며, 재판이 이 규정에 정한 일반 재판절차에 따라 계속되도록 명령한다. 또한 사건을 다른 1심재판부로 이송할 수도 있다.

4. 1심재판부가 정의, 특히 피해자의 이익을 위하여 사건의 사실관계가 보다 완벽하게 밝혀질 필요가 있다고 판단하는 경우, 1심재판부는,

　가. 소추관에게 증인의 증언을 포함한 추가 증거의 제출을 요구할 수 있다.

　나. 재판이 이 규정에 정한 일반 재판절차에 따라 계속되도록 명령할 수

있으며, 이 경우 유죄인정이 이루어지지 않은 것으로 간주한다. 또한 사건을 다른 1심재판부로 이송할 수도 있다.

5. 공소사실의 변경, 유죄의 인정 또는 부과될 형량에 관한 소추관과 피고인측 사이의 어떠한 협의도 재판소를 기속하지 아니한다.

제66조 무죄의 추정

1. 모든 사람은 적용법규에 따라 재판소에서 유죄가 입증되기 전까지는 무죄로 추정된다.

2. 피고인의 유죄를 입증할 책임은 소추관에게 있다.

3. 피고인을 유죄판결하기 위해서는, 재판소가 피고인의 유죄를 합리적인 의심의 여지가 없이 확신하여야 한다.

제67조 피고인의 권리

1. 공소사실의 확인에 있어서 피고인은 이 규정에 정한 바에 따른 공개 심리, 공평하게 진행되는 공정한 심리 그리고 완전히 평등하게 다음과 같은 최소한의 보장을 받을 권리를 가진다.

   가. 공소사실의 성격, 근거 및 내용에 대하여 피고인이 완전히 이해하고 말하는 언어로 신속하고 상세하게 통지받는다.

   나. 방어 준비를 위하여 적절한 시간과 편의를 받으며, 피고인이 선택한 변호인과 비공개로 자유로이 통신한다.

   다. 부당한 지체 없이 재판을 받는다.

   라. 제63조제2항을 조건으로 재판에 출석하고 스스로 또는 자신이 선택하는 법적 조력을 통하여 변호하며, 피고인이 법적 조력을 받지 못하고 있다면 정의를 위하여 요구되는 경우에 재판소가 지정한 법적 조력을 받으며 자신의 비용을 지불할 충분한 수단이 없는 경우에는 이를 무료로 제공받는다는 것을 통지받고 이러한 조력을 제공받는다.

   마. 자신에게 불리한 증인을 신문하거나 또는 신문받게 하고, 자신에게 불리한 증인과 동등한 조건하에 자신에게 유리한 증인의 출석 및 신문을 확보한다. 피고인은 또한 항변을 제기하고 이 규정에 따라 증거능력이 있는 다른 증거를 제출할 권리를 가진다.

바. 재판소의 절차나 재판소에 제출된 문서가 피고인이 완전히 이해하고 말하는 언어로 되어 있지 않은 경우, 유능한 통역자의 조력이나 그러한 번역을 무상으로 제공받는다.

사. 증언하거나 또는 유죄를 시인하도록 강요받지 아니하며, 침묵이 유죄 또는 무죄의 결정에 참작됨이 없이 진술을 거부할 수 있다.

아. 자신의 변호를 위하여 선서 없이 구두 또는 서면으로 진술한다.

자. 입증책임의 전환이나 반증 책임을 부과 받지 아니한다.

2. 이 규정에 정한 다른 공개에 추가하여, 소추관은 자신이 보유하거나 통제하고 있는 증거로서 피고인이 무죄임을 보여주거나 보일 수 있다고 믿는 증거, 피고인의 죄를 감경시킬 수 있는 증거, 또는 소추관측 증거의 신빙성에 영향을 미칠 수 있는 증거를 가능한 한 신속히 피고인측에 공개한다. 이 항의 적용에 관하여 의문이 있는 경우 재판소가 결정한다.

제68조 피해자 및 증인의 보호와 절차 참여

1. 재판소는 피해자와 증인의 안전, 신체적·정신적 안녕, 존엄성 및 사생활을 보호하기 위한 적절한 조치를 취한다. 그렇게 함에 있어서 연령, 제7조제3항에 정의된 바와 같은 성별, 건강 및 범죄의 성격을 포함한 모든 관련 요소를 고려하며, 범죄의 성격을 고려함에 있어서는 성폭력, 성별 폭력 또는 아동에 대한 폭력이 관련된 범죄의 경우에 유의하되, 이에 한정되는 것은 아니다. 소추관은 특히 이러한 범죄를 수사하고 기소하는 동안에 이러한 조치를 취한다. 이 조치들은 피고인의 권리와 공정하고 공평한 재판을 침해하거나 이에 저촉되어서는 아니 된다.

2. 제67조에 규정된 공개 심리의 원칙에 대한 예외로서, 재판부는 피해자와 증인 또는 피고인을 보호하기 위하여 절차의 일정 부분을 비공개로 진행하거나 전자적 또는 기타 특수한 수단에 의한 증거 제출을 허용할 수 있다. 특히 이러한 조치는 재판소가 모든 상황 특히 피해자나 증인의 의견을 고려하여 달리 명령하지 않는 한, 성폭력의 피해자 또는 아동이 피해자나 증인인 경우에 실행된다.

3. 피해자의 개인적 이해가 영향을 받는 경우, 재판소는 재판소가 적절하다고 결정하는 절차의 단계에서 피고인의 권리와 공정하고 공평한 재판을 침해

하거나 이에 저촉되지 않는 방식으로 피해자의 견해와 관심이 제시될 수
있도록 허용한다. 그러한 견해와 관심은 재판소가 적절하다고 판단하는 경
우 절차 및 증거규칙에 따라 피해자의 법적 대리인에 의하여 제시될 수 있
다.

4. 피해자·증인 담당부는 제43조제6항에 규정된 적절한 보호조치, 안전조치,
상담 및 지원에 관하여 소추관 및 재판소에 조언할 수 있다.

5. 이 규정에 따른 증거 또는 정보의 공개가 증인이나 그 가족의 안전에 중대
한 위험을 초래할 수 있는 경우, 소추관은 재판이 시작되기 전에 진행되는
절차에서는 그러한 증거 또는 정보를 공개하지 아니하고 대신 그 요약을
제출할 수 있다. 이러한 조치는 피고인의 권리와 공정하고 공평한 재판을
침해하거나 이와 저촉되지 않는 방식으로 실행된다.

6. 국가는 자국의 공무원 또는 고용인의 보호와 비밀 또는 민감한 정보의 보호
에 관하여 필요한 조치가 취해지도록 신청할 수 있다.

제69조 증거

1. 증언하기 전, 증인은 절차 및 증거규칙에 따라 자신이 제공할 증거의 진실
성에 대하여 선서한다.

2. 재판에서 증인의 증언은 제68조 또는 절차 및 증거규칙에 열거된 조치에
정하여진 범위를 제외하고는 자신이 직접 하여야 한다. 재판소는 이 규정을
조건으로 절차 및 증거규칙에 따라 비디오 또는 오디오 기술에 의한 증인의
구두 또는 녹음 증언 및 문서나 녹취록의 제출을 허용할 수 있다. 이 조치
들이 피고인의 권리를 침해하거나 이에 저촉되어서는 아니 된다.

3. 당사자는 제64조에 따라 사건에 관련된 증거를 제출할 수 있다. 재판소는
진실의 결정을 위하여 필요하다고 판단하는 모든 증거의 제출을 요구할 권
한을 가진다.

4. 재판소는 절차 및 증거규칙에 따라, 특히 증거의 증명력 및 그 증거가 공정
한 재판이나 증인의 증언에 대한 공정한 평가에 미칠 수 있는 모든 침해를
고려하여 증거의 관련성 또는 증거능력에 대하여 결정할 수 있다.

5. 재판소는 절차 및 증거규칙에 규정된 비밀유지에 관한 특권을 존중하고 준
수한다.

6. 재판소는 공지의 사실에 대한 입증을 필요로 하지 않으며, 그 사실의 존재

를 바로 인정할 수 있다.

7. 이 규정 또는 국제적으로 승인된 인권을 위반하여 취득된 증거는 다음의 경우 증거능력이 없다.

　가. 그 위반이 증거의 신빙성에 대하여 상당한 의심을 야기한 경우

　나. 그 증거의 인정이 절차의 일체성에 반하거나 또는 이를 중대하게 침해하는 경우

8. 국가가 수집한 증거의 관련성 또는 증거능력을 판단함에 있어, 재판소는 그 국가의 국내법의 적용에 관하여 판단하지 아니한다.

제70조 사법운영을 침해하는 범죄

1. 재판소는 사법운영을 침해하는 다음 범죄들이 고의적으로 범하여진 경우 이에 대하여 관할권을 가진다.

　가. 제69조제1항에 따라 진실을 말할 의무가 있는 경우의 허위 증언

　나. 허위 또는 위조된 것임을 아는 증거의 제출

　다. 증인에게 부정하게 영향을 미치거나, 증인의 출석이나 증언을 저지 또는 방해하거나, 증인의 증언에 대하여 보복하거나 또는 증거를 인멸·조작하거나 증거의 수집 방해

　라. 재판소의 직원이 자신의 임무를 수행하지 않도록 하거나 부적절하게 수행하도록 강제하거나 설득할 목적으로, 그 직원을 방해하거나 협박하거나 또는 부정하게 영향을 행사

　마. 재판소의 직원 또는 다른 직원이 수행한 임무를 이유로 한 재판소 직원에 대한 보복

　바. 재판소의 직원으로서 자신의 공적 임무와 관련하여 뇌물의 요구 또는 수령

2. 이 조의 범죄에 대한 재판소의 관할권 행사에 적용되는 원칙과 절차는 절차 및 증거규칙에 규정된다. 이 조에 따른 재판소의 절차와 관련하여 재판소에 국제협력을 제공하는 조건에 관하여는 피요청국의 국내법에 따른다.

3. 유죄판결의 경우, 재판소는 절차 및 증거규칙에 따라 5년 이하의 징역 또는 벌금을 부과하거나 이를 병과할 수 있다.

4. 가. 각 당사국은 이 조에 규정된 사법운영을 침해하는 범죄가 자국의 영역 안에서 또는 자국민에 의하여 범하여진 경우, 자국의 수사 또는 사법절

차의 일체성을 침해하는 범죄행위를 처벌하는 자국의 형법을 동 범죄행
위에 확장·적용한다.

나. 당사국은 재판소의 요청에 따라 적절하다고 판단하는 경우 언제든지 당
해 사건을 소추하기 위하여 자국의 권한 있는 당국에 회부한다. 권한
있는 당국은 그 사건을 성실하게 취급하며, 그 사건을 효과적으로 처리
하기에 충분한 자원을 투입한다.

제71조 재판소에서의 부정행위에 대한 제재

1. 재판소는 재판소에 출석한 자가 절차를 방해하거나 재판소의 명령을 고의
적으로 거부하는 등 부정행위를 하는 경우, 법정에서 일시적 또는 영구적
퇴정, 벌금, 증거 및 절차규칙이 규정하는 기타 유사조치 등 구금 이외의
행정조치로 제재할 수 있다.

2. 제1항에 기술된 조치의 부과에 관한 절차는 절차 및 증거규칙의 규정에 따른
다.

제72조 국가안보 정보의 보호

1. 이 조는 국가의 정보 또는 문서의 공개가 당해국의 판단으로 자국의 국가안
보 이익을 침해할 수 있는 모든 경우에 적용된다. 이러한 경우에는 제56조제
2항 및 제3항, 제61조제3항, 제64조제3항, 제67조제2항, 제68조제6항, 제87
조제6항 및 제93조의 범위에 해당하는 경우뿐만 아니라 절차의 기타 어느
단계에서 발생하는 경우이건 위와 같은 공개가 쟁점이 되는 때를 포함한다.

2. 이 조는 또한 정보 또는 증거를 제출하도록 요청받은 자가 정보의 공개가
국가안보 이익을 침해할 수 있다는 이유로 이를 거절하거나 또는 그 사항을
당해 국가로 회부하고, 당해 국가도 정보의 공개가 자국의 국가안보 이익을
침해할 수 있다는 의견임을 확인한 경우에도 적용된다.

3. 이 조의 어떠한 규정도 제54조제3항마호 및 바호에 따라 적용 가능한 비밀
유지의 요건이나 제73조의 적용을 침해하지 아니한다.

4. 국가가 자국의 정보 또는 문서가 절차의 어느 단계에서 공개되고 있거나
공개될 것 같다는 사실을 알고 그 공개가 자국의 국가안보 이익을 침해할
수 있다고 판단하는 경우, 당해 국가는 이 조에 따라 그 문제의 해결을 위
하여 개입할 권리를 가진다.

5. 어느 국가가 정보의 공개로 자국의 국가안보 이익이 침해될 수 있다고 판단 하는 경우, 그 국가는 협력적 방식에 의한 문제의 해결을 모색하기 위하여 경우에 따라 소추관, 피고인측 또는 전심재판부나 1심재판부와 협력하여 모 든 합리적인 조치를 취한다. 이러한 조치는 다음을 포함할 수 있다.

   가. 요청의 변경 또는 명료화

   나. 요청된 정보 또는 증거의 관련성에 관한 재판소의 결정, 또는 그 증거 가 관련성이 있더라도 피요청국 이외의 출처로부터 취득될 수 있거나 또는 이미 취득되었는지 여부에 대한 결정

   다. 다른 출처로부터 또는 다른 형태의 정보 또는 증거의 취득

   라. 요약 또는 편집본의 제공, 공개의 제한, 비공개 또는 일방적 참가 절차 의 활용 또는 이 규정 및 절차 및 증거규칙상 허용되는 기타의 보호조 치 등을 포함하여 조력이 제공될 수 있는 조건에 관한 합의

6. 협력적 방식으로 문제를 해결하기 위한 모든 합리적인 조치를 취하였고, 국 가가 자국의 국가안보 이익을 침해함이 없이 정보 또는 문서를 제공하거나 공개할 수 있는 수단이나 조건이 없다고 판단하는 경우, 당해 국가는 그 이 유를 구체적으로 설명하는 것 자체가 필연적으로 자국의 국가안보 이익을 침해하게 되는 경우를 제외하고는 소추관 또는 재판소에 자국의 결정의 구 체적 이유를 통지한다.

7. 그 후 재판소는 증거가 피고인의 유죄 또는 무죄를 입증하는데 관련되고 필요하다고 판단하는 경우, 다음 조치를 취할 수 있다.

   가. 정보 또는 문서의 공개가 제9부의 협력요청 또는 제2항에 규정된 상황 에 따라 요청되었으며, 당해 국가가 제93조제4항에 규정된 거절사유를 원용한 경우,

      (1) 재판소는 제7항가호(2)에 규정된 결정을 내리기 전 그 국가의 주 장을 검토하기 위한 목적으로 추가 협의를 요청할 수 있으며, 이 는 적절한 경우 비공개 및 일방적 참가방식의 심리를 포함할 수 있다.

      (2) 피요청국이 당해 사건의 상황에서 제93조제4항의 거절사유를 원 용함으로써 이 규정상의 의무에 따라 행동하지 않는다고 재판소 가 판단하는 경우, 재판소는 판단의 이유를 명시하여 제87조제7항

에 따라 그 문제를 회부할 수 있다.

(3) 재판소는 경우에 따라 적절하게 피고인에 대한 재판에서 사실의 존재 또는 부존재에 관하여 추정할 수 있다.

나. 기타의 모든 경우,

(1) 공개를 명령할 수 있다.

(2) 공개를 명령하지 않는 한도에서는 피고인에 대한 재판에서 상황에 따라 적절한 대로 사실의 존재 또는 부존재에 관하여 추정할 수 있다.

제73조 제3자의 정보 또는 문서

국가, 정부 간 기구 또는 국제기구가 당사국에게 비밀리에 제공하여 당사국이 보관·소유 또는 관리하고 있는 문서나 정보를 제공할 것을 재판소가 요청하는 경우, 당사국은 문서나 정보를 공개하기 위하여 원제공자의 동의를 구한다. 원제공자가 당사국인 경우, 그 국가는 정보 또는 문서의 공개에 동의하거나 또는 제72조의 규정에 따를 것을 조건으로 재판소와 공개 문제를 해결하기 위한 조치를 취한다. 원제공자가 당사국이 아니고 공개 동의를 거부하는 경우, 피요 청국은 원제공자에 대한 기존의 비밀유지 의무로 인하여 문서 또는 정보를 제공할 수 없음을 재판소에 통지한다.

제74조 판결의 요건

1. 1심재판부의 모든 재판관은 재판의 각 단계 및 심의의 전 과정에 출석한다. 소장단은 1심재판부의 구성원이 계속 출석할 수 없게 된 경우, 사건별로 재판의 각 단계에 참석하여 그를 대체하도록 가능한 대로 1인 또는 그 이상의 교체재판관을 지정할 수 있다.

2. 1심재판부의 판결은 증거 및 전체 절차에 대한 평가에 근거하여야 한다. 판결은 공소사실 및 변경된 공소사실에 기재된 사실과 정황을 초과하여서는 아니 된다. 재판소는 재판에서 재판소에 제출되어 검토된 증거만을 근거로 판결할 수 있다.

3. 재판관들은 판결에 있어서 전원합의를 이루도록 노력하되, 전원합의를 이루지 못한 경우, 판결은 재판관의 과반수에 의한다.

4. 1심재판부의 심의는 비밀로 유지된다.

5. 판결은 서면으로 작성되며, 1심재판부의 증거에 대한 판단과 결론에 관한 충분하고도 이유 있는 서술을 포함한다. 1심재판부는 하나의 판결을 내린다. 전원합의를 이루지 못한 경우, 1심재판부의 판결은 다수의견과 소수의견을 포함한다. 판결 또는 그 요지는 공개된 법정에서 선고된다.

제75조 피해자에 대한 배상

1. 재판소는 원상회복, 보상 및 사회복귀를 포함하여 피해자에 대한 또는 피해자에 관한 배상의 원칙을 수립한다. 이를 근거로 재판소는 그 판결에서 피해자에 관한 또는 피해자에 대한 손해·손실 및 피해의 범위와 정도를 신청에 의하여 또는 예외적인 상황에서는 직권으로 결정할 수 있으며, 이때 재판소가 근거로 삼은 원칙을 명시한다.

2. 재판소는 원상회복, 보상 및 사회복귀 등을 포함하여 피해자에 대한 또는 피해자에 관한 적절한 배상을 명시하는 명령을 유죄판결을 받은 자에게 직접 내릴 수 있다. 적절한 경우, 재판소는 제79조에 규정된 신탁기금을 통하여 배상이 이루어지도록 명령할 수 있다.

3. 이 조에 따른 명령을 내리기 전에 재판소는 유죄판결을 받은 자, 피해자, 기타 이해관계자 또는 이해관계국으로부터의 또는 이들을 대리한 의견 제시를 요청할 수 있으며 제시된 의견들을 참작한다.

4. 이 조에 따른 권한을 행사함에 있어 재판소는, 재판소의 관할범죄에 대한 유죄판결 후에, 이 조에 따라 재판소가 내린 명령을 실행하기 위하여 제93조제1항에 따른 조치를 요구하는 것이 필요한지 여부를 결정할 수 있다.

5. 당사국은 이 조에 따른 결정을 제109조의 규정이 이 조에 적용되는 것처럼 이행한다.

6. 이 조의 어떠한 규정도 국내법 또는 국제법에 따른 피해자의 권리를 침해하는 것으로 해석되지 아니한다.

제76조 양형

1. 유죄판결의 경우, 1심재판부는 부과할 적절한 형을 검토하며 재판과정에서 제출된 증거 및 개진된 의견 중, 양형과 관련된 것을 참작한다.

2. 제65조가 적용되는 경우를 제외하고 1심재판부는 재판이 종결되기 전, 양형

과 관련된 추가 증거 또는 의견을 심리하기 위하여 절차 및 증거규칙에 따라 직권으로 추가 심리를 실시할 수 있으며, 소추관 또는 피고인의 요청이 있으면 반드시 실시한다.

3. 제2항이 적용되는 경우, 제75조에 따른 어떠한 의견제시도 제2항에 규정된 추가 심리중에 개진되며, 필요한 경우 별도의 추가 심리중에 개진된다.

4. 형은 공개적으로 그리고 가능한 한 피고인이 출석한 가운데 선고한다.

제7부 형벌

제77조 적용 가능한 형벌

1. 제110조를 조건으로, 재판소는 이 규정 제5조에 규정된 범죄로 유죄판결을 받은 자에 대하여 다음의 형 중 하나를 부과할 수 있다.

　가. 최고 30년을 초과하지 아니하는 유기징역

　나. 범죄의 극도의 중대성과 유죄판결을 받은 자의 개별적 정황에 의하여 정당화될 경우에는 무기징역

2. 징역에 추가하여 재판소는 다음을 명할 수 있다.

　가. 절차 및 증거규칙에 규정된 기준에 따른 벌금

　나. 선의의 제3자의 권리를 침해함이 없이, 당해 범죄로부터 직접적 또는 간접적으로 발생한 수익·재산 및 자산의 몰수

제78조 형의 결정

1. 형을 결정함에 있어 재판소는 절차 및 증거규칙에 따라 범죄의 중대성 및 유죄판결을 받은 자의 개별적 정황 등의 요소를 고려한다.

2. 징역형을 부과함에 있어, 재판소는 재판소의 명령에 따라 전에 구금되었던 기간이 있을 경우 이를 공제한다. 재판소는 그 당해 범죄의 기초를 이루는 행위와 관련하여 구금되었던 기간도 공제할 수 있다.

3. 어떠한 자가 2개 이상의 범죄에 대하여 유죄판결을 받은 경우, 재판소는 각각의 범죄에 대한 형과 총 징역기간을 명시하는 합산형을 선고한다. 이 기간은 선고된 개별형중 가장 중한 형보다 짧아서는 아니되며, 또한 30년의

징역 또는 제77조제1항나호에 따른 무기징역을 초과하여서는 아니 된다.

제79조 신탁기금

1. 재판소 관할범죄의 피해자와 그 가족을 위하여 당사국총회의 결정으로 신탁기금을 설립한다.
2. 재판소는 벌금 또는 몰수를 통하여 징수한 현금 및 기타 재산을 재판소의 명령에 따라 신탁기금으로 귀속되도록 명령할 수 있다.
3. 신탁기금은 당사국총회가 결정하는 기준에 따라 운영된다.

제80조 국가의 형벌 적용과 국내법에 대한 불침해

이 부의 어떠한 규정도 국가가 자국법에 규정된 형을 적용하는데 영향을 미치지 아니하며, 또한 이 부에 규정된 형을 규정하고 있지 아니한 국가의 법에 영향을 미치지 아니한다.

제8부 상소 및 재심

제81조 유·무죄 판결이나 양형에 대한 상소

1. 제74조에 따른 판결에 대하여 절차 및 증거규칙에 따라 다음과 같이 상소할 수 있다.
   가. 소추관은 다음 이유를 근거로 상소할 수 있다.
      (1) 절차상의 하자
      (2) 사실의 오인
      (3) 법령 위반
   나. 유죄판결을 받은 자 또는 그 자를 대신한 소추관은 다음 이유를 근거로 상소할 수 있다.
      (1) 절차상의 하자
      (2) 사실의 오인
      (3) 법령 위반
      (4) 절차 또는 판결의 공정성 또는 신뢰성에 영향을 주는 기타 여하한

근거

2. 가. 소추관 또는 유죄판결을 받은 자는 범죄와 양형 사이의 불균형을 이유로 절차 및 증거규칙에 따라 양형에 대하여 상소할 수 있다.

나. 양형에 대한 상소에서 재판소가 유죄판결의 전부 또는 일부를 파기하여야 할 근거가 있다고 판단하는 경우, 재판소는 소추관 또는 유죄판결을 받은 자에게 제81조제1항가호 또는 나호에 따른 근거를 제출하도록 요청하고, 제83조에 따라 유죄판결을 내릴 수 있다.

다. 재판소가 오직 유죄판결에 대한 상소에서 제2항가호에 따라 형을 감경할 근거가 있다고 판단하는 경우에 동일한 절차가 적용된다.

3. 가. 1심재판부가 달리 명령하지 아니하는 한, 유죄판결을 받은 자는 상소심 계류중 계속 구금된다.

나. 유죄판결을 받은 자의 구금기간이 부과된 징역형기를 초과하는 경우, 그 자는 소추관 역시 상소하여 아래 다호의 조건이 적용되는 경우를 제외하고는 석방된다.

다. 무죄판결 시 피고인은 다음을 조건으로 즉시 석방된다.

(1) 예외적인 상황에서 구체적인 도주의 위험, 기소된 범죄의 중대성 및 상소심의 성공 가능성을 고려하여, 1심재판부는 소추관의 요청에 따라 상소심 계류중 그 자의 구금을 유지할 수 있다.

(2) 다호(1)에 따른 1심재판부의 결정에 대하여 절차 및 증거규칙에 따라 상소할 수 있다.

4. 제3항 가호 및 나호의 규정을 조건으로, 판결 또는 형의 집행은 상소를 위하여 허용된 기간 및 상소절차 동안 정지된다.

제82조 기타 결정에 대한 상소

1. 어느 당사자도 절차 및 증거규칙에 따라 다음 결정에 대하여 상소할 수 있다.

가. 관할권 또는 재판적격성에 관한 결정

나. 수사중이거나 기소중인 자의 석방을 허가 또는 거부하는 결정

다. 제56조제3항에 따른 전심재판부의 직권에 의한 결정

라. 절차의 공정하고 신속한 진행 또는 재판의 결과에 중대한 영향을 미치

　게 될 문제와 관련되며 상소심재판부의 신속한 결정이 절차를 현저히
　촉진시킬 수 있다고 전심재판부 또는 1심재판부가 판단하는 결정
2. 제57조제3항라호에 따른 전심재판부의 결정에 대하여는 전심재판부의 허가
　를 얻어 관련국 또는 소추관이 상소할 수 있다. 이 상소는 신속히 심리된다.
3. 상소는 상소심재판부가 요청을 받아 절차 및 증거규칙에 따라 그와 같이
　명령하지 않는 한 그 자체로 정지적 효력을 가지지 아니한다.
4. 피해자, 유죄판결을 받은 자 또는 제75조의 명령에 의하여 불리하게 영향을
　받은 선의의 재산 소유자의 법적 대리인은 절차 및 증거규칙에 규정된 바에
　따라 배상 명령에 대하여 상소할 수 있다.

제83조　상소심 절차

1. 제81조 및 이 조에 따른 절차의 목적상 상소심재판부는 1심재판부의 모든
　권한을 가진다.
2. 상소심재판부가 상소된 절차가 판결 또는 양형의 신뢰성에 영향을 주는 방
　식으로 불공정하였다고 판단하는 경우 또는 상소된 판결 또는 양형이 사실
　의 오인, 법령 위반 또는 절차상의 하자에 의하여 실질적으로 영향을 받았
　다고 판단하는 경우, 재판부는 다음 조치를 취할 수 있다.
　가. 판결 또는 양형의 파기 또는 변경
　나. 다른 1심재판부에서의 새로운 재판의 명령
　이 목적상 상소심재판부는 원심재판부가 사실에 관한 쟁점을 판단하고 이
　에 따라 다시 보고하도록 원심재판부로 환송하거나, 또는 스스로 그 쟁점
　을 판단하기 위하여 증거를 요구할 수 있다. 유죄판결을 받은 자 또는 그를
　대신하여 소추관이 판결 또는 양형에 대하여 상소한 경우에만, 그 판결 또
　는 양형은 유죄판결을 받은 자에게 불리하게 변경될 수 없다.
3. 양형에 대한 상소에서 상소심재판부는 형이 범죄에 비례하지 않는다고 판
　단하는 경우, 제7부에 따라 형을 변경할 수 있다.
4. 상소심재판부의 판결은 재판관들의 과반수로 결정되며, 공개된 법정에서 선
　고된다. 판결은 판결이 근거한 이유를 명시한다. 전원합의가 이루어지지
　않는 경우, 상소심재판부의 판결은 다수의견과 소수의견 모두를 포함하며
　재판관은 법률 문제에 관하여 개별의견 또는 반대의견을 표시할 수 있다.

5. 상소심재판부는 무죄 또는 유죄판결을 받은 자가 출석하지 않더라도 판결을 선고할 수 있다.

제84조 유죄판결 또는 양형의 재심

1. 유죄판결을 받은 자, 또는 그의 사망 후에는 배우자·자녀·부모 또는 피고인의 사망 당시의 생존자로 피고인으로부터 청구를 제기하도록 명시적인 서면 위임을 받은 자, 또는 피고인을 대신한 소추관은 다음을 근거로 유죄 또는 형의 확정판결에 대하여 상소심재판부에 재심을 청구할 수 있다.

   가. 다음과 같은 새로운 증거가 발견된 경우

      (1) 재판 당시에는 입수할 수 없었던 증거로서 그 입수불능에 대하여 전적으로든 부분적으로든 신청 당사자에게 귀책사유가 없었고,

      (2) 재판 당시 입증되었다면 다른 판결을 가져 왔을 충분히 중요한 증거

   나. 재판에서 고려되었고 유죄판결의 근거가 된 결정적 증거가 허위, 위조 또는 변조되었음이 새로이 판명된 경우

   다. 유죄판결 또는 공소사실의 확인에 참여하였던 1인 이상의 재판관이 당해 사건에서 제46조에 따라 그들의 직의 상실을 정당화할 정도로 충분히 중대한 부정행위 또는 심각한 의무위반을 범한 경우

2. 상소심재판부는 신청이 근거 없다고 판단되는 경우 이를 기각한다. 신청이 이유 있다고 판단되는 경우, 상소심재판부는 절차 및 증거규칙에 규정된 방식으로 각 당사자들을 심리한 후 판결이 수정되어야 할지 여부에 대한 결정에 이르기 위하여, 적절한 대로 다음중 하나의 조치를 취할 수 있다.

   가. 원래의 1심재판부의 재소집

   나. 새로운 1심재판부의 구성

   다. 그 사건에 대한 관할권의 유지

제85조 체포 또는 유죄판결을 받은 자에 대한 보상

1. 불법 체포 또는 구금의 피해자였던 자는 강제적인 보상을 받을 권리를 가진다.

2. 종국판결로 형사범죄의 유죄판결을 받았으나 그 후 새로운 사실 또는 새롭게 발견된 사실로 재판의 오류가 있었음이 결정적으로 밝혀짐으로써 유죄판결이 파기된 경우, 그러한 유죄판결의 결과로 처벌을 받았던 자는 법에 따른

보상을 받는다. 단, 알려지지 않은 사실이 적시에 공개되지 못한 것이 전적으로든 부분적으로든 자신의 귀책사유에 의한 경우는 그러하지 아니하다.

3. 예외적인 경우로서, 중대하고 명백한 재판의 오류가 있었음을 보여주는 결정적인 사실을 재판소가 확인한 경우, 재판소는 무죄의 종국결정 또는 그에 의한 절차의 종결에 따라 구금으로부터 석방된 자에게 절차 및 증거규칙에 규정된 기준에 따른 보상을 재량으로 명할 수 있다.

제9부 국제적 협력과 사법공조

제86조 일반적 협력의무

당사국은 이 규정에 정한 바에 따라 재판소 관할범죄의 수사 및 기소에 있어서 재판소에 최대한 협력한다.

제87조 협력요청 : 일반규정

1. 가. 재판소는 당사국에 협력을 요청할 권한을 가진다. 요청은 외교경로 또는 각 당사국이 비준, 수락, 승인 또는 가입시 지정한 기타 적절한 경로를 통하여 전달된다. 그 지정에 대한 당사국의 추후의 변경은 절차 및 증거규칙에 따라 이루어진다.
   나. 적절한 경우 가호의 규정을 침해함이 없이 요청은 국제형사경찰기구 또는 적절한 지역기구를 통하여도 전달될 수 있다.
2. 협력요청 및 이를 증빙하는 문서는 피요청국이 비준, 수락, 승인 또는 가입시 행한 선택에 따라 피요청국의 공식언어로 작성되거나, 공식언어의 번역본이 첨부되거나 또는 재판소의 실무언어 중의 하나로 작성되어야 한다. 이 선택에 대한 추후의 변경은 절차 및 증거규칙에 따라 이루어진다.
3. 피요청국은 공개가 협력요청의 이행에 필요한 정도 외에는 협력요청과 이를 증빙하는 문서를 비밀로 유지한다.
4. 이 부에 따라 제출된 협력요청과 관련, 재판소는 정보의 보호와 관련된 조치를 포함하여 피해자, 잠재적 증인 및 그 가족의 안전 또는 신체적·정신적 안녕을 보장하는데 필요한 조치를 취할 수 있다. 재판소는 이 부에 따라

입수된 모든 정보를 피해자, 잠재적 증인과 그 가족의 안전 및 신체적 · 정
신적 안녕을 보호하는 방식으로 제공되고 처리되도록 요청할 수 있다.

5. 가. 재판소는 이 규정의 당사국이 아닌 국가에게 그 국가와의 특별약정, 협
정 또는 기타 적절한 근거에 기초하여 이 부에 따른 조력을 제공하도
록 요청할 수 있다.

나. 재판소와 특별약정 또는 협정을 체결한 이 규정의 당사국이 아닌 국
가가 그러한 약정 또는 협정에 따른 요청에 협력하지 않는 경우, 재판소
는 이를 당사국총회에 또는 안전보장이사회가 그 사태를 재판소에 회
부한 경우에는 안전보장이사회에 통지할 수 있다.

6. 재판소는 정부간 기구에 정보나 문서의 제공을 요청할 수 있다. 또한 재판
소는 그러한 기구와 합의되는 그 기구의 권한과 임무에 따른 기타 형태의
협력과 지원을 요청할 수 있다.

7. 당사국이 이 규정에 정한 바에 반하여 재판소의 협력요청을 이행하지 않고
이로 인하여 재판소가 이 규정에 따른 기능과 권한을 행사하지 못하게 된
경우, 재판소는 그러한 취지의 결정을 하고 그 사안을 당사국총회에 회부하
거나 또는 안전보장이사회가 그 사태를 재판소에 회부한 경우에는 안전보
장이사회에 회부할 수 있다.

제88조 국내법상 절차의 이용가능성

당사국은 이 부에 명시된 모든 형태의 협력에 이용 가능한 절차가 국내법에
포함되도록 한다.

제89조 재판소에의 인도

1. 재판소는 어떤 자에 대한 체포 및 인도청구서를 제91조에 기재된 증빙자료
와 함께 그 영역안에서 그 자가 발견될 수 있는 국가에 송부할 수 있으며,
그 자의 체포 및 인도에 관하여 그 국가의 협력을 요청한다. 당사국은 이
부의 규정과 자국 국내법상의 절차에 따라 체포 및 인도청구를 이행한다.

2. 인도청구된 자가 제20조에 규정된 일사부재리의 원칙에 근거하여 국내법원
에 이의를 제기한 경우, 피청구국은 재판적격성에 대한 관련 결정이 있었는
지 여부를 확정하기 위하여 재판소와 즉시 협의한다. 그 사건이 재판적격성
이 있는 경우, 피청구국은 그 요청을 이행한다. 재판적격성에 관한 결정이

계류중인 경우, 피청구국은 재판소가 재판적격성에 대한 결정을 내릴 때까지 인도청구의 이행을 연기할 수 있다.

3. 가. 자국을 통한 통과가 인도를 방해하거나 지연시키게 될 경우를 제외하고, 당사국은 다른 국가가 재판소로 인도중인 자가 자국의 영역을 통하여 이송되는 것을 자국의 국내절차법에 따라 허가한다.

나. 재판소의 통과요청서는 제87조에 따라 전달된다. 통과요청서는 다음을 포함한다.

(1) 이송될 자에 대한 설명

(2) 사건의 사실 및 그 법적 성격에 대한 간략한 서술

(3) 체포 및 인도영장

다. 이송되는 자는 통과기간동안 구금된다.

라. 항공편으로 이송되고 통과국의 영역에 착륙이 예정되지 아니한 경우, 허가를 받도록 요구되지 아니한다.

마. 통과국의 영역에서 예정되지 아니한 착륙이 이루어지는 경우, 통과국은 나호에 규정된 통과요청서를 재판소에 요구할 수 있다. 통과국은 통과요청서가 접수되고 통과가 이루어질 때까지 이송중인 자를 구금한다. 다만 이 호의 목적을 위한 구금은 96시간내에 요청서가 접수되는 경우를 제외하고는, 예정되지 아니한 착륙으로부터 96시간을 초과하여 연장될 수 없다.

4. 인도청구된 자가 재판소가 인도를 구하는 범죄와 다른 범죄로 피청구국에서 절차가 진행중이거나 형을 복역하고 있는 경우, 그 청구를 허가하기로 결정한 피청구국은 재판소와 협의한다.

제90조 청구의 경합

1. 제89조에 따라 재판소로부터 인도청구를 접수한 당사국이 재판소가 인도를 구하는 자의 범죄의 기초를 구성하는 것과 동일한 행위에 대하여 다른 국가로부터 범죄인인도 청구를 접수한 경우, 그 당사국은 재판소와 그 청구국에 그 사실을 통지한다.

2. 청구국이 당사국인 경우, 피청구국은 다음의 경우에 재판소의 청구에 우선권을 준다.

　　가. 재판소가 제18조 또는 제19조에 따라 인도가 청구된 사건에 대하여 재판적격성이 있다는 결정을 내렸고, 그 결정이 청구국이 범죄인인도 청구와 관련하여 수행한 수사 또는 기소를 고려한 경우

　　나. 재판소가 제1항에 따른 피청구국의 통지에 따라 가호에 기술된 결정을 내린 경우

3. 제2항가호에 따른 결정이 내려지지 아니한 경우, 피청구국은 제2항나호에 따른 재판소의 결정이 계류중인 동안 재량에 따라 청구국의 범죄인인도 청구의 처리를 진행할 수는 있으나, 재판소가 그 사건에 재판적격성이 없다고 결정할 때까지 범죄인인도를 하여서는 아니 된다. 재판소의 결정은 신속히 이루어져야 한다.

4. 청구국이 이 규정의 당사국이 아닌 경우, 피청구국은 자신이 청구국에 범죄인인도를 하여야 할 국제적 의무를 부담하지 않는다면, 재판소가 그 사건이 재판적격성이 있다고 결정한 경우 재판소의 인도청구에 우선권을 준다.

5. 제4항에서 재판소가 사건에 재판적격성이 있다고 결정하지 아니한 경우, 피청구국은 재량으로 청구국으로부터의 범죄인인도 청구에 대한 처리를 진행할 수 있다.

6. 피청구국이 이 규정의 당사국이 아닌 청구국에 범죄인인도를 하여야 할 기존의 국제적 의무를 부담하고 있다는 점을 제외하고는 제4항이 적용되는 경우, 피청구국은 그 자를 재판소에 인도할 것인지 또는 청구국에 인도할 것인지를 결정한다. 결정을 함에 있어서 피청구국은 다음 사항을 포함하나 이에 국한되지 않는 모든 관련 요소를 고려한다.

　　가. 각 청구일자

　　나. 관련되는 경우, 범죄가 청구국의 영역안에서 범하여졌는지 여부 및 피해자와 인도청구된 자의 국적을 포함한 청구국의 이해관계

　　다. 재판소와 청구국간의 추후 인도 가능성

7. 재판소로부터 인도청구를 받은 당사국이 다른 국가로부터 재판소가 인도를 구하는 범죄를 구성하는 행위 이외의 행위로 동일한 자에 대한 범죄인인도 청구를 받는 경우,

　　가. 피청구국이 청구국에 범죄인인도를 하여야 할 기존의 국제적 의무를 부담하지 않는 경우, 재판소의 청구에 우선권을 준다.

나. 피청구국이 청구국에 범죄인인도를 하여야 할 기존의 국제적 의무를 부담하고 있는 경우, 재판소에 인도할 것인지 또는 청구국에 범죄인인도를 할 것인지를 결정한다. 그 결정을 함에 있어서 피청구국은 제6항에 열거된 사항을 포함하나 이에 국한되지 않는 모든 관련 요소를 고려하되, 관련 행위의 상대적 성격과 중대성을 특별히 고려한다.

8. 이 조에 따른 통지로 재판소가 사건이 재판적격성이 없다는 결정을 내리고 그 후 청구국에 대한 범죄인인도가 거절된 경우, 피청구국은 그 결정을 재판소에 통지한다.

제91조 체포 및 인도청구의 내용

1. 체포 및 인도의 청구는 서면으로 한다. 긴급한 경우, 청구는 문자기록을 전달할 수 있는 어떠한 매체에 의하여도 이루어질 수 있으나 제87조제1항가호에 규정된 경로를 통하여 확인되어야 한다.

2. 전심재판부가 제58조에 따라 체포영장을 발부한 자의 체포 및 인도청구의 경우, 그 청구는 다음을 포함하거나 또는 이에 의하여 증빙되어야 한다.

    가. 인도청구된 자의 신원 확인에 충분하게 기술된 정보 및 인도청구된 자의 개연적 소재지에 관한 정보

    나. 체포영장의 사본

    다. 피청구국에서의 인도절차상의 요건을 충족시키는데 필요한 문서, 진술 또는 정보. 다만 그 요건은 피청구국과 다른 국가간의 조약 또는 약정에 따른 범죄인인도 청구에 적용할 수 있는 것보다 부담이 더 커서는 아니 되며, 가능한 경우 재판소의 특성을 고려하여 부담이 덜 되어야 한다.

3. 이미 유죄판결을 받은 자에 대한 체포 및 인도청구의 경우, 청구는 다음을 포함하거나 또는 이에 의하여 증빙되어야 한다.

    가. 인도청구된 자에 대한 체포영장 사본

    나. 유죄판결문 사본

    다. 인도청구된 자가 유죄판결문에서 언급된 자임을 증명하는 정보

    라. 인도청구된 자가 형을 선고받은 경우, 부과된 선고형량문의 사본과 징역형인 경우에는 이미 복역한 기간과 잔여형기에 대한 서술

4. 재판소의 청구가 있으면 당사국은 일반적 또는 특정한 사안에 대하여 제2항

다호에 따라 적용될 수 있는 자국 국내법상의 요건에 관하여 재판소와 협의한다. 협의중에 당사국은 자국 국내법상의 특별한 요건에 관하여 재판소에 조언한다.

제92조 긴급인도구속

1. 긴급한 경우, 재판소는 인도청구서 및 제91조에 명시된 청구증빙서류가 제출되기 전에 피청구자의 긴급인도구속을 청구할 수 있다.
2. 긴급인도구속에 대한 청구는 문자기록을 전달할 수 있는 어떠한 매체에 의하여도 이루어질 수 있으며 다음을 포함한다.
   가. 긴급인도구속이 청구된 자의 신원확인에 충분하게 기술된 정보 및 그 자의 개연적 소재지에 관한 정보
   나. 가능한 경우 범죄의 일시 및 장소를 포함하여 긴급인도구속이 청구된 자의 청구가 요청된 범죄와 그 범죄를 구성하는 것으로 주장되는 사실에 대한 간결한 서술
   다. 긴급인도구속이 청구된 자에 대한 체포영장 또는 유죄판결문의 존재에 관한 서술
   라. 긴급인도구속이 청구된 자에 대한 인도청구가 뒤따를 것이라는 서술
3. 피청구국이 절차및증거규칙에 명시된 시한 내에 인도청구서 및 제91조에 명시된 청구증빙서류를 접수받지 못하는 경우, 긴급인도구속된 자는 석방될 수 있다. 그러나 피청구국의 국내법상 허용되는 경우, 그 자는 이 기간의 만료 전에 인도에 동의할 수 있다. 이 경우 피청구국은 가능한 한 신속히 그 자를 재판소에 인도하기 위하여 절차를 취한다.
4. 긴급인도구속이 청구된 자가 제3항에 따라 구금으로부터 석방되었다는 사실은 인도청구서와 청구증빙서류가 뒤늦게 전달되더라도 그 자에 대한 추후의 체포와 인도를 저해하지 아니한다.

제93조 기타 형태의 협력

1. 당사국은 이 부의 규정과 국내법상의 절차에 따라 수사 또는 기소와 관련하여 다음 지원을 제공하도록 하는 재판소의 요청을 이행한다.
   가. 사람의 신원과 소재지 또는 물건의 소재지

　　나. 선서된 증언을 포함한 증거의 수집과 재판소에 필요한 감정인의 의견
　　　　및 보고서를 포함한 증거의 제출

　　다. 수사 또는 기소중인 자의 신문

　　라. 재판서류를 포함한 서류의 송달

　　마. 증인 또는 감정인으로서의 자발적 재판소 출석에 대한 편의 제공

　　바. 제7항에 규정된 자의 일시적 이송

　　사. 매장장소의 발굴과 조사를 포함하여 장소나 현장의 조사

　　아. 수색 및 압수의 집행

　　자. 공적 기록 및 공문서를 포함한 기록과 서류의 제공

　　차. 피해자 또는 증인의 보호 및 증거의 보전

　　카. 선의의 제3자의 권리를 침해함이 없이, 궁극적으로 몰수를 위한 수익·
　　　　재산·자산 및 범행도구의 확인, 추적 및 동결 또는 압수

　　타. 재판소 관할범죄의 수사와 기소를 용이하게 하기 위한 것으로서 피요
　　　　청국의 법에 금지되지 아니한 기타 형태의 지원

2. 재판소는 재판소에 출석하는 증인 또는 감정인이 피요청국을 떠나기 전에
　행한 작위 또는 부작위에 관하여 재판소에 의하여 기소되거나 구금되거나
　또는 어떠한 개인적 자유를 제한받지 않는다는 점을 보증할 권한을 가진다.

3. 제1항에 따라 제출된 요청에 기술된 특별한 지원조치의 이행이 피요청국에
　서 일반적으로 적용되는 기존의 근본적 법원칙상 금지되는 경우, 피요청국
　은 그 문제를 해결하기 위하여 신속히 재판소와 협의한다. 협의 시, 그 지원
　이 다른 방식으로 또는 조건부로 제공될 수 있는지를 검토한다. 협의 후에
　도 그 문제가 해결될 수 없는 경우, 재판소는 필요한 만큼 그 요청을 수정
　한다.

4. 당사국은 요청이 당사국의 국가안보와 관련된 문서의 제출 또는 증거의 공
　개와 관련되는 경우에만 제72조에 따라 요청의 전부 또는 일부를 거절할
　수 있다.

5. 제1항타호에 따른 지원요청을 거절하기 전, 피요청국은 지원이 특정한 조건
　부로 제공될 수 있는지 또는 지원이 추후에 또는 대체적인 방식으로 제공될
　수 있는지를 검토한다. 단, 재판소 또는 소추관이 조건부 지원을 수락하는
　경우, 재판소 또는 소추관은 그 조건을 준수한다.

6. 지원요청이 거절된 경우, 피요청국은 신속히 재판소 또는 소추관에게 그 이유를 통지한다.

7. 가. 재판소는 신원확인을 목적으로 또는 증언이나 기타 지원을 얻기 위하여 구금중인 자의 일시적 이송을 요청할 수 있다. 그 자는 다음 조건이 충족되는 경우 이송될 수 있다.

 (1) 그 자가 내용을 알고 자유로이 이송에 대하여 동의하고,

 (2) 피요청국과 재판소가 합의하는 조건에 따라 피요청국이 이송에 동의한 경우

 나. 이송되는 자는 이송중 구금된다. 이송의 목적이 달성된 경우, 재판소는 그 자를 지체 없이 피요청국으로 송환한다.

8. 가. 재판소는 요청에 기재된 수사 및 절차에 필요한 경우를 제외하고는 문서 및 정보의 비밀을 보장한다.

 나. 피요청국은 필요한 경우 문서 또는 정보를 비공개를 조건으로 소추관에게 전달할 수 있다. 이 경우 소추관은 오직 새로운 증거를 산출할 목적으로만 그것을 사용할 수 있다.

 다. 피요청국은 스스로 또는 소추관의 요청에 따라 추후 그러한 문서나 정보의 공개에 동의할 수 있다. 이 경우 그것은 제5부 및 제6부의 규정과 절차 및 증거규칙에 따라 증거로 사용될 수 있다.

9. 가. (1) 당사국이 인도청구나 범죄인인도 청구가 아닌 다른 경합되는 요청을 재판소와 자신의 국제적 의무에 따라 다른 국가로부터 받는 경우, 당사국은 재판소 및 다른 국가와 협의하여 필요한 경우 그 중 하나의 요청을 연기시키거나 또는 그 요청에 조건을 첨부함으로써 두 요청 모두를 충족시키도록 노력한다.

 (2) 그렇게 할 수 없는 경우, 경합되는 요청은 제90조에 규정된 원칙에 따라 해결한다.

 나. 그러나 재판소의 요청이 국제협정에 의하여 제3국 또는 국제기구의 통제하에 있는 정보·재산 또는 사람과 관계된 경우, 피요청국은 재판소에 이를 통지하며 재판소는 그 제3국 또는 국제기구에 요청을 행한다.

10. 가. 재판소는 요청이 있는 경우, 재판소 관할범죄를 구성하는 행위 또는 요청국의 국내법상 중대한 범죄를 구성하는 행위에 대하여 수사 또는 재

판을 수행하는 당사국에 협력하거나 지원을 제공할 수 있다.

　나. (1) 가호에 따라 수행하는 지원은 특히 다음을 포함한다.

　　　(가) 재판소가 수행하는 수사 또는 재판 과정에서 얻은 진술, 문서 또는 다른 형태의 증거의 송부

　　　(나) 재판소의 명령으로 구금된 자에 대한 신문

　　(2) 나호(1)(가)에 따른 지원의 경우,

　　　(가) 문서 또는 다른 형태의 증거가 국가의 지원으로 획득된 경우, 송부는 그 국가의 동의를 필요로 한다.

　　　(나) 진술, 문서 또는 다른 형태의 증거가 증인 또는 감정인에 의하여 제공된 경우, 송부는 제68조의 규정에 따른다.

　다. 재판소는 규정 비당사국으로부터의 이 항에 따른 지원요청을 이 항에 열거된 조건으로 허가할 수 있다.

제94조

진행중인 수사 또는 기소와 관련된 요청의 이행 연기

1. 요청의 즉각적인 이행이 요청과 관련된 사건 이외의 다른 사건에 대하여 진행중인 수사나 기소를 방해하게 될 경우, 피요청국은 재판소와 합의한 기간동안 요청의 이행을 연기할 수 있다. 그러나 연기는 피요청국이 관련 수사나 기소를 완료하는데 필요한 기간보다 더 길어서는 아니된다. 연기 결정을 내리기 전, 피요청국은 지원이 일정한 조건부로 즉시 제공될 수 있는지 여부를 고려한다.

2. 제1항에 따라 연기결정이 내려진 경우, 소추관은 제93조제1항차호에 따라 증거를 보전하기 위한 조치를 구할 수 있다.

제95조

재판적격성에 대한 이의제기와 관련된 요청의 이행 연기

재판소가 제18조 또는 제19조에 따라 재판적격성에 대한 이의제기를 심의중인 경우, 소추관이 제18조 또는 제19조에 따라 그러한 증거의 수집을 계속할 수 있다고 재판소가 명시적으로 명령하지 않는 한, 피요청국은 재판소의 결정이 계류중인 동안 이 부에 따른 요청의 이행을 연기할 수 있다.

제96조

제93조에 따른 기타 형태의 지원요청의 내용

1. 제93조에 규정된 기타 형태의 지원 요청은 서면으로 한다. 긴급한 경우, 요청은 문자기록을 전달할 수 있는 어떠한 매체에 의하여도 이루어질 수 있으나 제87조제1항가호에 규정된 경로를 통하여 확인되어야 한다.

2. 요청은 해당하는 대로 다음을 포함하거나 또는 이에 의하여 증빙되어야 한다.

   가. 요청의 법적 근거 및 이유를 포함하여 요청의 목적과 요청되는 지원에 대한 간결한 서술

   나. 요청되는 지원이 제공되기 위하여 발견되거나 확인되어야 할 사람이나 장소의 소재 또는 신원에 대한 가능한 상세한 정보

   다. 요청의 기초를 이루는 필수적인 사실에 대한 간결한 서술

   라. 추후의 절차 또는 요건의 이유와 상세

   마. 요청을 이행하기 위하여 피요청국의 법률에 따라 요구되는 정보

   바. 요청되는 지원을 제공하는데 관련된 기타 정보

3. 재판소의 요청이 있는 경우 당사국은 일반적 또는 특정한 문제에 대하여, 제2항마호에 따라 적용될 수 있는 자국 국내법상의 특별한 요건에 관하여 재판소와 협의한다. 협의중에 당사국은 자국 국내법상 특별한 요건에 관하여 재판소에 조언한다.

4. 이 조의 규정은 적용 가능한 경우 재판소에 대한 지원요청에 관하여 적용된다.

제97조　협의

당사국이 이 부에 따라 받은 요청에 관하여 요청의 이행을 방해하거나 저지시킬 수 있는 문제점을 확인하는 경우, 당사국은 그 사안을 해결하기 위하여 지체없이 재판소와 협의한다. 그러한 문제점은 특히 다음을 포함할 수 있다.

가. 요청을 이행하기에 불충분한 정보

나. 인도청구의 경우, 최선의 노력에도 불구하고 인도청구된 자의 소재를 파악할 수 없거나 또는 수행된 수사 결과 피청구국내에 있는 자는 영장에서 거명된 자가 명백히 아닌 것으로 판정된 사실

다. 현재 형태의 요청 이행은 피요청국이 다른 국가에 대하여 부담하는 기존의 조약상 의무를 위반하도록 요구한다는 사실

제98조 면제의 포기 및 인도 동의에 관한 협력

1. 재판소가 먼저 제3국으로부터 면제의 포기를 위한 협력을 얻을 수 없는 한, 재판소는 피요청국이 제3국의 사람 또는 재산에 대하여 국가면제 또는 외교면제에 관한 국제법상의 의무에 부합되지 않게 행동하도록 하는 인도청구 또는 지원요청을 진행시켜서는 아니 된다.

2. 재판소가 먼저 파견국으로부터 인도동의를 주기 위한 협력을 얻을 수 없는 한, 재판소는 피청구국이 파견국의 사람을 재판소에 인도하기 위하여는 파견국의 동의를 요하는 국제협정상의 의무에 부합되지 않게 행동하도록 하는 인도청구를 진행시켜서는 아니 된다.

제99조 제93조와 제96조에 따른 요청의 이행

1. 지원 요청은 피요청국 법상의 관련절차에 따라, 그리고 피요청국에서 금지되지 않는 한, 요청서에 약술된 절차에 따르거나 또는 요청서에 명시된 자가 이행과정에 출석하고 협력하도록 허용하는 것을 포함하여 요청서에 명시된 방식으로 이행한다.

2. 긴급한 요청의 경우, 그에 응하여 제공되는 문서 또는 증거는 재판소의 요청이 있으면 신속히 전달한다.

3. 피요청국의 회신은 그 국가의 언어와 양식으로 작성·송부한다.

4. 이 부의 다른 규정을 침해함이 없이, 요청의 이행에 필수적이라면 피요청국 당국의 입회 없이 수사를 수행하는 것을 포함하여, 특정인과의 자발적인 면담 또는 그 자로부터의 증거 수집 및 공개된 장소 또는 기타 공공장소의 변형 없는 조사 등 강제조치 없이 이행될 수 있는 요청을 성공적으로 이행하는데 필요한 경우, 소추관은 그러한 요청을 다음과 같이 국가의 영역에서 직접 이행할 수 있다.

  가. 피요청국이 그 영역안에서 범죄가 범하여졌다는 혐의를 받는 국가이고 또한 제18조 또는 제19조에 따라 재판적격성이 있다고 결정된 경우, 소추관은 피요청국과 가능한 모든 협의를 거쳐 요청을 직접 이행할 수 있다.

  나. 기타의 경우, 소추관은 피요청국과 협의를 거쳐 피요청국이 제기한 모든 합리적 조건이나 우려에 따를 것을 조건으로 요청을 이행할 수 있다.

　　　피요청국이 이 호에 따른 요청의 이행에 대한 문제를 확인하는 경우,
　　　피요청국은 그 문제를 해결하기 위하여 지체 없이 재판소와 협의한다.
5. 재판소에 의하여 심리되거나 조사받는 자가 제72조에 따라 국방 또는 국가
　안보와 관련된 비밀정보의 공개를 방지하기 위한 제한규정을 원용하도록
　허용하는 규정은 이 조에 따른 지원 요청의 이행에도 적용된다.

제100조　비용

1. 피요청국의 영역에서 요청을 이행하기 위한 일상적 비용은 재판소가 부담
　하는 다음 비용을 제외하고는 피요청국이 부담한다.
　　가. 증인 및 감정인의 여행 및 안전, 또는 구금중인 자의 제93조에 따른
　　　이송과 관련된 비용
　　나. 번역비, 통역비 및 복사비
　　다. 재판관, 소추관, 부소추관, 사무국장, 사무차장 및 재판소의 다른 기관
　　　직원의 여비와 수당
　　라. 재판소가 요청한 감정인의 견해나 보고서의 비용
　　마. 구금국이 재판소로 인도하는 자의 이송 관련 비용
　　바. 협의에 따라, 요청의 이행으로부터 발생할 수 있는 특별비용
2. 제1항의 규정은 적절한 대로 당사국의 재판소에 대한 요청에 적용된다. 그
　경우 재판소는 일상적인 이행비용을 부담한다.

제101조　특정성의 원칙

1. 이 규정에 따라 재판소에 인도된 자는 인도되게 된 범죄의 기초를 이루는
　행위 또는 행위의 과정이 아닌, 인도 전에 범한 행위에 대하여 절차가 취해
　지거나 처벌 또는 구금되지 아니한다.
2. 재판소는 재판소에 인도를 행한 국가에 대해 제1항의 요건을 포기하도록
　요청할 수 있으며, 필요한 경우 제91조에 따라 추가 정보를 제공할 수 있
　다. 당사국은 위 요건에 관하여 재판소에 포기할 권한을 가지며, 그렇게 하
　도록 노력한다.

제102조　용어의 사용

이 규정의 목적상,

가. '인도'라 함은 이 규정에 따라 국가가 어떠한 사람을 재판소에 넘겨주는 것을 말한다.

나. '범죄인인도'라 함은 조약, 협약 또는 국내법에 규정된 바에 따라 어떠한 사람을 한 국가에서 다른 국가로 넘겨주는 것을 말한다.

제10부 집행

제103조 징역형 집행에서 국가의 역할

1. 가. 징역형은 재판소가 재판소에 대하여 수형자 인수 의사를 표시한 국가의 명단 중에서 지정된 국가에서 집행된다.

   나. 수형자 인수 의사를 표시할 때, 국가는 재판소가 동의하고 이 부에 부합되는 인수 조건을 첨부할 수 있다.

   다. 특정 사건에서 지정된 국가는 재판소의 지정을 수락하는지 여부를 신속히 재판소에 통지한다.

2. 가. 집행국은 제1항에 따라 합의된 조건의 시행을 포함하여 징역형의 조건 또는 정도에 현저히 영향을 줄 수 있는 모든 상황을 재판소에 통지한다. 재판소는 그러한 알려지거나 예측 가능한 상황을 최소한 45일 전에 통지받는다. 그 기간 동안 집행국은 제110조에 따른 의무를 저해할 수 있는 어떠한 조치도 취하지 아니한다.

   나. 재판소가 가호에 규정된 상황에 합의할 수 없는 경우, 재판소는 이를 집행국에 통보하고 제104조제1항에 따라 처리한다.

3. 재판소는 제1항에 따른 지정의 재량을 행사함에 있어서 다음을 고려한다.

   가. 절차 및 증거규칙에 규정된 바와 같이, 형평한 분배의 원칙에 따라 당사국들이 징역형의 집행 책임을 분담한다는 원칙

   나. 수형자의 처우에 관하여 광범위하게 수락된 국제조약상의 기준 적용

   다. 수형자의 의견

   라. 수형자의 국적

   마. 범죄 및 수형자의 정황 또는 형의 효율적 집행에 관한 집행국의 지정에 적절한 기타 요소

4. 제1항에 따라 지정된 국가가 없는 경우, 징역형은 제3조제2항에 기술된 본부
협정에 규정된 조건에 따라 소재지국이 제공하는 수형시설에서 집행된다.
이 경우 징역형의 집행에서 발생하는 비용은 재판소가 부담한다.

제104조 집행국 지정의 변경

1. 재판소는 언제든지 수형자를 다른 국가의 교도소로 이송할 것을 결정할 수
있다.
2. 수형자는 언제든지 집행국으로부터의 이송을 재판소에 신청할 수 있다.

제105조 형의 집행

1. 징역형은 제103조제1항나호에 따라 국가가 명시한 조건의 적용을 받고 당
사국을 기속하며, 당사국은 어떠한 경우에도 이를 변경하지 아니한다.
2. 재판소만이 상소 및 재심의 신청에 대하여 결정할 권리를 가진다. 집행국은
수형자의 이러한 신청을 방해하지 아니한다.

제106조 형의 집행과 징역의 조건에 대한 감독

1. 징역형의 집행은 재판소의 감독에 따르며, 수형자의 처우에 관하여 광범위
하게 수락된 국제조약상의 기준과 부합하여야 한다.
2. 징역의 조건은 집행국의 법에 의하여 규율되며 수형자의 처우에 관하여 광
범위하게 수락된 국제조약상의 기준에 부합하여야 한다. 어떠한 경우에도
그러한 조건들이 집행국에서 유사한 범죄로 유죄판결을 받은 수형자에게
적용되는 조건들보다 유리하거나 불리하여서는 아니 된다.
3. 수형자와 재판소간의 통신은 방해받지 않으며, 비밀이 유지되어야 한다.

제107조 형 집행 만료자의 이송

1. 형 집행 만료 후 집행국의 국민이 아닌 자는 집행국이 그를 자국에 체류하
도록 허가하지 않는 한, 그를 접수할 의무가 있는 국가 또는 이송될 자의
희망을 고려하여 그를 접수하기로 합의한 다른 국가로 집행국의 법률에 따
라 이송될 수 있다.
2. 어느 국가도 제1항에 따라 다른 국가로 이송하는데 발생하는 비용을 부담하
지 않는 경우, 그 비용은 재판소가 부담한다.

3. 제108조의 규정을 조건으로, 집행국은 재판 또는 형 집행을 위하여 범죄인
  인도 또는 인도를 청구한 국가로 그 자를 자국법에 따라 범죄인인도를 하거
  나 또는 달리 인도할 수 있다.

제108조 다른 범죄의 기소 또는 처벌의 제한

1. 집행국의 구금하에 있는 수형자는, 재판소가 집행국의 요청을 받아 기소·
  처벌 또는 범죄인인도를 행하는 것을 허가하지 않는 한, 그 자가 집행국으
  로 이송되기 전에 행한 어떠한 행위에 대하여도 기소·처벌되거나 또는 제3
  국으로 범죄인인도 되지 아니한다.
2. 재판소는 수형자의 의견을 들은 후 그 문제를 결정한다.
3. 수형자가 재판소가 부과한 형을 완전히 복역한 후 집행국의 영역에서 자발
  적으로 30일을 초과하여 머무르거나 또는 집행국에서 출국한 후 그 국가의
  영역으로 다시 돌아온 경우, 제1항은 적용되지 아니한다.

제109조 벌금 및 몰수조치의 집행

1. 당사국은 선의의 제3자의 권리를 침해함이 없이 그리고 자국의 국내법 절차
  에 따라, 재판소가 제7부에 따라 명령한 벌금 또는 몰수 명령을 집행한다.
2. 당사국이 몰수명령을 집행할 수 없는 경우, 당사국은 선의의 제3자의 권리
  를 침해함이 없이, 재판소가 몰수를 명한 수익·재산 또는 자산의 가액을
  회수하기 위한 조치를 취한다.
3. 당사국이 재판소의 판결을 집행한 결과로 취득한 재산 또는 부동산의 매매
  수익 또는 적절한 경우 기타 재산의 매매 수익은 재판소로 이전된다.

제110조 감형에 대한 재판소의 재검토

1. 집행국은 재판소가 선고한 형기가 만료되기 전에는 당해인을 석방하지 아
  니한다.
2. 재판소만이 감형을 결정할 권한을 가지며, 당해인을 심문한 후 그 문제를
  결정한다.
3. 형의 3분의 2 또는 무기징역의 경우 25년을 복역한 경우, 재판소는 감형여
  부를 결정하기 위하여 형을 재검토한다. 그 전에는 재검토가 이루어져서는

아니 된다.

4. 제3항에 따른 재검토에 있어서, 재판소는 1개 이상의 다음 요소가 존재한다고 판단할 경우 형을 감경할 수 있다.

　가. 재판소의 수사 및 기소에 있어서 초기부터 지속적으로 협력하려는 의사

　나. 다른 사건에 있어서의 재판소의 판결 및 명령의 집행을 가능하게 하는 그 자의 자발적인 조력과 특히 피해자의 이익을 위하여 사용될 수 있는 벌금, 몰수 또는 배상 명령의 대상이 되는 자산을 찾는 것을 지원하는 자발적 조력

　다. 절차 및 증거규칙에 규정된 바와 같이, 감형을 정당화하기에 충분한 명백하고 중요한 사정변경을 형성하는 기타 요소

5. 재판소가 제3항에 따른 최초의 검토에서 감형이 적절하지 않다고 결정하는 경우, 재판소는 그 후 절차 및 증거규칙에 규정된 기간마다 그리고 그에 규정된 기준을 적용하여 감형 문제를 검토한다.

제111조　도주

유죄판결을 받은 자가 구금에서 탈출하여 집행국으로부터 도주한 경우, 집행국은 재판소와 협의를 거쳐 기존의 양자 또는 다자간 약정에 따라 그 자가 소재한 국가에 인도를 청구하거나 또는 제9부에 따라 재판소가 당해인의 인도를 구하도록 요청할 수 있다. 재판소는 그 자가 형을 복역하고 있던 국가 또는 재판소가 지정한 다른 국가로 그 자의 이송을 명할 수 있다.

제11부　당사국총회

제112조　당사국총회

1. 이 규정의 당사국총회가 이에 설치된다. 각 당사국은 총회에서 교체대표와 자문을 동반할 수 있는 1인의 대표를 가진다. 이 규정 또는 최종의정서에 서명한 기타 국가는 총회에서 옵저버가 될 수 있다.

2. 당사국총회는,

　가. 적절한 대로, 준비위원회의 권고를 심의하고 채택한다.

나. 재판소의 행정에 관하여 소장단, 소추관 및 사무국장의 운영을 감독한다.

다. 제3항에 따라 설치된 이사회의 보고서와 활동을 심의하고, 이에 관하여 적절한 조치를 취한다.

라. 재판소 예산을 심의하고 결정한다.

마. 제36조에 따라 재판관 수의 변경 여부를 결정한다.

바. 제87조제5항과 제7항에 따라 협력불응과 관련된 모든 문제를 심의한다.

사. 이 규정 또는 절차 및 증거규칙과 부합하는 다른 모든 기능을 수행한다.

3. 가. 총회는 총회에서 3년 임기로 선출된 1인의 의장, 2인의 부의장 및 18인의 위원으로 구성되는 이사회를 둔다.

나. 이사회는 특히 공평한 지역적 배분과 세계의 주요한 법체계의 적절한 대표성을 고려한 대의적 성격을 가진다.

다. 이사회는 최소한 1년에 1회 이상, 필요할 때마다 회합한다. 이사회는 총회가 책임을 이행하는데 조력한다.

4. 총회는 재판소의 효율성과 경제성을 제고하기 위하여, 재판소의 감사·평가 및 조사를 위한 독립적인 감독장치를 포함하여 필요한 보조기관을 둘 수 있다.

5. 재판소장, 소추관 및 사무국장 또는 그 대리인들은 적절한 대로 총회 및 이사회의 회의에 참석할 수 있다.

6. 총회는 재판소 소재지 또는 국제연합 본부에서 1년에 1회 회합하며, 필요한 경우 특별회기를 가진다. 이 규정에 달리 정한 경우를 제외하고, 특별회기는 이사회가 스스로 발의하거나 당사국 3분의 1의 요청에 따라 소집된다.

7. 각 당사국은 1표의 투표권을 가진다. 총회와 이사회는 컨센서스로 결정에 도달하기 위하여 모든 노력을 다하여야 한다. 컨센서스에 도달할 수 없는 경우, 이 규정에 달리 정한 경우를 제외하고 다음과 같이 결정한다.

가. 실질문제에 대한 결정은 당사국의 절대과반수를 투표정족수로 하여, 출석하여 투표한 당사국의 3분의 2의 다수결로 승인되어야 한다.

나. 절차문제에 대한 결정은 출석하여 투표한 당사국들의 단순다수결로 행한다.

8. 재판소 비용에 대한 재정적 분담금의 지불을 연체한 당사국은 연체금액이

연체 이전의 만 2년 동안 부담해야 할 분담금액과 같거나 이를 초과하는 경우, 총회 및 이사회에서 투표권을 가지지 못한다. 그럼에도 불구하고 총회는 연체가 그 당사국이 통제할 수 없는 사정에 기인한다고 판단하는 경우, 그 당사국의 총회 및 이사회에서의 투표를 허용할 수 있다.

9. 총회는 그 자체의 절차규칙을 채택한다.

10. 총회의 공식언어 및 실무언어는 국제연합 총회의 언어로 한다.

제12부 재 정

제113조 재정규칙

달리 특별히 규정된 경우를 제외하고, 재판소와 이사회 및 보조기관을 포함하는 당사국총회의 회의와 관련된 모든 재정적 문제는 이 규정과 당사국총회에서 채택된 재정규칙에 의하여 규율된다.

제114조 비용의 지출

재판소와 이사회 및 보조기관을 포함한 당사국총회의 비용은 재판소의 기금에서 지출된다.

제115조 재판소 및 당사국총회의 기금

재판소와 이사회 및 보조기관을 포함한 당사국총회의 비용은 당사국총회가 결정한 예산에 규정된 바에 따라 다음 수입원에 의하여 충당된다.

가. 당사국이 납부한 산정된 분담금

나. 특히 안전보장이사회에 의한 회부로 인하여 발생된 비용에 관하여는 국제연합 총회의 승인을 조건으로 국제연합이 제공한 기금

제116조 자발적 기여금

제115조를 침해함이 없이, 재판소는 당사국총회가 채택한 관련 기준에 따라 정부·국제기구·개인·기업 및 기타 단체로부터의 자발적 기여금을 추가기금으로 받아 사용할 수 있다.

제117조 분담금의 산정

당사국의 분담금은 국제연합이 정규예산을 위하여 채택한 산정기준을 기초로 하고, 그 산정기준의 기초가 된 원칙에 따라 조정되어 합의된 산정기준에 따라 산정된다.

제118조 연례감사

재판소의 연례 재정보고서를 포함하여 재판소의 기록, 회계장부 및 회계계정 은 매년 독립된 감사관에 의하여 감사를 받는다.

제13부 최종조항

제119조 분쟁의 해결

1. 재판소의 사법적 기능에 관한 모든 분쟁은 재판소의 결정에 의하여 해결된다.
2. 이 규정의 해석과 적용에 관하여 분쟁 개시 후 3개월 내에 교섭을 통하여 해결되지 아니하는 2개국 이상의 당사국간의 기타 모든 분쟁은 당사국총회 에 회부된다. 총회는 스스로 그 분쟁을 해결하려고 노력하거나 또는 국제사 법재판소규정에 따라 동 재판소에 회부를 포함하는 추가적 분쟁해결수단에 관하여 권고할 수 있다.

제120조 유보

이 규정에 대하여 어떠한 유보도 할 수 없다.

제121조 개정

1. 이 규정의 발효로부터 7년 후 당사국은 이 규정의 개정을 제안할 수 있다. 제안된 모든 개정안은 국제연합 사무총장에게 제출되며, 국제연합 사무총 장은 이를 신속히 모든 당사국에 회람한다.
2. 통보일로부터 최소한 3개월 이후의 차기회의에서 당사국총회는 참석하여 투표한 당사국의 과반수로 그 제안을 다룰 것인지 여부를 결정한다. 총회는 그 제안을 직접 다루거나, 관련 쟁점 상 필요한 경우 검토회의를 소집할 수

있다.

3. 당사국총회의 회의 또는 검토회의에서 컨센서스에 도달할 수 없는 경우, 개정안의 채택은 당사국의 3분의 2의 다수결을 요한다.

4. 제5항에 규정된 경우를 제외하고, 개정은 당사국의 8분의 7의 비준서 또는 수락서가 국제연합 사무총장에게 기탁된 때로부터 1년 후에 모든 당사국에 대하여 발효한다.

5. 이 규정 제5조, 제6조, 제7조 및 제8조에 대한 개정은 그 개정을 수락한 당사국에 대하여 비준서 또는 수락서가 기탁된 지 1년 후에 발효한다. 개정을 수락하지 아니한 당사국의 국민에 의하여 또는 그 국가의 영역에서 개정으로 포함된 범죄가 범해진 경우, 재판소는 그 범죄에 대하여 관할권을 행사하지 아니한다.

6. 제4항에 따라 개정이 당사국의 8분의 7에 의하여 수락된 경우, 그 개정을 수락하지 아니한 모든 당사국은 제127조제1항에도 불구하고 그러나 제127조제2항을 조건으로, 개정의 발효 후 1년 이내에 통보함으로써, 이 규정에서 탈퇴할 수 있으며 탈퇴는 통보 즉시 효력을 발생한다.

7. 국제연합 사무총장은 당사국총회의 회의 또는 검토회의에서 채택된 모든 개정을 전 당사국에 회람한다.

제122조 제도적 성격의 규정에 대한 개정

1. 오로지 제도적 성격만을 지닌 이 규정의 조항, 즉 제35조, 제36조제8항과 제9항, 제37조, 제38조, 제39조제1항(처음 2문), 제2항과 제4항, 제42조제4항 내지 제9항, 제43조제2항과 제3항, 제44조, 제46조, 제47조 및 제49조의 개정은 제121조제1항에도 불구하고 모든 당사국이 언제든지 제안할 수 있다. 제안된 개정안은 국제연합 사무총장이나 당사국총회가 지정한 자에게 제출되며, 이들은 이를 모든 당사국과 당사국총회에 참석한 다른 자들에게 신속히 회람한다.

2. 컨센서스에 도달할 수 없는 이 조에 따른 개정은 당사국총회 또는 검토회의에서 당사국의 3분의 2의 다수결로 채택된다. 그러한 개정은 당사국총회 또는 경우에 따라서는 검토회의에서 채택된 지 6개월 후 모든 당사국에 대하여 발효한다.

제123조 규정의 재검토

1. 이 규정이 발효한 지 7년 후, 국제연합 사무총장은 이 규정에 대한 개정을 심의하기 위한 재검토회의를 소집한다. 그러한 재검토는 제5조에 포함된 범죄목록을 포함할 수 있으나 이에 국한되지 아니한다. 재검토회의는 당사국총회에 참석하는 자에게 동일한 조건하에 개방된다.
2. 그 후 언제라도 국제연합 사무총장은 당사국의 요청에 따라 제1항에 규정된 목적을 위하여 당사국 과반수의 승인으로 재검토회의를 소집한다.
3. 제121조제3항 내지 제7항의 규정은 재검토회의에서 심의된 이 규정에 대한 개정의 채택 및 발효에 적용된다.

제124조 경과규정

제12조제1항 및 제2항에도 불구하고, 국가는 이 규정의 당사국이 될 때 이 규정이 당해 국가에 대하여 발효한 후 7년 동안, 자국민에 의하여 또는 자국 영역에서 범해진 것으로 혐의를 받는 제8조에 규정된 범죄의 범주에 관하여 재판소의 관할권을 수락하지 아니한다고 선언할 수 있다. 이 조에 따른 선언은 언제든지 철회될 수 있다. 이 조의 규정은 제123조제1항에 따라 소집되는 재검토회의에서 재검토된다.

제125조 서명·비준·수락·승인 또는 가입

1. 이 규정은 1998년 7월 17일 로마에 있는 국제연합 식량농업기구 본부에서 모든 국가에 대하여 서명을 위하여 개방된다. 그 이후 1998년 10월 17일까지 로마의 이탈리아 외무부에서 서명을 위하여 개방된다. 그 날 이후 당해 국가에 대하여 발효한 후 7년 동안, 자국민에 의하여 또는 자국 영역에서 범해진 것으로 혐의를 받는 제8조에 규정된 범죄의 범주에 관하여 재판소의 관할권을 수락하지 아니한다고 선언할 수 있다. 이 규정은 2000년 12월 31일까지 뉴욕에 있는 국제연합 본부에서 서명을 위하여 개방된다.
2. 이 규정은 서명국의 비준, 수락 또는 승인을 받아야 한다. 비준서, 수락서 또는 승인서는 국제연합 사무총장에게 기탁된다.
3. 이 규정은 모든 국가의 가입을 위하여 개방된다. 가입서는 국제연합 사무총장에게 기탁된다.

제126조 발효

1. 이 규정은 60번째의 비준서, 수락서, 승인서 또는 가입서가 국제연합 사무
총장에게 기탁된 날로부터 60일이 경과한 다음 달의 첫째 날에 발효한다.
2. 60번째의 비준서, 수락서, 승인서 또는 가입서가 기탁된 후 이 규정을 비
준·수락·승인 또는 가입하는 각 국가에 대하여, 이 규정은 그러한 국가가
비준서,. 수락서, 승인서 또는 가입서를 기탁한 후 60일이 경과한 다음 달의
첫째 날에 발효한다.

제127조 탈퇴

1. 당사국은 국제연합 사무총장에 대한 서면통보에 의하여 이 규정에서 탈퇴
할 수 있다. 탈퇴는 통보서에 보다 늦은 날짜가 명시되지 않는 한, 통보서
접수일로부터 1년 후에 효력을 발생한다.
2. 국가는 탈퇴를 이유로 이미 발생한 모든 재정적 의무를 포함하여 그 국가가
이 규정의 당사자이었던 동안 이 규정에 따라 발생한 의무로부터 면제되지
아니한다. 국가의 탈퇴는 탈퇴국이 협력할 의무가 있었던 탈퇴 발효일 전에
개시된 범죄수사 및 절차와 관련된 재판소와의 여하한 협력에도 영향을 미
치지 아니하며, 또한 탈퇴 발효일 전에 재판소가 이미 심의 중에 있던 사안
의 계속적인 심의를 어떠한 방식으로도 저해하지 아니한다.

제128조 정본

아랍어·중국어·영어·프랑스어·러시아어 및 스페인어본이 동등하게 정본
인 이 규정의 원본은 국제연합 사무총장에게 기탁되며, 국제연합 사무총장은
그 인증등본을 모든 국가에 송부한다.
이상의 증거로, 아래 서명자들은 그들 각자의 정부로부터 정당하게 권한을 위
임받아 이 규정에 서명하였다. 1998년 7월 17일 로마에서 작성되었다.